认知语言学

〔日〕大堀寿夫 著
潘 钧 等译

商务印书馆
The Commercial Press

Ninchi Gengogaku
Copyright © 2002 by Ohori Toshio, All rights reserved.
Original Japanese edition published by University of Tokyo Press, Tokyo.
Chinese translation rights in simplified characters arranged with University of Tokyo Press, Tokyo:
through YIYUAN HEJUAN Agency, Inc., Peking

序

　　上世纪下半叶在西方兴起的认知语言学在中国找到空前多的知音，许多著名的学者纷纷应邀到国内来开讲座，国内的学者也走出去，在语言学的中外交流史上留下浓重的一笔。其中的原因是多方面的，有一个原因我觉得是，中国人的语言习惯和思维方式，很容易让国内学者对认知语言学的理念引起共鸣，这就不多说了。

　　由潘钧等翻译的这本《认知语言学》是日本的一位著名语言学家撰写的。国内认知语言学的著作和译著已经不少，这一本自有它的特色。首先，诚如作者所言，书中的例子在照顾语言不同类型的同时，尽量采用日语的。"不识庐山真面目，只缘身在此山中。"记得十多年前有一位美国著名的语言学家到北京大学中文系演讲，他说的一句话令我印象深刻。他说："只从汉语看汉语是看不清汉语的。"我们的眼界还不如人家开阔，对世界上各种语言的了解还很不够。其实只从英语看英语也是看不清英语的，只从日语看日语也是看不清日语的，要真正认识语言必须通过语言之间的比较，语言的研究就是语言的比较研究。现在的状况是，日语和英语的比较研究，在日本是做得很好的，汉语和英语的比较研究在中国做得也不差，而日语和汉语的比较研究相对来说就比较薄弱一些。中日是近邻，理应在这方面做得更好一点。我注意到这本书中有日语和英语在空间识解上的比较，也有日语和汉语在被动句表意上的比较，加上大量的日语例子，这本书的出版将有利于推进日汉的比较研究。日、英、汉三种语言代表三种语言类型，日英汉的比较会大大加深我们对语言的认识。

　　其次，这本书的编写方式值得学习借鉴。这是一本供初学者入门用的教科书，覆盖了认知语言学的诸多基础概念，如原型范畴、理想认知模型、图形-背景、概念隐喻、构式、认知地图等等，还论述了语言、文化、思维之间的关系和认知的发展。难能可贵的是，编写者处处替学生着想：关键词用黑体标明，理论背景用专栏介绍，每章结束有文献导引和讨论题，例句和图示简单明了。都说日本人学习西方学得认真，在教材的编写上也体现了出来。

总之，对国内想入门认知语言学的人，这不失为一本好的教材，对已经入门的人来说，可以从中了解许多日语的情形，从而为丰富和发展认知语言学添砖加瓦。

沈家煊

2021 年 4 月 28 日

中国語版への緒言

　このたび、私の著作が中国語に翻訳されて出版されることは、とても大きな喜びです。私は中国の歴史と文化に若いころから関心をもってきました。昔の話ですが、1987年にアメリカに留学した時には、研究書を送るだけで手一杯で、それ以外は詩集を何冊か持って行くだけでした。その中の二冊が、杜甫と李白の詩でした（他には西脇順三郎詩集を持って行きました）。
　留学中のある時、こんな詩句に出会いました。李白の詩です。
　寶刀截流水　無有斷絶時
　当時、認知言語学は徐々に形を成し始めていた頃で、私も新しい考え方を身につけようとしていた時でした。その時、李白の言葉は、言語とは何か？という根本的な問いかけに対して、きわめて直観的で深い示唆をもったイメージを与えてくれました。言語は歴史的な変化という点でも、また共時的な多様性という点でも、流れる水のように千変万化です。もっと言えば、文学に見られるような新しい意味の生成を見ても、言語とは窮屈に固定されたものではありません。認知言語学で言われる、プロトタイプや事態把握の柔軟性といった考え方は、水のように流れ、姿を変えていく言語のイメージを捉えるために相応しいものだという確信を、李白の詩をきっかけに持ったように思います。
　本書『認知言語学』が東京大学出版会から出てから、かなりの年月が経ちました。もとの「まえがき」には、認知的アプローチで導入される理論的な装置がなぜ必要なのかを明示するよう心がけたこと、そして英語だけでなく様々な言語から例を挙げて議論を深めること、この二つが本書の特色であると述べました。本書の出版後も数多くの入門書が出されましたが、これらの特色は今でも健在であると思います。認知言語学は一人の指導者のもとに全てが決定される体制ではなく、何人もの優れた学者たちが、それぞれに有効な理論を出して、それらが共存する様相となっています。こうした状況では、理論的な用語の展示会のような入門書を書くことも可能でしょうし、また便利でもあるでしょう。しかし本書では「認知的な観点から言語の研究に取り組むとはどういうことか?」という問いに一貫した取り組みをすることを優先させました。

認知言語学は本書の出版後も着実に発展していて、新しい知見が積み重なっています。本書が出版された当時は、一冊読めば認知言語学の入門は完了したでしょうが、それから20年経った現在では、本書が提供する理論的な基礎を把握してから、その上でより新しい研究成果を概観することで本当の「入門」が達成されると言えるでしょう。私の考えでは、次のような方向性を新たに取り入れる必要があります。

第一は、より現実の言語使用の観察に密着した研究です。認知言語学は出発点においては話者の直観による部分が大きかったのですが(もちろんそれは今でも不可欠です)、直観の検証としても、また統計的分析を通じた言語使用のパターンの発見の試みとしても、コーパス利用は重要なものになっています。世界各地で進んでいるFrameNetプロジェクトは、コーパスデータから言語使用の中のパターンを形式と意味の両面にわたって明らかにしようとする研究の一つと言えるでしょう。また、これとの関連で談話データの分析、特に日常会話の分析から得られる洞察も重要です。現在では音声や動画の分析のためのツールが容易に利用可能であり、言語行動を多角的に観察することは認知研究にとって有効な手段となっています。

第二は、仮説–検証という通常科学の手続きをより意識化して定着させることです。これは第一の方向性とも関係します。コーパス利用に加えて、現在の認知言語学では心理学で用いられるさまざまな実験的な手法や、工学的なシミュレーションを取り入れたものが増えてきました。その反面、道具立てが高度になっても根本的な洞察がおろそかになることは避けねばなりません。認知言語学にとって、言語使用者の「心の内」に入り込んで主観を共有しつつ理解することはやはり重要課題です。

　第三は、ある意味では伝統への回帰になりますが、文化的背景も視野に入れた意味現象の探求です。認知言語学では早い時期から感情のメタファーの文化比較や、ある文化によく見られる行動規範を表す語彙の分析が行われてきました。現在では、こうした問題意識に上で挙げた第一、第二の方向性を重ねることで、言語文化の特徴を経験科学としての客観性の水準を保ちつつ分析することが可能になっています。認知言語学では狭義の「言語的意味」と「百科事典的意味」の間に境界を定めることはしません。語彙、構文、談話のどこから出発するにしても、言語文化がもつ価値観や美意識を読み取ることはできると思います。

　言語学に限らず、学問の発展とは創造的継承です。読者の皆さんは、過去と未来の間にある「現在」という結節点に立っています。皆さんは認知言語学を学ぶために本書を手に取っていることでしょうが、本書の内容を無批判に受容する必要はありません。読んでいくと、考察が至らないところや、さらに発展させねばならないところが見つかることでしょう。皆さんの力でこれから新しい知識を発見し、理論を組み立て直し、言語と認知の本質−すなわち人間の本質−について理解をさらに深めていくことを心から願っています。

　最後に一言。本書の翻訳の労をとっていただいた鄭若曦さん、そして東京大学の西村義樹教授にこの場で御礼を申し上げます。遠からず現在の状況が収束し、再び酒を酌み交わせる時を心待ちにしています。聖でも賢でも、どちらでも。

大堀壽夫
2021 年 5 月

中文版序

此次，我的著作被译为中文出版，令我十分欣喜。我从年轻时起就对中国的历史和文化抱有兴趣。还记得1987年我去美国留学时，当时光顾着将研究用的书寄过去，随身只带了几本诗集。而其中两本，就是杜甫和李白的诗（除此之外还带了西胁顺三郎的诗集）。

留学期间，我读到了这样一句诗，是李白写的。

宝刀截流水　无有断绝时

当时，认知语言学正在逐渐成形，我也正在试图掌握这种新的思考方式。而李白的这句诗给了我关于"何谓语言？"这个问题非常直观而又富于启发性的意象提示。无论是从历时的变化来看，还是从共时的多样性来看，语言都像流水一样千变万化，甚至从文学作品的语言所生成的新的意象中，我们也可以看出语言不是一成不变的。而认知语言学所提出的原型、识解的灵活性等观点，正好把握住了语言像流水一样变化多端这个意象特点。我想我正是以李白的诗为契机，才确切认识到了这一点。

自日语版『認知言語学』由东京大学出版会出版，已经过去了很多年。在原书的"序言"中，我提到此书的两大特色分别为：致力于阐明引入认知语言学理论框架的必要性、致力于引入英语以外的多种语言的语料来深化讨论。本书出版后仍有很多入门书籍问世，但我认为上述两点依然是本书的特色。认知语言学的学术体系并非由一位学者建立，而是由多位优秀学者提出各自认为有效的理论，这些理论彼此共存。因而，认知语言学的入门书很容易变成学术术语的大杂烩，当然这样用起来也很方便。但本书优先考虑的却始终都是如何回答好"何谓从认知的角度研究语言？"这个问题。

原书出版后，认知语言学稳步发展，又积累了很多新的成果。或许在原书出版之初，只读这一本就可以完成认知语言学的入门。但20年后的今天，恐怕要在掌握了本书所提供的理论基础之后，还要进一步通览最新的研究成果，如此才能说是真正"入门"了吧。依我所见，入门学习时，以下几个方向的研究也需要囊括进来。

第一，做研究要密切考察语言的实际使用。认知语言学建立之初，其实很大程度上依据的是说话人的直觉（这在当下研究中也是不可或缺的），但无论是为了验证直觉，还是想通过统计分析找到语言使用的模式，语料库的使用都已变得日趋重要。正在世界各地推进的FrameNet项目，就是一个旨在基于语料库的数据，从形式、语义两方面探明语言使用模式的研究。与此相关，从话语数据的分析，特别是日常会话的分析中得到的发现也十分重要。如今，语音和视频分析工具非常易于使用，从多维视角来考察言语行为已经成为认知研究的有效手段。

第二，研究时要更加有意识地按照"假说-验证"这个流程进行科学验证。这一点也适用于上述第一个研究方向。除了使用语料库，将心理学的实验手法、工程学的仿真实验等运用到认知语言学的研究也越来越多。反过来，研究方法虽然变得愈发高端，但我们也要避免对语言本质考察的疏忽。对于认知语言学来说，深入语言使用者的"内心"、达成主观性的交互理解，这始终是非常重要的课题。

第三，将文化要素纳入考察视野的语义研究，这在某种程度上也是一种传统的回归。认知语言学在早期便有这方面的研究，比如情感隐喻的文化比较、表示某种文化中常见行为规范的词汇研究等。如今，通过与上述第一、第二种研究方向的结合，我们有了在保证其作为经验科学的基础上客观分析语言文化特征的可能。认知语言学不在狭义的"语义知识"和"百科知识"之间划定界线。我认为无论是从词汇、构式、语篇哪个维度来分析语言，都可以从中读取出语言文化所具有的价值观和美学观。

学术的发展，是一种创造性的继承，这一点也适用于语言学。作为读者，大家正站在过去与未来之间的"现在"这个节点上。想必大家是为了学习认知语言学捧起了这本书，但请不必对本书的内容照单全收。在读的过程中，可能会发现书中有考察不周的地方，或需要进一步深入考察的地方。我衷心期待大家能够用自己的力量去发现新知、重新构筑理论、对语言与认知的本质——即人类的本质进一步加深理解。

最后再说一句。我想借此机会，感谢为本书的翻译倾注心血的潘钧、郑若曦等诸位老师，以及东京大学的西村义树教授。期待着不远的将来，疫情得以好转，我们可以再举杯畅谈。

大堀寿夫
（郑若曦 译）
2021 年 5 月

前　言

本书编写的目的是为了让读者了解认知语言学，即引导大家探究如何从语言看人的心智。所设定读者是对此领域感兴趣、试图了解其基本观点及分析方法的人士。全书在内容结构上反映了作者的观点，在受篇幅所限的前提下，尽力使内容保持均衡。故此，本书特别将重点放在了展示语言是以什么样的形式与人的特征发生关联，以及为何需要有一系列概念工具上。认知语言学也有所谓的流派，但本书所呈现的是诸流派共同的基础。

从更宽泛的意义上说，我们期待通过本书所展示的语言研究，有更多的机会与愿意从各种角度理解认知功能的人分享我们的关注。在此意义上，亦可将本书看作是引导读者认识一门崭新的有助于了解人的科学的入门书。

认知语言学方面的教科书，坊间已出版数种。本书有一个特色，是通过密切关注并探讨该领域内外各种有争议性的问题而写成的。本书以为，如此讲解才能抓住问题的核心。本书的另一个特色在于，注意尽量多举日语例子进行说明；同时，也关注语言类型学的成果，力求超越日英语框架。讲解时，原则上围绕具体事例，将其置于宏大的理论语境中展开论述。有些地方的讨论可能会有些复杂，但这正反映了所讨论问题的性质特点。有一种说法叫"（追求）容易理解的陷阱"，即便是为了加深理解，我们也必须跨越这一陷阱。

本书的结构如下。第 1 章阐释认知语言学的基本观点。第 2 章针对认知能力是如何反映在语言层面上的问题进行导入性说明。第 3—4 章介绍范畴化，主要探讨原型和范畴，此二者是我们在论述知识结构问题时的中心课题。第 5 章论述作为范畴扩展机制的隐喻。从第 6 章开始关注构式的成立机制，导入可用于讨论各种事件的概念。第7—8章讲解构式知识，尝试对涉及语言理论的若干基本问题做出新的解答。第9章介绍语法化，论述语言历史发展中的认知过程。第10章展示探索文化与思维问题的新方法。第11章讨论与认知发展相关的问题，论述语言与基本认知能力之间的关联。第12章做一个简要的展望。

最后，交代一下本书的使用方法。为了让读者即便没有多少预备知识也能逐章顺序读下去并理解内容，本书整体上做了如下设计：术语方面，在首次显示其专业用法的地方予以说明；关键词用黑体字表示；作为理论背景的要点部分，根据需要用专栏形式进行解释；各章节用"†"符号标出对初学者来说可能有些难懂的地方。即便跳过去这部分，也不妨碍把握主要论点。每章末尾设有文献导引和讨论题。文献仅举基本文献（有日语译本的用"+"符号标出）。讨论题方面，主要是看了本书正文后大致就能明白的题目。需要做更深入考察的题目则用"†"符号标出，它们都是适合做毕业研究即需要写长篇报告才能完成的题目。课时分配方面，若是一学年的课，大概以两次讲一章的速度推进，如此便可覆盖全部内容。半年的课，如果有一定程度预备知识的班，一次讲一章，否则按照两次讲一章的进度，此时需要取舍讲授内容（例如，第1—2章简单扫过之后，讲第3—5章和10章，根据兴趣也可从其他章里选取内容）。此外，东京大学语言信息科学专业主页（http://gamp.c.u-tokyo.ac.jp/~tohori/ohori.html）里，有之前我上课时与学生之间的问答内容，希望由此积累可供读者当研究指南使用的信息。

本书能以这样的面貌呈现，皆因我受惠于授课或演讲的方式，获得了思考诸多相关问题的机会，特别是本书的主干部分来自1997年东京语言研究所课程"认知语言学Ⅰ"和1998年东京大学教养学部冬季学期课程"语言信息科学"。

须致谢的人实在太多。参与前述课程的各位，特别是东京大学的学生对我的每次提问及点评，让我感激不尽。其中，金原いれいね、ルタイワン・ケッサクン两位同学做了非常详尽的笔记，奠定了动笔写本书的基础。今井むつみ、上原聪、尾上圭介、河上誓作、坂原茂、杉原光雄、田窪こずえ、竹林晓、坪井荣治郎、中村涉、西村义树、野村益宽、堀江薰、松本曜、三木悦三、山梨正明、William Croft、Holger Diessel、Charles J. Fillmore、Martin Haspelmath、Suzanne Kemmer、Ronald W. Langacker、Leonard Talmy、Robert D. Van Valin Jr. 等各位先生不仅给予我各种学识上的教诲，同时，或给予我演讲的机会，或百忙中拨冗同我交换意见，使我获益颇多，于此再一次表示深深的谢意。本书的成稿是在 2001 年冬天的莱比锡。伯纳德·科姆里先生和德国洪堡基金为我在马克斯·普朗克进化人类学研究所做研究提供了最佳的研究环境，在此表示衷心感谢。此外，我的部分研究得到了 1999 年日本文部省科学研究费补助金基础研究（C）「事態把握のタイポロジーについての認知言語学の研究」（课题号 11610485）的支持。同时还要感谢在成书过程中一直给予我热情鼓励和精准反馈的东京大学出版会的小暮明先生。

最后，对于从池上嘉彦先生身上所得到的学识上的恩惠，我苦于找不到合适的谢辞。虽力不足道，但我觉得将来唯有进一步钻研，努力回报之。

各方面给予我支持的人士此外还有很多，真的可以说拜大家关爱所赐，在此深表谢意。

大堀寿夫
2002 年 11 月

缩略符号一览

1, 2, 3	人称
Ⅰ, Ⅱ, Ⅲ	名词层级
A	及物动词谓语句施事
ABS	通格（absolutive case）
ACT	活动（链）
ANTI	反被动态（antipassive）
AUX	助动词（auxiliary）
ART	冠词（article）
BECOME	变化（链）
CAUSE	起因（链）
CLF	量词（classifier）
CONJ	连词（conjunction）
DAT	与格（dative case）
DEC	陈述句（declarative）
DEM	指示词（demonstrative）
DIR	顺行态（direct）
DS	主语交替（different subject）
DU	双数（dual）
ERG	作格（ergative case）
f	阴性（female）
HAB	习惯（habitual）
HON	敬语（honorific）
INST	工具格（instrumental case）

INV	逆行态（inverse）
m	阳性（male）
MOVE	移动（链）
NEG	否定（negation）
NML	名词化（nominalizer）
NOM	主格（nominative case）
OBJ	宾语（object）
Obl	旁格短语（oblique）
P	及物动词谓语句受事
PASS	被动态（passive）
PERF	完成式（perfective）
PRES	现在式（present）
PROG	进行式（progressive）
pl	复数（plural）
PP	过去分词（perfective participle）
PRED	谓语（predicte）
PRO	代词（pronoun）
PST	过去式（past）
REFL	反身形（reflexive）
REL	关系从句（relative clause）
S	不及物动词谓语句主语
S_A	不及物动词谓语句主语（施事）
S_P	不及物动词谓语句主语（受事）
SEQ	承接（sequential）
sg	单数（singular）
STATE	状态（链）
SS	同一主语（same subject）
SUFF	后缀（suffix）
TNS	时（tense）

TA	时/体（tense-aspect）
tl	称呼（title）
Vt	及物动词（transitive verb）
Vi	不及物动词（intransitive verb）
VOL	意愿（链）

目 录

第 1 章
何谓认知语言学 1

1.1 从语言看心智 2
1.2 基本立场 2
1.3 产生背景 6
文献导引 9

第 2 章
认知能力与语言 11

2.1 认知全貌 12
2.2 图形与背景 13
2.3 识解的细微处 17
2.4 扫描 20
2.5 图式化 22
2.6 推理 27
文献导引 28
讨论题 29

第 3 章
范畴化（1）——原型 31

3.1 范畴化的重要性 32
3.2 古典范畴观 33
3.3 原型 35

3.4 框架与理想化认知模型（ICM）	39
3.5 范畴扩展	47
3.6 原型的实在性	49
文献导引	53
讨论题	54

第 4 章
范畴化（2）——基本层次

4.1 范畴化的层次	56
4.2 基本层次效应	57
4.3 上位层次和下位层次	63
4.4 词汇范畴	66
文献导引	74
讨论题	75

第 5 章
隐喻

5.1 始源域与目标域	78
5.2 隐喻的功能	83
5.3 隐喻的类型	88
5.4 意象图式与制约机制	93
5.5 多义性的语义网	95
5.6 隐喻研究的可能性	99
文献导引	102
讨论题	103

第 6 章
事件结构 — 105

6.1 事件的组成要素	106
6.2 因果链	106
6.3 谓语的语义结构	110
6.4 事件结构的多样性	118
6.5 位移和变化	125
6.6 事件的全貌	133
文献导引	135
讨论题	136

第 7 章
构式知识（1）——基本框架 — 137

7.1 作为语言知识的构式	138
7.2 与传统语法的关系	149
7.3 作为构式的论元结构	150
7.4 理论意义	158
文献导引	161
讨论题	162

第 8 章
构式知识（2）——"主语"与"被动态" — 163

8.1 语法关系	164
8.2 "主语"的语言普遍性	165
8.3 构式和功能域	177
8.4 被动句	179
8.5 功能域的扩展	187
文献导引	193

讨论题　　　　　　　　　　　　194

第 9 章 （195）
语法化
9.1　语言变化和语法化　　　　　196
9.2　语法化概貌　　　　　　　　199
9.3　动因与制约　　　　　　　　204
9.4　语法化和认知地图　　　　　214
9.5　共时态与历时态　　　　　　217
　　　文献导引　　　　　　　　　218
　　　讨论题　　　　　　　　　　218

第 10 章 （221）
语篇、认知、文化
10.1　文化研究　　　　　　　　　222
10.2　隐喻和文化模型　　　　　　222
10.3　构式的语篇功能　　　　　　227
10.4　语言与思维　　　　　　　　231
　　　文献导引　　　　　　　　　241
　　　讨论题　　　　　　　　　　242

第 11 章 （243）
语言的发展
11.1　关注语言习得　　　　　　　244
11.2　先天性再探讨　　　　　　　244
11.3　认知发展与语言　　　　　　251
11.4　从进化角度看语言　　　　　257
　　　文献导引　　　　　　　　　262

讨论题	263

第 12 章
面向今后的探究 — 265

12.1　维柯派语言学	266
12.2　结语	267
文献导引	268
讨论题答案	269
参考文献	276
索　引	294
译后记	301

小栏目

语言学领域	9
句子的判断	14
节点与链接	24
会话原则	60
格标记	122
复句结构	144
管道隐喻	224
萨丕尔-沃尔夫假说	232

第 1 章　何谓认知语言学

1.1 从语言看心智

无论什么科学，其产生都离不开作为思考原点的问题意识。要从自己所关注的对象当中，找到令自己产生从未有过的惊诧之处，予以深究，换言之，须将激发自己兴趣的那个问题点找到，这一点极为重要。

就我们日常说话，即语言来说，自然会有很多疑问。其中，我们首先想关注的是以下事实：从人的口中发出的语音，其本身不过是杂音而已。然而，我们却能通过语言将某个事件描述出来，与听话人完成配合。仔细想来，这难道不是一件十分让人惊讶的事情吗？之所以能够完成，是因为我们理解所听到的话语的意义，并借此构筑了一个世界，这就是人的心智功能，即认知活动中最重要的一个方面。语言究竟是如何构筑人的经验世界，并且，这一世界又具有怎样的特征——所谓的**认知语言学**（cognitive linguistics），就是带着这些问题意识开展研究的。可以说，这是我们探索人如何通过语言理解现实、展开行动这一机制的一次尝试。

1.2 基本立场

建构主义

通过语言构筑经验世界，这句话实际上意味着什么呢？先看一个简单的例子。看到玻璃杯里剩下半杯水，即便客观事态只有这一个，我们仍然既可以说"还有一半"，也可以说"只有一半"。选择哪一种说法，不涉及事情的真伪逻辑，而是取决于当事人如何把握事态。同样道理，我们在诸如"上坡"—"下坡"这样的表达形式中也能看到。此时，也是对同一对象因把握方式相反而导致不同的结果。以上事例均是说话人对于大千世界中的某个片段，在某种**识解**（construal）意识的支配下予以把握的结果。语言在建构我们所经历的世界时，重要的是说话人采用怎样的识解。换言之，一个人生活的世界不是"客观本真"的现实本身，而是通过人的认知活动来建构的。

我们可以从语言的方方面面当中，举出可用于佐证这一立场——称为**建构主义**（constructivism）——的事例。比如，有积极表达欠缺意的词语，如"洞穴""痕迹""失去""休息"。从客观上讲，"洞穴"本身并不表示某事物存在，所存在的只是洞穴的边缘，我们将被此边缘围住、内部空空如也的部分视作"洞穴"，就宛若其作为一个实体真实存在一般（Leisi 1952 称此类词为"欠缺词"）。语言在把握现实事态时，必然包含有某种特定的识解，这在句子表达层面也有所反映。例如，说"这附近聚集着活断层"的时候，采用的识解是，"活断层"宛若从某处开始"移动"、聚集于眼前这个地方似的。由此亦可窥知，句子所传达的不是客观意义上的位移，而是通过想象中的"移动"所构成的一种空间配置关系。

在思考人的认知活动时，如果站在上述立场看问题的话，最终就会形成这样一种认识：重要的不仅仅是基于客观事实基础之上的真伪判断，还有自己所建构的世界中的某事件所具有的"认知层面的真实性"。一般认为，人是具有丰富想象力的动物，这不仅表现在人具有对虚构事件进行思考描述的能力，而且，也广泛反映在日常的语言使用当中。有人认为，没有客观保证的"认知层面的真实性"没有价值，这种认识是错误的。探明识解如何被整合到语言之中，这实际上触及了认知活动的核心问题。本书将举出大量具体事例，用以阐明语言具有一个显著特征：它不是摹写"客观本真"的现实，而是具备在各种识解条件下描述特定具体事件的手段。

与此相关联的是，人在心中构筑世界，其所关注的不是客观现实全部，而是其中的某一部分，这一点需要强调。人的认知活动总是在有限的范围里进行。如此建构起来的世界，不是固定的，而是具有根据状况不断更新的性质。可以说，"认知层面的真实性"也是产生于这种受局限的世界中。

新经验主义

说我们生活在由"认知层面的真实性"所建构的世界里,不是指生活于唯有个人自我存在的主观世界里。人与人之间之所以能实现言辞达意,是因为这一机制建立在某种共同的基础之上。

在此共同的基础之中,最重要的是人所具有的基本认知能力。我们在建构经验世界的时候,以下能力是不可或缺的,即接受来自周边环境的信息、将信息储存于记忆中、需要时可予以唤起的能力;或在此信息的基础上,进行多方面思考的能力。这些能力构成我们实现语言功能的基本条件。

不仅如此,认知活动与人所共有的身体经验密切相关。例如,上下、前后等方向是建立在身体特征基础之上的概念,在很多语言中,它们成为构筑经验的基石。上——代表"好"(「舞い上がる」等),下——代表"坏"(「落ち込む」等)。这样的语义扩展来自对事件的把握方式,其源泉是根植于身体经验。不论是自然物还是人工制品,我们身边的生活环境为我们提供了这种已被规约化的把握方式。这种认知活动,通过日常经验——身体性的也好,社会文化性的也罢——被赋予某种框架,这一立场称为**新经验主义**(experientialism)。因为世界的建构并不是无限进行的,而是要建立在一定的条件之上。当语言结构拥有在此意义上的经验基础时,我们就说该语言结构具有动因(motivation)。

如若建立在上述立场上,那么,我们阐述语言问题时就离不开人的各种认知能力,否则会不自然。建立认知语言学的目标,就是要探明"人拥有语言"和"人拥有智能"或"人拥有文化"这些主张之间的共同基础,并在此基础之上了解人的特征。因此,我们的基本姿态是,在进行分析说明时,视野不只限定在纯粹的语言相关事项上,而是在关注其经验基础的同时对它们予以深入阐释。

普遍主义与相对主义

将不同的语言——例如日语、英语、汉语、阿伊努语等——进行比较的话，会发现它们之间有同有异。做语言分析时，重点不同，方法也不同。

首先，关注相同点的研究，是要探究被认为是所有语言都具有的特征，这一立场被称为**普遍主义**（universalism）。假如认为认知活动中存在人的共同基础的话，那么所有语言都有共同的特征这一论点就十分具有说服力。

另一方面，关注差异、强调各个语言的独特性，这种观点叫**相对主义**（relativism）。这一认识走向极端的话，有时甚至还会否认通过语言比较来发现不同语言间共同点的行为其意义之所在，因而此观点很难说具有建设意义。重要的是，应仔细观察各语言间的差异，同时比照可恰当进行语言比较的框架，进行思考。

试图为这两种彼此对立的观点给予较为平衡的解决方案的是语言类型学（linguistic typology）研究。此研究认为，不论谁都承认语言之间有多样性。然而，这种多样性不是随机的，而是具有一定的规律。换言之，多样性背后存在制约因素，不同语言因特定条件的不同而会有不同的差异性表现。

举一个著名的例子，看一下关系从句的类型问题（Keenan & Comrie 1977）。由带主语、宾语的句子，如"学生借了书"，可产出修饰主语"学生"的形式，如"借了书的学生"。在日语中，甚至连宾语也都能产出关系从句（例："学生借的书"）。但在马拉加西语（马达加斯加，南岛语系）中，只有主语可以成为关系从句的对象，不能产出结构如"学生借的书"这样的句子。此外，在日语中，要想由"学生从老师的房间里借了书"这个句子，产出类似"有学生从他/她房间里借了书的那位老师"这样的句子相当困难，但在英语中也并非不可能。由此可见，因语言不同，在是否可以产出关系从句这方面，各语言的可操作范围也不一样,此例可谓反映出语言的相对性。但与此同时,众所周知,在这种多样性的背后存在一定的规律。具体说,由关系从句修饰的名词短语,其在句中的地位有以下规律,即随着"主语 > 直接宾语 > 间接宾语 > 前置词/后置词短语 > 领属短语"这样的降序层级关系,容忍度逐级降低。产出关系从句的底线究竟在哪里,这因语言而异。某名词短语(如直接宾语)若有可能实现关系从句化,那么较之位于更高层级的名词短语(如主语)则一定能够产出关系从句。这个例子带有普遍性。重要的是,关系从句化的层级关系本身就具有普遍性,所谓中空语言(主语、领属短语可以产出关系从句,而直接宾语则不可)恐怕并不存在。通过这样的研究,我们就能恰当把握世界语言的共同规律和各具体语言其各自的多样性(参见 8.3)。

语言类型学本身就是一个具有特定研究目的和方法论的研究领域。但关注并探究这种见诸不同语言间的多样性及背后的规律,可以为理解我们的认知活动提供重要线索。就前面介绍的研究而言,可以设问,在上述制约关系从句化的普遍因素背后,究竟存在什么样的经验基础?要回答这个问题,必须从认知活动的视点——例如说话人对句中词语的关注焦点等——出发,思考关系从句的功能,建构起解释框架。这一研究方法适用于解释语言结构的任何方面。

1.3　产生背景

通过以上讨论,我想诸位已经对"什么是认知语言学"的基本观点有所了解。从更宽泛的意义上说,它属于被称为认知科学(cognitive science)的学科,即研究人的整个认知功能的学科领域——包含心理学、哲学、人类学、神经科学、生物学、计算机科学等——的一部分。这里,我不打算对这一领域做全面概述,下面只想简单地考察一下认知语言学产生的背景。

自语言学作为一个独立学科诞生以来,对认知的关注就以各种形式发展至今,其中特别重要的是,以上世纪初叶至20年代的博厄斯(Franz

Boas）和萨丕尔（Edward Sapir）的研究活动为代表的人类学研究学派。他们所调查的美洲土著人的语言与英语等广为人知的欧洲语言大相径庭。于是，为了理解他们的文化，自然就产生了这样的疑问，即在不同的语言当中，事件是如何被把握的？然而，在其后的美国语言学界，占主流地位的反而是刻意回避语义问题，根据一定的标准对语音、词形等可观察到的对象进行分析的研究方法，并趋向精密化，这即是狭义的结构主义语言学（structural linguistics）。同时，还有作为其背景认为语言具有自律性的观点，即认为见诸语言的规律性与其他的知识、能力是分开的、独立的。

到了上世纪50年代末，之前一直占据主流地位的结构主义语言学，被乔姆斯基（Noam Chomsky）所倡导的生成语法（generative grammar）所取代。生成语法的功绩在于，第一，主张语言不是基于刺激–反应这样的条件产生的，支持语言产生的动力是人的内在知识；第二，对用于规定句子结构的数理模型进行了体系化，并且修正了语言理论的目标，即研究重点从原来只对有限的数据进行分类，转向了探究为何能生成无限多句子的规则上来。上世纪60到70年代，有关句子结构的理论研究取得了很大进步，视野也大为拓宽。但同时，随着研究的深入，生成语法的缺陷也暴露了出来。若详细分析语言的功能，势必要考察对事件的把握是如何反映在语言层面上的问题。然而，生成语法的"设计理念"无法恰当解释用语言所建构的世界的丰富性，在将语言看作是自律的这一点上，其与结构主义语言学毫无二致。结果必然导致生成语法只集中研究有限的语言现象。另一方面，有一部分对语义问题抱有强烈关注、对语言自律性观点持否定态度的语言学家——这一学派称为生成语义学（generative semantics）——脱离主流，后来成为推动认知语言学发展的重要角色（有关生成语义学的兴衰，可参见R. Lakoff 1989, Harris 1993）。同样，从上世纪70年代后半期开始，语言类型学越发兴盛起来。如前所述，其主要目的是探索各种不同样式的语言之间究竟有什么样的类型或共同之处。在此过程中，就某一规律背后的动因的讨论越发深入，最终带来不少颇有洞察力的见解,这也成为支撑认知语言学发展的源流之一。

其后不久,进入上世纪 80 年代以后,众多学科领域均取得了新进展,提出了从未有过的新课题、新方法,其结果使得认知科学至今取得了巨大发展。其中,站在宏阔视野上推进语言研究的尝试,从这个时代开始越发活跃,研究框架逐渐清晰明了,由此终于促成了认知语言学的诞生。上世纪 80 年代后半期,以理论引领者莱考夫(George Lakoff)和兰盖克(Ronald W. Langacker)的著作为代表,相继产生了一批重要成果。1990 年,国际认知语言学会成立,认知语言学取得迅速发展,至今势头不减。

将迄今为止的发展源流,用图 1.1 表示的话,如下所示。

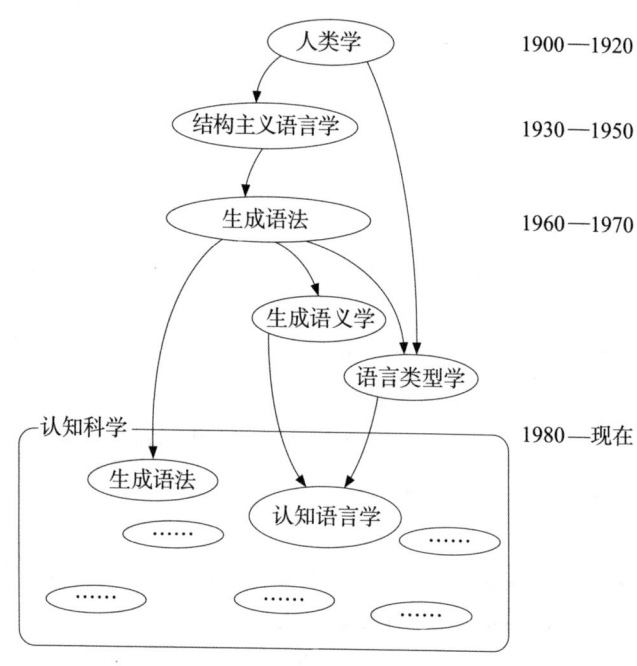

图 1.1　认知语言学的产生

> **语言学领域**
>
> 　　语言学分析的对象，按单位大小，可分为音、词、句这几个层级。对此，分别有以下几个基本领域：研究具有区别意义功能的最小单位——音位（phoneme）的音系学（phonology，也说 phonemics）、研究担负语义的基本单位——语素（morpheme）的形态学（morphology）、研究句子（sentence）结构的句法学（syntax）。这是从形式上看。另一方面，还有研究词或句子意义的领域，称作语义学（semantics）。此外，对每一个具体场面的发话（utterance）做出解释的领域，称为语用学（pragmatics）。例如，说"明天满月"这句话的时候，探明每一个词所负载的内容，这属于独立于具体场景的语义学研究；而"明天"具体指哪一天，则要视说这句话的时间而定，所以是语用学所要研究的课题。

　　总而言之，可以说，作为语言理论，认知语言学继承了博厄斯-萨丕尔传统，即关注语言所建构的世界的丰富性，并在理论和方法上吸取了新的研究成果，并有进一步的发展。从下一章开始，将要通过具体例子，展示认知研究的分析方法。

【文献导引】

　　认知科学概说类的书有很多。简洁有趣的读物有 Thagard（2005[2]）[+]。在概说类、事典类的书当中，有的依然是遵循旧范式而著，但 Bechtel & Graham（1998）则是从新的立场公平展示认知科学全貌，值得推荐。

　　关于认知语言学的入门书，有 Taylor（1995）[+]、Ungerer & Schmid（2006[2]）[+]、河上（1996）、坂原（1998）、Dirven & Verspoor（1998）、杉本（1999）、Lee（2001）。辻（2001）属于全面展示众多话题的手

册。兼顾教学方面的论集有 Tomasello（1998a）、坂原（2000）、西村（2002a）、大堀（2002a）。

第 2 章　认知能力与语言

2.1 认知全貌

人的认知是由哪些能力决定的？这里，我们先了解一下构成人的认知能力的若干基本要素，然后考虑它与语言的关系。

理解认知活动，首先重要的是要了解从环境当中获取信息的感知（perception）过程。这里，还会涉及把握对象时如何分配注意力（attention）的问题。一般而言，我们在处理通过感官捕捉到的全部信息时，并非等同视之，而总是在有选择地把握对象。

我们将这些信息作为记忆（memory）储藏起来。人的所谓知识（knowledge），指的就是经处理后储存起来的这种长期记忆。它不仅包含了有关社会、自然等事实，也涵盖了诸如印象（如熟人面孔）、感觉运动模式（如投球方式）、生活空间地图（如从家到学校经过的路）这一类知识。

我们所获取的信息，并非单单作为知识留存于记忆当中。多数情况下，重要的是要看这些信息是如何在我们的行为中起作用的。在此意义上，认知能力还包含了制订、实施计划（plan）的过程。为了实现某种意图（intention），我们需要分析和思考如何解决问题。为了应对各种目的，我们的知识结构具备灵活性。

与此过程相关，有一点很重要，那就是我们所得到的信息并不完整。日常的认知活动通常需要从部分信息中理解事态、采取行动。因此，就要根据已获取到的信息，对事态的方方面面进行推理（inference）。此处所说的推理，不仅限于逻辑上的真伪判断，还包含通过猜测进行判别。

经由语言获取的认知经验，是基于由语言知识所提供的识解方式，充分调动人的各种认知能力而形成的。下面，试举若干普遍性程度较高的例子，对认知能力究竟是以何种形式参与到语言当中的这一机制进行一下说明。

2.2 图形与背景

有界性与图形的突显

我们睁开双眼直面外部世界时,并非仅仅将事物当作飘忽不定的东西"模糊地"加以把握。看东西时,我们是先勾勒出映入眼帘的轮廓,将其视为一个独立的对象去感知。当对象显现出清晰的轮廓时,便产生了**有界性**(boundedness)。这是感知的基本步骤。

例如,想象这样一个画面:一个戴着草帽的少女独自在一望无际的草原上行走。此时,我们感知到的清晰轮廓,即具有突显度(salience)的对象应该是行走的那个少女。我们把感知过程中自己注意力所投射的对象叫作**图形**(figure)。"她"同时也是承载了较多信息、能够在一定空间里游移的对象。另一方面,在此情景下,草原作为背景被感知,并不十分突出。我们把与图形相对、突显程度低的对象叫作**背景**(ground)。图形-背景的分化构成了我们在把握事物时据以分配注意力的基础。需要提醒一点,图形-背景的分化并非事物本身所具有的,而是认知主体的选择意识发挥作用的结果。特别是在诸如人群密集的地方找寻对方等场合,图形-背景的分化更是完全取决于认知主体的意向。

有些情况下,图形和背景还可以互相转换。图 2.1 被称作"鲁宾杯"。

图 2.1　图形和背景的相对性

如把白色部分当作图形,就会看到一个杯子或者花瓶。反过来,如把白色部分当作背景，就会看到两个人侧脸相对。这叫图形-背景的反转。图形-背景的分化是由注意力分配方式的不同引起的，并非该图本身画的就是杯子或者人的侧脸。如上所述，输入感知并从中选择突显对象是一项具有相对性的操作过程。

语言中的图形与背景

图形与背景的区分也体现在了语言结构当中。例如，泰尔米（Leonard Talmy）的系列研究表明，表示位置关系时，句子是按照图形＝主语、背景＝处所短语的分配原则构成的（Talmy 1983、2000a）。由下面的例子可知，不符合此分配原则的句子是不自然的。

（1）自転車が 12 号館のそばにある。
　　　自行车在 12 号楼的旁边。
（2）??12 号館が自転車のそばにある。
　　　??12 号楼在自行车的旁边。

句子的判断

语言学研究句子，不仅是讨论人们实际使用的句子，也包括操母语者认为不恰当或不正确的句子。不恰当但基本可以被接受的句子在句首用"?"进行标记。不恰当程度更高的句子用"??"标记。不正确的句子用"*"号标记。所谓母语知识，具有说话人虽然明白却无法解释清楚的性质。因此，为了搞清楚那些平时不曾意识到的规则，自然会采取观察不符合该规则的事例并进行相互比较的分析方法。

此处的"自行车"是可移动的图形，比作为背景的"12号楼"突显度更高。在此意义上讲，二者的关系是非对称的，哪一个更容易成为图形一目了然。在极为特殊的情况下，我们才会将例（2）中的"12号楼"作为图形来表达。比如，对校园环境还不熟悉的新生，他们只能以自己单车所停放的位置作为基准，前往上下一节课的教学楼。

此外，对于突显度本来就对等的双方来说，不论采用哪一种图形-背景的分配形式，都不难解释其理由。

（3）花子が太郎のとなりに座っている。

　　 花子挨着太郎坐。

（4）太郎が花子のとなりに座っている。

　　 太郎挨着花子坐。

无论从个头大小，还是可否移动的角度来说，"花子"和"太郎"之间都不具有非对称性，两种表达皆很自然。至于选择两个人当中的哪一位作为图形，则取决于对话场景中的背景知识。比如，太郎是说话人和听者都认识的人，且说话人想要告诉听者有关花子的信息时，就会采用例（3）的说法，将"花子"作为图形加以突显。

图形-背景的关系不仅可用来表示同一个句子中不同对象间的关系，也可以体现两个句子之间的关系。下例中，由"某时间段（顷）"引导的从句是背景，接下来的主句才是图形。

（5）東京に住んでいた頃、例の事件が起きた。

　　 住在东京那会儿，发生了那件事。

此处的"住在东京那会儿"是带有一定时间跨度的背景，"发生了那件事"则被当作予以突显的图形（Talmy 1978）。将其图式化，如图2.2所示。

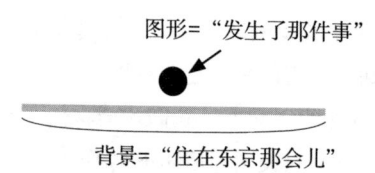

图 2.2 时间上的图形和背景

以上例子表明,图形-背景关系,既适用于解释空间位置的分配原则,又可用于说明发生于时间过程中的事件。图形-背景的分化,是反映在语言层面的基本把握方式之一。

基体与侧面

图形-背景的分化,主要是指在感知可直观理解的事物意象时,将其中一部分突显化的过程。下面,进一步导入与之相关的**基体**(base)与**侧面**(profile)的概念,这一对概念是能将整个知识结构涵盖在内的广义术语。基体是指认知对象时的背景知识,侧面则指其中的焦点部分(Langacker 1987a)。

首先,举一个简单的例子。如图 2.3 所示,图形 = 侧面,背景 = 基体,二者间存在如此对应关系。

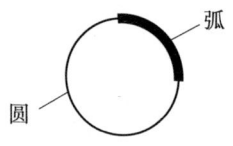

图 2.3 **基体和侧面**

此时"圆"被当作背景 = 基体,其中的一部分被当作图形 = 侧面,焦点化之后,遂形成"弧"的概念。

不仅如此,基体与侧面的关系还可用于解释复合性知识。例如,我们把"亲属关系"看作一个涵盖面较广的基体,抽取其中的一部分作侧面,就会得出"叔叔(舅舅)""侄女(外甥女)""堂(表)兄弟(姐妹)"等各种概念。并且,假设关注"叔叔(舅舅)"这个概念,将它当作一个新的基体,那么,根据是父亲家还是母亲家的亲戚这一标准,我们还可进一步限定不同的侧面。

从基体中选择侧面,它既适用于从知识结构中分层次选出多个概念,也适用于把握难以在脑海中浮现具体轮廓的抽象性知识。从这个意义上讲,基体与侧面的概念,在我们思考如何通过语言把握事态这一问题的复杂性时更为有效。

在认知活动中,即便以同一基体为对象,认知侧面也会根据需要发生转移。我们以"学校"这个概念为例,它作为基体的知识范围很广,包含了学校的教学、运营、历史、占地等方面。当我们说"那所学校很贵"时,多指学费;说"那所学校很宽敞"时,则是指校园面积。如此看来,看上去不复杂的"学校"的概念也具有多个方面,我们通常截取其中的一个方面作为侧面来突显和把握。打个比方,注意力指向的转换,就像聚光灯对着某个背景来回移动一样。我们从同一基体中选择不同的侧面,从而不断地重新把握我们所体验的经验世界,这便是认知活动的重要特征之一。

2.3 识解的细微处

颗粒度

图形-背景的分化与注意力分配的指向相关。而把握对象时的另一个重要过程,即是需要选择集中多少注意力于该对象身上。比如,当我们观察冲印出来的图片或照片时,如果注意力集中于局部,特别仔细地看,画面就会变成单纯的着色点的集合。反之,如果模糊焦点粗看,则看不到细节处的特征,无法判断画的是什么。按照克罗夫特(William Croft)的说法,我们把握对象时要对这种细微程度做出选择,此标准称为**颗粒度**(granularity)(Croft 1991)。我们日常的认知活动是在设定适当颗粒度的前提下进行的。

颗粒度的设定，有时候也会发生变动。例如，"投球"这个动作是人们日常所用的把握方式，而研究运动生理学的专家们则能够对它进行极高颗粒度的描述，从身体各部位的活动、肌肉的发力方式、手指尖的微妙感触直到（击球后手臂的）随球动作。下例是对同一事件进行的不同颗粒度的描写。

（6）彼女は"You never give me your money"のイントロパートを弾いた。
她弹奏了"You never give me your money"的序曲。

（7）彼女の指は鍵盤の上を軽やかに舞って"You never give me your money"のイントロパートの調べを奏でた。
她的手指在键盘上轻盈地飞舞着，弹奏了"You never give me your money"的序曲曲调。

在探讨如何用语言把握事件的方式时，这种差异十分重要。对于随时间推移所发生的动作过程、手段或结果，因把握方式上的细微程度不同，反映在语言表达层面上，便会产生各种不同的形式。

群组化

除了从颗粒度的角度去识解对象，还有一种与之关联的识解方式，即我们将对象识解为怎样一种整体，此被称为**群组化**（grouping），这一认知过程与把握方式的细微程度相关。

以名词的单复数为例（日语中没有单复数的区分，故将英语作为考察对象）。首先，(a) boy（（一个）男孩）这个词表示单个轮廓明晰的对象。而 boys（（多个）男孩）表示聚集多人的群组。表示单个对象的概念，被称为单元体（uniplex）；而表示形成群组的概念，则被称为复元体（multiplex）（Talmy 1988a、2000a）。

复元体概念包含多种类型。比如，单独把握单个成分——此特征称作**个体性**（individuation）——的情况。有一种类型是混合性质的集合，无明确界限，不具有边界性，如 furniture（家具）；另一种类型是单个成分的集合，具有边界性，如 (a) team（队组）。而像 water（水）或 air（空气）这样的物质名词（mass noun），原本就不是单个个体的集合，而是用于指称模糊的对象。它们既无个体性，也无边界性。但是，若将这样的物质名词与表示单位的词放在一起使用，如 (a) glass of water（（一）杯水），它就成为了无个体性但具有边界性且轮廓清晰的对象，需要重新把握。此时，我们就会将"水"当作单元体对象重新进行把握。名词的可数性（countability）反映了概念上的边界性。如将上面各个类型图式化，则如图 2.4（Talmy 2000a：59，有部分修改）所示。

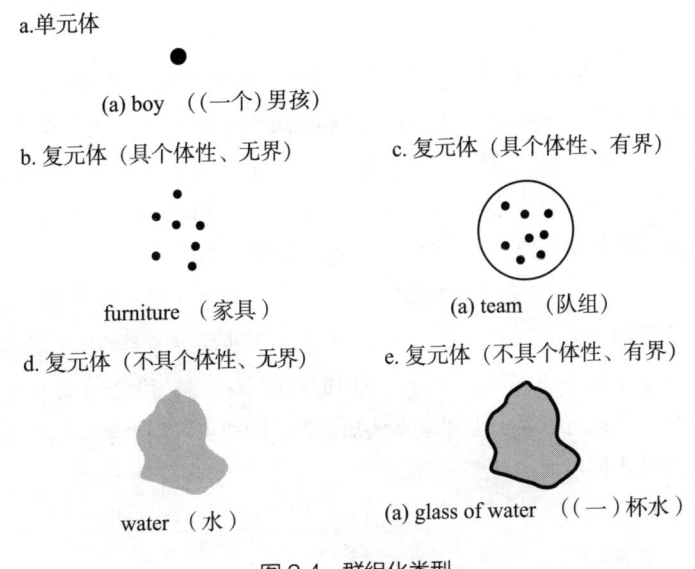

图 2.4　群组化类型

群组化也并非是固定的，语言表达不同，把握方式也不同。例如，hair（（发）毛）在例（8）中，可作为单元体可数名词（＝图 2.4a），后面加 -s 则表示个体的集合（＝图 2.4c）；而在例（9）中，则被用作整体上具有轮廓但非个体的不可数名词（＝图 2.4e）（参见 Wierzbicka 1985）。

（8）She has a few gray hairs.
　　她有几根白头发。
（9）She has brown hair.
　　她的头发是棕色的。

无论哪一种把握方式，都不会让人感到不自然。此外，如例（10）所示，群组化概念甚至还可用于解释光凭语言则非常难以把握的语言对象。

（10）There is cat all over the street.
　　街上充满了猫。

"猫"本来需要加 a 作为单元体对象来把握（=图 2.4a）。即使在表示复元体的情况下，一般也会用 There are cats all over the street（街上全是猫）来表示（=图 2.4b）。但在例（10）中，将 cat 视为如同 water 一样的物质名词（=图 2.4d），这就等于在表述像"猫"这样的"物质"边界不清地覆盖住整条马路，（此景象）可谓让人惨不忍睹。

此外，为了避免使问题复杂化，这里只列举了若干有形物为例，而行为方面也可看到群组化。例如，从动一下头便可做到的角度看，"点头"这个动作为单元体。从敲几下门的角度看，"敲门"这个动作则是复元体。因此可以说，上述基本认知过程，同样可以用来解释物体和行为这两种不同层面的概念。

2.4　扫描

我们认为，把握对象的过程甚至还与视线的移动相关。跟随对象的移动或变化而产生的视线移动叫作**扫描**（scanning）（Langacker 1987a）。语言具备若干不同种类的表示扫描的手段。例如，当棒球投手投了一个弧线球，此时我们把注视他所做动作的每一个阶段且按顺序加以把握的方式叫作**次第扫描**（sequential scanning）；而把动作的各个阶段统括起来进行把握的方式叫作**总括扫描**（summary scanning）。在下面的英语例子中，表示"弧线"概念的单词，根据扫描方式的不同，可在动词和名词之间实现转换。

（11）The ball curved.
　　　球走了弧线。
（12）He threw a curve.
　　　他投了一个弧线（球）。

例（11）是次第扫描，即仿佛连拍照片一样地把握棒球的变化，用眼睛追踪它的轨迹；而例（12）则是总括扫描，即不包含棒球移动的时间过程，只是将它作为一幅静物画那样予以把握。二者的差异用图2.5表示如下。

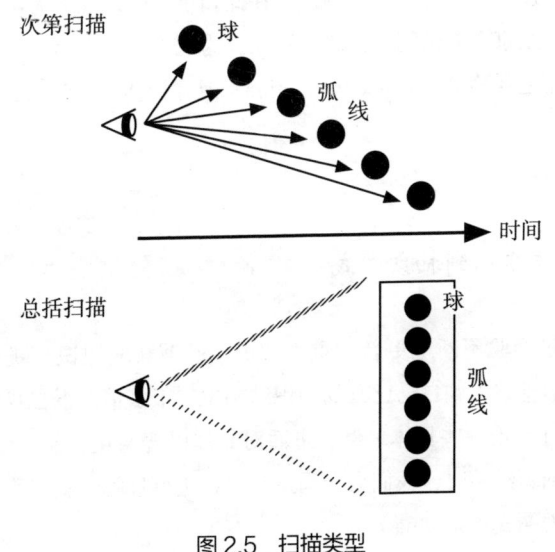

图2.5　扫描类型

上图的总括扫描也描绘了棒球的多个姿态，但从结果上看，它被群组化，还原成单元体认知对象。为此缘故，例（12）中的 curve 前加了 a，被作为单元体处理了。

在认知空间位置关系时,也能看出扫描方式的不同(Talmy 1996、2000a)。

(13)東京—静岡間に高速道路がある。
　　东京和静冈之间有高速路。

这个句子不包含移动或变化,而是将高速公路当作一个静止不动的对象,进行总括扫描。同时,还另有如下表达。

(14)東京から静岡まで高速道路が走っている。
　　高速路横穿东京和静冈之间。

事实上,高速公路本身是不动的,但在此句子当中,视之为认知主体的注意力沿着东京至静冈间的公路在移动,为此进行了次第扫描,这种把握方式叫作主观移动(subjective motion)或虚拟移动(fictive motion)。

2.5　图式化

从具体事例到抽象图式

　　人通过经验不断地更新、重组知识。所谓获取知识,就是将从外界获取的信息纳入到自己已有的知识结构中。很多情况下,我们获取的知识是通过比较一些具体事例、进而对其加以普遍化、抽象化得来的。当我们遇到新经验时,我们会套用这些知识进行理解。我们称这种抽象化的知识为**图式**(schema)。

　　先看一个简单的例子。如图 2.6 所示,5 个"鸡蛋"的具体事例形成一个抽象图式。

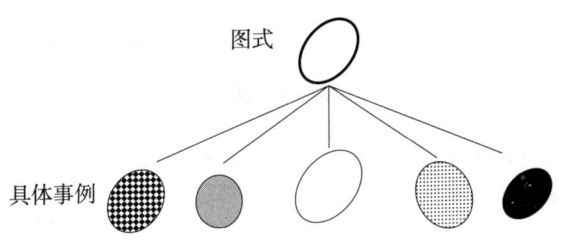

图2.6　图式化模式图

虽然每个"鸡蛋"的颜色、外观、大小、形状都各不相同，但提取它们共同特征，便可得到作为图式的"鸡蛋"，这个过程叫作**图式化**（schematization）。图式化也可应用于解释更为复杂的事物。由于图式只规定知识的抽象形态，对细节不做要求，因此可以说，图式用于构建认知经验的基本结构。图式和各个具体事例的关系可通过实例化（instantiation）的链接手段联系在一起。

图式化是通过经验来学习的，因此，现实世界中的认知主体与对象之间的相互作用，如采用某种方法进行操作等构成了我们在各种具体经验当中发现共性、进行图式化的重要基础。在此意义上，除了具体的物体，所谓图式也存在于我们的感觉或行为等当中。通过反复经历体验，最终固化（entrenchment）成"模式"。如此一来，遇到具体事态时，我们就会自动唤起储藏于知识中的图式，予以应对。

作为图式的语言知识

一般认为，语言结构作为人的知识的一部分，是由形式与意义结合而成的符号单位（symbolic unit）构成的。并且，就形式和意义两方面而言，我们可以在词或句式层面上实现图式化。例如，「走る」（跑）这个词，我们可以从若干具体事例，如「人が走る」（人跑）、「乗り物が走る」（车等交通工具跑）、「電流が走る」（跑电）等中，抽出它所具有的图式意义。

> **节点与链接**
>
> 节点（node）和链接（link）是我们在讨论知识结构时，为了区分成分和关联而导入的概念。以图 2.6 为例，被图式化了的"鸡蛋"作为上位节点与各个具体事例形成链接。我们的知识，除了这种实例化的链接外，还通过事物间的因果关系的链接，以及某对象的部分与整体的链接等，来构成各类关系。

认知语言学认为，语言知识作为由符号单位构成的庞大网络储存在人的记忆当中。通常所谓学习知识，就是将新的事例链接入图式中，根据需要不断重组知识网络，语言也不例外。这里，我们以日语动词"テ形"为例，考察一下符号单位的表示方法。

（15）动词"テ形"　　　形态变化
　　　来て　　　　（k + ite　→　kite）
　　　見て　　　　（mi+ te　→　mite）
　　　勝って　　　（kat + ite →　katte）

派生规则是用于将两个成分联系到一起的方法之一。通过这个方法，例（15）在 k-、mi-、kat- 等基本型后，加上词尾 -te 或 -ite，使之派生为"テ形"。只不过，仅单单加上词尾 -te/-ite，会得到像「勝ちて」这样的不符合现代日语的形式，因此，还需要做音位上的调整。例如，为了导出「勝って」形，需设定如下派生规则："以词干 t 结尾的单词在变'テ形'时要将 -ite 中的 -i- 去除，得到 -te"。在此过程中，说话人学习到的语言知识是基本型和导出各个"テ形"的规则。各动词的"テ形"被看作是通过规则自动派生出来的，因此其本身不需要逐一学习。

与之相反，以图式为中心的学习过程，则不设定由基本型到"テ

形"这样的导入规则。取而代之的是,「見て」以下的"テ形"也全部作为语言知识来学习,在记忆当中占据确定的位置。也就是说,「見て」和「来て」「勝って」……等一起被链接纳入到上位图式"テ形"中。同时,还与「見る」「見た」「見れば」……等一起被链接纳入到上位图式「見-」中。用图表示,如图2.7。

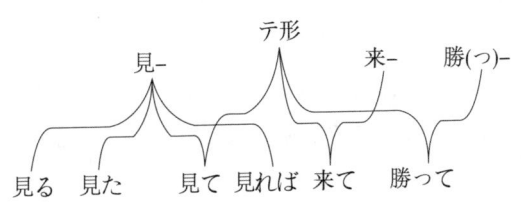

图 2.7 网络型知识

这样产生的结果是,迄今为止一直采用规则表示的不同形态间的关系,被呈网络形态的知识所取代。这一结论亦可应用到对句子结构的探讨中。例如,主动句和被动句的关系不是作为基本型的一方通过规则改换成另一方的关系,而是每个句式都是具有独立的意义与形式的结合体,其相互关系可通过网络式链接来表示。

图式和派生规则在方法上处于对立,各有所长,目前还无法确定哪一种方法绝对正确。从认知语言学的立场出发,图式分析已得到众多学者的支持。究其原因,主要在于:1)网络型结构在体现知识习得与更新的生命力上更显张力;2)从语言是符号单位的集合这一点来看,被认为是派生形的那个形式和基本型一样,都是具有意义的独立单位。

封闭性词类与开放性词类

这里,从语义层面的图式出发,我们将符号单位分为两个等级。其中一个表示具体的、实质性的概念。该等级主要由名词、动词等原则上没有数量上限的成分构成,称之为开放性词类(open class)。另一个比起表示事物本身,更侧重于表示如何规定把握事物框架的概念。该等级由助词、活用词尾等有限少数的成分构成，称之为封闭性词类（closed class）。语言的意义或多或少都经历了图式化的过程，而封闭性词类成分具有与图式化进一步发展的结果即语法功能相关的意义（Talmy 1988a、2000a）。

下面，以德语句子为例，看一下封闭性词类形式是如何明确表达众多语法功能的。

（16）Ein unbekanntes Flugobjekt nähert sich.
　　　一个不明飞行物正在靠近。

在该句中，属于开放性词类的有：unbekanntes 的一部分 bekannt-（已知）、Flugobjekt 的构词成分 flug（飞行）和 objekt（物体）、nähert 的词干部分 näher-（靠近）。这些成分表示实质性对象或活动（可继续细分，此处不做细分）。而封闭性词类成分，除了不定冠词 ein、反身代词 sich 之外，还有 unbekanntes 的否定前缀 un-、表示中性/单数/主格的词尾 -es、nähert 中的简言之表示第三人称/单数/现在的词尾 -t。这些成分都不指代具体的对象，而是表示相互关系或事件发生的时空框架。如果仅将例（16）中表示封闭性词类成分的、图式化程度较高的部分抽出，将其"意义"书写下来，即如例（16'）所示。

（16'）之前没有成为话题的、情况不明的第三人称/中性/单数的某对象此时其自身正在活动之中

可以说，这些成分赋予事件以抽象的轮廓。如果将实质性内容补充完整，即"情况"="已知"，"第三人称/中性/单数的某对象"="飞行物"，"活动"="靠近"。"其自身"用 sich 的反身用法表示。如此看来，用语言表达事件，在其根本处存在着由封闭性词类成分来构成语义基本框架的过程。

2.6 推理

如上所述，我们在建构经验世界时，并无可能掌握所有必要的信息。我们的日常认知活动依赖于对不完整信息进行补充，并预想好可能会发生的状况，这一过程我们称为**推理**。

从最严格限定的意义上说，所谓推理，指的是经过一系列逻辑性操作，得出某个结果有保证的结论。例如，由"所有人都有智慧"和"苏格拉底是人"这两种知识，可推导出"所以苏格拉底有智慧"。这个例子属于以一定的前提为基础，套用规则得出结论的类型。

然而，人在进行推理的时候，并非总是能确保逻辑上的正确性。具有"认知层面的真实性"但未必符合逻辑的推理，在日常生活中更为常见。例如，我曾见过几位老家是 X 县的人，他们做事都规规矩矩的。因此，判断 X 县的所有人都是规规矩矩的。这里，结论的妥当性与其说是对错，不如说是概率问题。这是用有限的个别样本来预测整体倾向的方法。因此，以从现有经验获得的知识为基础，对某事态进行推理，结果未必一定总是为真。但即便如此，它并不妨碍每一个人在日常生活中运用推理对事态进行判断或影响其实际行动。

关于推理的研究，学界的积累十分深厚，而与自然语言的使用尤其密切相关的是那些为理解对话场景中对方的意图而进行的推理。作为更具普遍性的原理，人们在语言会话中遵循所谓的合作原则（Cooperative Principle）（Grice 1975），即在参与交谈时，要使你说的话符合你所参与的交谈的公认目的或方向。即听者认为说话人抱有一定的意图，故对此意图加以推测，完成沟通。例如，当被问到"现在几点？"时，听者会进行某种推理，猜想对方譬如是想让自己停下手中的事情，转向其他行动等。这种情况下也无法保证理解是正确的。所谓的"言外之意"大多是靠此类推理完成传达的，它与基于日常经验的众多知识（还包括文化差异等）相关。

思考对话场景中的推理问题时，有这样一个有趣的现象，即人们在处理以不同时空为参照的情况时其对待方式各不相同。比如，说"今天的舞台上，吉尔古德饰演的是李尔王"时，"今天的舞台上"不仅指时间或处所，而且还包含一个指令，即要求听者重新设定一个能够解释该事件的时空。导入戏剧舞台后，现实世界和舞台世界之间遂形成对应关系，演员吉尔古德便与剧中人物李尔王联系在了一起。包括以上问题在内，为完成推理究竟我们需要界定哪些语言手段，这些都是有待今后进一步细化的研究课题。

【文献导引】

要想了解认知过程的全貌，可以读守（1955）。更具概括性的阐述有 Matlin（1997）等，英语学界在这方面的研究产出颇丰。

关于认知能力在语言层面中是如何体现的探讨，主要有兰盖克和泰尔米，他们的研究颇有深度。Talmy（1988a）从宏大的视角展示了基本框架，富有启发性。他的主要研究（包括上述论文）收录在 Talmy（2000a、2000b[+]）中。Langacker（1987a、1991）展示了理论全貌，但部头太大，还是从 Langacker（1990a、1999）开始读更稳妥。另外，需要注意的是，在兰盖克的框架中，他用射体（trajector）和界标（landmark）代替了图形和背景的术语，且与原来的图形和背景的定义有所不同。

关于日常语言的推理，Johnson-Laird（1983[+]）、坂原（1985）十分重要。将基于语言的认知活动视为是一种操作，其目的是连接数个规模受限的小领域，并试图实现理论化，这一方向称为心理空间（mental space）理论。由于这种方法具有独特的理论框架，本书不打算简单地进行折中性论述。关于心理空间理论的文献资料，除了 Fauconnier（1994[+]、1997[+]）之外，还可参见日本认知科学会（1990）、Fauconnier & Sweetser（1996）。

【讨论题】

2.1　对「大統領が XYZ ホテルに滞在している」（总统在 XYZ 宾馆逗留）这句话，是否可以造出以处所为主语的句子？此时，应如何把握图形–背景关系？同时一并思考其他语言中的此类现象。

2.2　举出对同一事物采用不同颗粒度进行描写的例子。尽可能观察新闻报道等当中的实际使用例子。

2.3[†]　试举一个例句，列举构成"封闭性词类"的诸成分要素，并分析它们表示什么样的图式化概念。

第 3 章　范畴化（1）——原型

3.1 范畴化的重要性

作为支撑人的认知活动的重要支柱之一，我们具有在获取信息的基础上创造有自足意义集合的能力，这种集合叫**范畴**（category）。例如，人在生存过程中，要进行各种判断：如摆在眼前的东西（如蘑菇）能否食用？眼前的这个人（如其他部落的人）是敌还是友？某些行为（如往来赠答）是否出自善意？做出判别的基本依据来自有关该对象（或该行为）所属范畴的知识。这种判别发生在人的认知活动当中，与记忆和学习的关系尤其紧密。下面，我们了解一下日常经验范畴是如何构建起来的。

构建范畴是一个将自己生活的世界进行适当分类，并将其纳入到知识中去的过程。"分类（「分ける」）"即为"理解（「分かる」）"，但这项工作并不简单，其背后隐含着复杂的处理过程。并且，根据情况变化，范畴会扩展或发生改变。构建范畴并且对某一对象是否属于该范畴做出判断，这叫**范畴化**（categorization）。

当然，处理所获取到的信息时，还存在一种可能，就是将所有的信息逐一记忆储存，相互间没有关联。可是，考虑到人的记忆容量有限，这一想法极为不现实。如果不进行范畴化，通过类似于将所有对象赋以各自不同的 ID 编号的方法存储，那么，此时就不单单是记忆容量的问题，而且还会给信息的搜索和比对带来困难。这些做法既是对人的知识结构本身的否定，也是将人的诸如学习等与生俱来的能力视而不见。

在语言学中，范畴化的重要性可以从以下两个方面进行思考。第一，在通过语言建构的经验世界中，人总是在参照之前构筑好的范畴的同时，不断赋予其新的意义。为了恰当界定通过语言建构并传达的内容，必须探明在此过程中发挥作用的范畴化的特征。第二，从语言学方法论的角度看，存在着如何规定用于分析诸如"主语""动词"等范畴的问题。可预见的是，因对范畴形成的看法不同，语言学自身的理论建构自然也会随之而改变。

3.2 古典范畴观

自古以来，有关范畴的讨论都是在逻辑学框架下，在以"何谓正确的判断"这一语境下展开的。为了论证某命题，如"鲸鱼是哺乳动物"这句话的真伪，就必须事先知道"鲸鱼"和"哺乳动物"的范畴是什么。在古典研究中，因为命题的赋值只有真（=1）和伪（=0）两种，所以范畴也必须泾渭分明、界限清晰。该立场认为，界定某对象物能否成为该范畴成员时，依据充分必要条件才是正确的，这样才是基于科学的判断。

在西方人的世界观中，上述思维逻辑作为天经地义的前提被广泛接受。古典范畴观的特征可以归纳为：

（1）存在纳入某范畴的所有成员，且仅能纳入这些成员的定义。被规定可纳入该范畴的成员资格均等。

换言之，可以发现这里存在一个整齐划一的条件，使得鲸鱼、蝙蝠等与狗、马等以同等身份被包含于"哺乳动物"之中，但企鹅等动物却被排除在外。用图表示，如图3.1所示。在这里，A—F的范畴界限是很明确的。若把A作为"哺乳动物"的话，则B、C、D……（例如，"鱼类""鸟类""爬行类"）就被一目了然地区分开来。

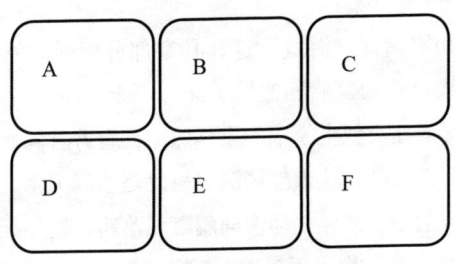

图3.1 古典范畴模式图

实际上，也会有满足不了这一条件，很难按同一标准做出判断的情况。但重要的是，判断时摇摆不定的情况会被视作例外。所谓"正确"的范畴是满足标准（1）的范畴。也就是说，就某一范畴而言，所要求的条件是，可对其中的成员无一遗漏地进行界定，且不和其他范畴发生重合。

提到古典范畴观，常常会将亚里士多德的名字与之联系到一起，而维特根斯坦（Ludwig Wittgenstein）则从哲学的角度对古典范畴观提出了尖锐的批判。

> 例如，考虑一下我们称之为"游戏"的事件，诸如棋盘游戏、纸牌游戏、球赛和其他比赛等等。什么是它们共同的？——不要说"它们之间一定有共同之处，否则我们就不能称之为'游戏'了。"——你看一下，所有成员是否存在什么共同之处。——是因为你即便仔细观察，恐怕也看不出见之于所有成员的共同之处，但却可以看到它们的相似性和关联性，甚至还可以看到它们的整个系列。
>
> （Wittgenstein 1953，原文所引为日语版 1976：69）

的确，同样称为游戏，但想找到普通的体育运动和扑克牌之间的共同点并非易事。基于一定的规则定胜负，虽说这么界定是个不错的建议，但那样的话，孩子的打闹玩耍、做模仿游戏等又是什么呢？一个人独自玩也算"游戏"吗？另外，像团体操这样的集体表演又算什么呢？——等等，总之会出现一连串疑问。

维特根斯坦将诸如"游戏"这样具有部分相同之处，但界限并不甚清晰的一组成员称为家族相似性（family resemblance）。生活中经常会有这样的情况，在类似全家福的集体照中，有着共同血缘关系的人之间有说不出的相像之处，让人能猜测出彼此是亲属关系，但全体成员的共同特征并不很清晰。同样，即便同属游戏范畴，要想把均等界定所有成员的特征提取出来，剔除不是游戏的活动项目，这也是极其困难的。正因为此，须寻求更新的范畴观来加以解释。

3.3 原型

中心成员的存在

　　与古典范畴观不符的例子,除了"游戏"外还有很多。举一个简单的例子,看一下"家具"的范畴。提到"家具",我们能想起的有哪些呢?橱柜、桌子,这些物件谁都能想到。像碗架、书桌、沙发、椅子和床等,这些按说也能迅速浮现于脑海。可是,如果10个、20个地列举下去,就会说出一些不太像"家具"的物件。例如,花瓶、窗帘就很难说是典型的家具。于是,我们就会明白,同一个范畴之中,既有中心成员,也有非中心成员。

　　对于上述情况,罗施(Elenor Rosch)明确指出了其存在,并论述了它在认知层面上的价值。Rosch(1975)汇报了以美国学生为对象实施的问卷调查的结果。罗施发现,在对非中心成员的认知上,容易产生个体或地域性差异。除花瓶外,"家具"还包括烟灰缸、电话、枕头和立体声音响等。如在日本做相同的问卷调查的话,对上位成员的认知,受访者恐怕没有太大的差别(除了床,大概还会加上被褥吧);但对下位成员,因地域或个人原因等,结果恐怕不尽相同吧。例如,佛龛等应是"家具"当中的一个边缘事例。此时,"家具"与"佛具"范畴的关系随之也成为需要我们关注的问题。

　　我曾经在我教的班里以40多人为对象,进行过一项有关"文具"范畴的同类问卷调查,下面列出的是143份有效回答中的一部分。

(2)　　　　上位　　　　　　　　下位

　　鉛筆(铅笔)　　　　　　青鉛筆(蓝铅笔)

　　消しゴム(橡皮)　　　　赤ボールペン(红圆珠笔)

　　定規(物差し)(尺子)　　アルバム(相册)

　　ノート(帳面)(笔记本)　印鑑(印章)

シャープペンシル（自动铅笔）　　インデックスシール（便签贴纸）
ボールペン（圆珠笔）　　　　　　カード（卡片）
コンパス（圆规）　　　　　　　　替え芯（笔芯）
のり（胶水）　　　　　　　　　　カッティングシート（贴纸）
はさみ（剪刀）　　　　　　　　　画板（画板）
ルーズリーフ（活页本）　　　　　烏口（鸭嘴笔）
……　　　　　　　　　　　　　　……

左侧的上位成员是受访者回答最多的10个例子，右侧的下位成员是从只有1个人回答的选项（共71份）中选出的10个例子。结果显然也都是一样的，即每个成员的资格并不均等。很多人举出了铅笔或橡皮，出现的顺序也都靠前，所以可以说，它们就是"文具"范畴的中心成员。相反，相册和印章等就很难被认定为中心成员。除此之外，可看作边缘例子的还有算盘和眼药水等。此外，非常有意思的是，蓝铅笔和红圆珠笔却出现在下位范畴之中，其原因将在下一章中做解释。

范畴的中心成员被称之为**原型**（prototype）（Rosch 1975、Rosch & Mervis 1975）。构成日常知识结构的范畴是由典型性程度不一的各个成员组成的。依据这一观点，用图表示范畴的话，如图3.2所示，原型用黑色实心圆表示。

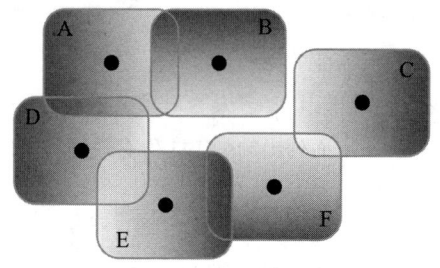

图3.2　原型性范畴模式图

总而言之，在同一个范畴当中，有中心事例和边缘事例之分。判断什么样的成员属于某范畴，相比传统的真伪之辩，此时依据的是"相似度"的不同,从"典型例"到"非典型例",成员间具有梯度性。例如,不是判断某物"是不是家具",而是要判断该物件"有多接近典型的家具"。另外,还会有范畴间互相交叉的现象发生。关于是否有被纳入某范畴的资格,各个成员并不均等,特别是会出现边缘成员和其他范畴之间的界限不清晰的情况。前述"家具"中的佛龛和"文具"中的印章等就是这样的例子,这种状态称为范畴的临界"模糊"(fuzzy),人的认知活动在很多方面含有模糊性(另见 Labov 1973)。

原型的意义

范畴化现象发生在所有对象物身上,因此,原型的观点无论对于人工制品还是自然物范畴来说,都是必不可少的。并且,不仅是物质世界,而且在事件世界,即在社会习惯(所属、内与外)、行为(明白、交往、撒谎)、对象属性(红色的、有礼貌的、潇洒的)以及语法范畴(名词、致使、并列连接)等广大范围内,原型的存在均已得到了验证。

举一个例子,我们看一下"撒谎"这个行为。作为中心事例,是指出于一己之利、所述非实的语言表达(参见 Coleman & Kay 1981、Sweetser 1987、吉村 1995)。可是,有这样一个小故事。一位英国教师通知大家:"下周有小测验。"可有人以「えー,嘘」(直译为"啊,你说谎",语感上接近于"啊!不会吧!")的语感,对老师说了一句"You are a liar."老师听了后勃然大怒。虽然存在个体差异,但在日语中"自己不能相信的事情"也属于"撒谎"(「嘘」)范畴之列。诸如"像做梦一样幸运"(「嘘みたいにラッキー」)等表达形式也属于此类型。那么,因顾及对方心情而没说真话,或明明约好了却没按时来,为此而责备对方说"撒谎"(「嘘つき」)又怎么解释呢?更有甚者,像为了构陷他人、只说出部分事实而隐瞒其他情况,这已相当接近有意"撒谎"的程度了。这些例子虽说都是带着各自不同特征的边缘事例,但重要的是,这一特征与前面说"家具"范畴时所举的橱柜桌子、说"文具"范畴时所举的铅笔橡皮别无两样。事实上,即便在如"撒谎"这样复杂的行为当中,也能看到典型例和非典型例是共存的。存在原型及成员的资格非均等，此并非个例，只不过是范畴化本身的一般特征而已。

原型效应

下面，想就原型所具有的性质特征进行一下梳理。罗施通过一系列研究，揭示了以下几点事实（依据 Rosch 1978：38—39 开始重新整理）。

（3）a. 对于"A（成员）是 B（范畴）"（如"知更鸟是鸟"）这一命题，在让被试者做真伪判断时，越是中心成员，反应时间就越快。当提示 A 和 B 这两个词，让被试者判断此二者有无共同性时，也出现了反应时间上的差异。
　　b. 范畴成员中，越是中心成员，孩子习得越早。让孩子判断某成员属于哪个范畴时，中心成员和非中心成员之间的差异，相比成年人还要大得多，这正反映了范畴习得的顺序。
　　c. 在让被试者举出某范畴的例子时，就出现顺序而言，首先是列举中心成员（如"家具"中的橱柜或桌子）。成员的先后顺序是固定的，这与其作为范畴成员究竟在多大程度上体现出"典型例"的评分之间有着很高的一致性。
　　d. 能成为判断或推理基准的仅限于中心成员。在"B 同 A 相似"的判断或"若 A 如此 B 也如此"的推理中，成为基准的 A 仅限于某些成员（例如，就"蔬菜"这一范畴而言，"西葫芦（看起来）就是根大（一）点儿的黄瓜。"和"黄瓜（看起来）就是根小（一）点儿的西葫芦。"这两句话，后者不自然）。

这些被称为**原型效应**（prototype effect）。为了深入分析范畴，在明示原型中心事例的同时，还需明确是什么原因导致了原型效应的产生。

这里应该注意的是，较之圈定原型，有时候探明范畴的内部结构更为重要。下面以"游戏"范畴为例讨论一下。正如在前面也提到的那样,在此情况下锁定一个确实无疑的中心事例并不容易。并且,也有很多时候,圈定中心事例本身并不重要。例如,就语法范畴中的"名词"的原型进行讨论时,以某个特定的词(例如"钢笔")为代表,就没有多大意义。我们反而更感兴趣的问题是,缘何能区分开中心事例和边缘事例? 与中心事例相比,边缘事例有何不同? 换言之,重要的是,从"原型是哪一个成员?"这个问题出发,搞清各个要素是如何连接在一起,将关注焦点放在"产生原型效应的范畴的结构是怎样的?"这个问题上来。

3.4 框架与理想化认知模型(ICM)

框架知识

为了进一步理解范畴化的特征,需要了解它与哪些知识相关。前人研究表明,我们的知识是以典型化了的日常性场景为基础形成的。作为用于理解事件架构的这种知识结构,我们称之为**框架**(frame)。在语言学中,这个概念为菲尔墨(Charles J. Fillmore)所倡导(Minsky 1975,Fillmore 1975、1982、1985)。例如,在说"恰到好处的风"时,之所以想象为凉爽的微风,是因为在日常活动的框架中,存在吹着恰到好处的风会让人体感舒适这一知识。当选择其他较为特殊的活动(冲浪等)框架时,"恰到好处的风"的意思也会有所不同。框架是源于日常经验通过图式化而形成的、可轻易唤起的知识。在范畴化当中,这些知识的关涉度很深(除"框架"外,虽然也可用其他术语,但此处为了避免混乱,将与上述定义相符的概念均称之为框架)。

作为框架的具体事例,我们看一下有关"教室"和"西餐馆"的知识。下面将要介绍的是,最初为了便于计算机信息处理而做出的两种不同的表示方法。乍看不好理解,然而,要想把我们作为常识所认知的内容正确表示出来,就是会如此复杂。

首先，图 3.3 是我们将通过经验获得的有关"教室"的知识进行图式化的结果（上野、石塚 1987：54）。天花板、地板、后墙、左墙……它们和教室是部分–整体的关系。这种关系是建构知识的一个重要因素。此外，关于左墙、前墙、右墙，均有更为详细的指定。例如，从前墙开始，箭头一直向中央、黑板延伸，这是将各部分按顺序详细画出的标记。关于黑板、门和告示板的框架，图 3.3 中虽没有指定具体内容，但参照的是知识结构中的其他框架。如若进一步提高颗粒度的话，可明确到各部分内容的具体示意图。此外，构成教室框架的 IS–A、容纳人数、用途为函数结构，函数值分别为教室、20～40、上课。表示"这是教室""容纳人数是 20～40 人""用途是上课"等信息（IS–A 表示 X is a Y 的关系）。

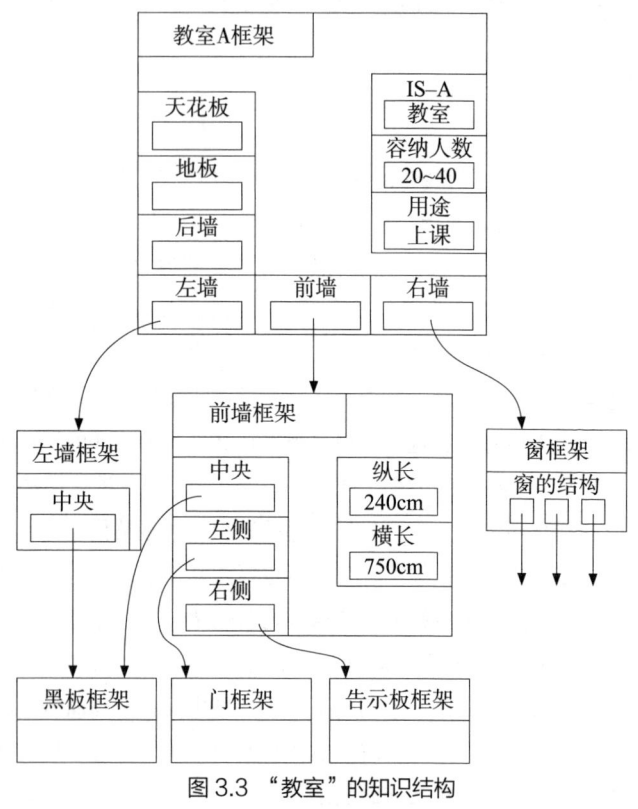

图 3.3 "教室"的知识结构

下面的图 3.4 是关于"西餐馆"的知识结构图。相较由部分-整体关系构成的静态场景，此图则是基于沿时间轴展开的一系列事件这一立场画出来的（Schank & Abelson 1977：43）。例如，在"S 要菜单"的下面，是顾客 S 对服务员 W 发出的信号（signal），也就是"心理移动"，即做一个试图引起对方注意的暗号。接下来，服务员 W 驱使自己向桌子方向进行"物理移动"。顾客 S 启动内容为"要菜单"的"心理移动"，这时候的移动是语言上的传达。接下来，服务员 W 驱使自己向放菜单的地方做"物理移动"。其结果是，转换到"W 把菜单拿来"的环节上来，进而动作不断延续下去。这样的表述有些兜圈子，重要的是，可以认为它是在"西餐馆"点餐时所要履行的一系列手续的流程（作为参考，所谓的"抽象移动"是指信息等的移动；"心智建构"是指做判断；"概念解析"是指做各种思考。）

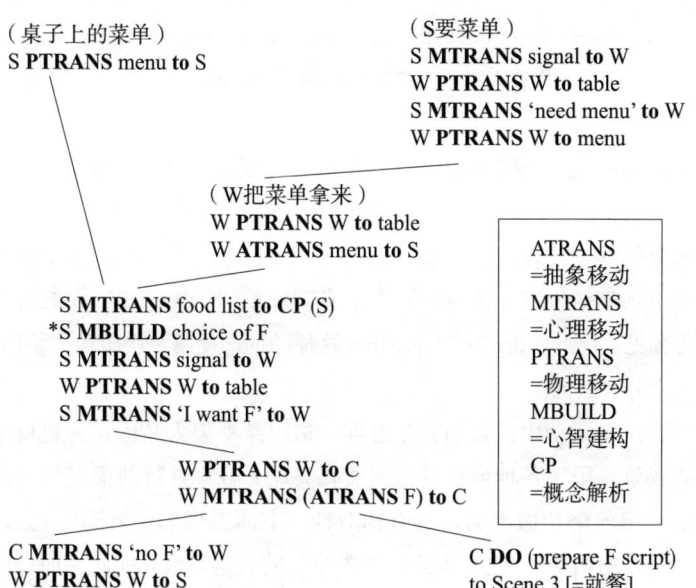

图 3.4 "西餐馆"的知识结构

从上述两个知识表达式可以看出，围绕日常事物，我们所掌握的知识内容是非常丰富的。事实上，人的知识结构要比图3.3—3.4更加灵活多样。就有关"教室"和"西餐馆"的知识而言，也会因情况不同而形成不同的知识结构。例如，关于"教室"，也可以用与图3.4相似的形式，表示为沿时间轴发生的事件。

在语言应用中，参照源于日常经验的知识的事例不计其数。这里我们以会话中的the的用法为例看一下。假定the的主要功能是表示它后接部分在前文中已经被导入，例（4）—（6）中有几个词尽管是第一次出现，可却无例外地都使用了the，关于这一点需要说明。

（4）I went into a restaurant. The waiters were ill-mannered.
我进了一家餐厅。服务员态度很差。

（5）We took a cab. The driver was quite friendly.
我们乘坐了一辆出租车。驾驶员非常和善。

（6）There was a hand in the back row. The question was earthshaking.
后边一排有人举手。所提的问题十分有震撼力。

例（4）中，参照图3.4所示框架可知，"西餐馆"→"服务员"的链接是成立的。这里的waiters一词虽属初次使用，但通过使用the，其特指某对象的意思被表达了出来。例（5）、例（6）亦然。出租车里理当有驾驶员乘坐，教室上课举手则表示有问题要问，这些基于框架的知识均可预见。因此，driver和question这样的词即便第一次出现，使用the也是十分自然的。

在认知活动中，我们就是这样一边以某框架为基体，一边根据不同的场景，采用各种形式进行侧面化突显。日常进行的很多判断都是基于一定的框架做出的，具有相对性。上面提到的"恰到好处的风"即是这样的例子。"这头大象的个头小"的表达等也是如此，即是以关于"大象"的框架性知识为基准，在此框架内对其个头大小做出认知判断。

ICM 和原型效应的来源

诚然，作为范畴核心内容的是框架性知识，但人的认知活动关涉到更为复杂多样的知识。在思考原型效应是如何产生的问题时，我们还要在狭义的框架基础上，将注意力进一步扩展到典型形象、社会文化领域方面共有的行为准则以及感性经验等方面上去。

以「先生」一词为例，试做分析。如果单就"教师"义而言，其核心知识是在"学校"这一框架中发挥某种作用的人（其他如医生、政治人物和艺术家等也有可能成为考虑对象，但此处仅限定于"教师"）。除此之外，当提到「先生」时，有可能还包括某种特有的典型形象——戴着眼镜、衣着朴素和提着一个大书包等。有的人甚至还会浮想起某个具体的人的样子。此外，作为社会文化意义上的行为准则，「先生」这一称呼用于什么样的场合，会随着人称或年龄等情况而有所规定。例如，在教师同事之间，习惯上年长者经常被称作「先生」，而年轻一点的被称为「さん」，只有在正式场合下才切换为「先生」。

莱考夫将上述知识复合结构称为**理想化认知模型**（idealized cognitive model=ICM）。这是对"我们的知识是由什么组成的？"这个问题的一个回答。ICM（理想化认知模型）是指包含框架在内的知识结构，有时也可包括多个框架（G. Lakoff 1987）。这里，我们将基于前面的讨论，思考一下原型效应的来源问题。

首先，有的对象所具有的特征原本就是有层级性的。如"个儿高的人"。这种情况下，边界自然是模糊的，ICM 结构只能起到用于参照平均值知识的作用。可以说，这是原型效应中最为单纯的情况。

其次，在常见的原型效应例子中，有时候 ICM 包含具体事例的意象。对于像"鸟"这样的自然物，之所以感觉知更鸟的"似鸟值"更高，是因为构成"鸟"这一范畴的 ICM 中含有具体的意象，可通过与之比较，来判断其他成员（如企鹅）。这种原型效应在具体性较高的范畴当中很常见。正是因为这一现象十分常见，所以，常常会有将代表事例与原型等而视之的情况，但这只不过反映了知识结构的一个方面，需要注意（参见 3.6）。

最后，同样，很多原型效应的产生取决于框架内容。因为框架是通过经验获得的知识，所以，在对现实世界中的事物进行判断时，就会出现吻合程度不一的情况。例如，对"失业者"这样的范畴下定义虽不麻烦，但在现实生活中有些情况并不适合。

（7）a. うちの初孫は失業者だ。
　　　　我长孙是失业者。
　　　b. 大学生は失業者だ。
　　　　大学生是失业者。
　　　c. 専業主婦は失業者だ。
　　　　家庭主妇是失业者。
　　　d. 女王陛下は失業者だ。
　　　　女王陛下是失业者。

这些表达形式都不恰当，原因是与"失业者"ICM 所含的框架性知识——包括就业年龄、需要纳税、从前有雇主等内容——不相符。其中，"失业者条件吻合度"的大小来自于现实情况与框架性知识间对应度的差异。在这种情况下，所谓原型，可以说是最吻合被典型化了的框架性知识的事例。前面我们看到的"家具"和"文具"亦然，在日常经验当中，能够发挥链接基本活动框架作用的事例才是原型，而所谓的边缘例，是指那些仅有部分内容与框架知识相吻合的事例。

可以说，同样的情况也适用于自然界。诸如鲸鱼的"似鱼值"及蝙蝠的"似鸟值"等。实际上，我们有可能会对范畴的边缘成员做出错误的判断，但即便在这种情况下，导致原型效应产生的原因也是相同的。像"鱼"是"栖息海中，用鳍游动"；"鸟"是"用翅膀在天空中飞的恒温动物"等，这些知识都包含于各自的框架中。因为鲸鱼和蝙蝠的特征与"鱼"和"鸟"的范畴有一部分吻合，所以，即使从严格意义上来讲他们并不相同,但还是会被视为"鱼"和"鸟"的边缘成员。这一点,归根结底,还是基于人的认知活动是建立在有限的观察识别和记忆复原能力之上。某些判断,即便是基于"认知层面的真实性"的部分吻合,但依据当前所关心的焦点内容,迅速做出识别判断,这样做利远大于弊。

此外,有时候原型效应的产生是因为,ICM 由多个框架构成,且可在不同的知识之间进行切换。例如,"母亲"这一概念与生物学模型(= 生孩子的母亲)、法律模型(= 户籍上的母亲)以及家庭生活模型(= 养育孩子的母亲)等知识处于共存的状态。把握方式的多样性,正是来源于这些模型的可选择性。

从以上讨论可知,为了探明原型效应的经验性来源,在导入作为复合性知识的 ICM 的同时,还需要讨论一下范畴的结构。

知识分工 †

在这里,为了更好地理解范畴化,我们导入知识分工的理论。如前所见,传统的自然科学基于古典范畴观。如果说话人是一个坚持"科学思考观"的人,相对于原型理论,他会主张鱼无论如何都是鱼,一旦具有了某种共同的遗传基因,那么所有的鱼都具有同等资格,归属于"鱼"的范畴,须和其他范畴成员做严格区分。这种主张虽然正确,但同时也存在一定的错误。这是因为遗传基因具有的现实可验证性,仅限于那些特定知识的所有者才掌握。我们将构成日常世界的知识称为**民俗知识**(folk knowledge),而将可供特定集团做出严格判断的知识称为**专业知识**(expert knowledge)(Putnam 1975)。重要的是,人不是活在一个单一的生活圈子中。虽说是生物学家,但也不会有人遵奉学问至上的使命感去抗议说:"为什么鱼店里还卖章鱼、螃蟹?"。关于"鱼"的范畴,即使是生物学家,也同时拥有专业和民俗两方面知识,也要根据使用场合的不同而区别使用。上面说过,为了进一步解释原型效应,需要考虑 ICM。如果将民俗知识与专业知识对立起来看的话,ICM 主要关涉的是民俗知识。对于人的活动而言，典型事例的意象、框架性知识，同所谓"科学性"专业知识一样重要，甚至比后者还要重要。

在知识分工的背景下，对事物的把握方式会出现差异，具体包含以下几种情况。

第一种情况，如上所示，就是同一事物在民俗知识和专业知识当中被赋予不同的定义。保罗·凯（Paul Kay）指出，在对知识领域的区分使用上，可通过添加 loosely speaking（大致说来），或 strictly speaking（严格地讲）等模糊限制语（hedge），表明说话者切换了把握方式（Kay 1983）。例如，例（8）是依据民俗知识的表达，而例（9）则是参照专业知识进行表述。

(8) Loosely speaking, a whale is a fish.
大致说来，鲸鱼是鱼。
(9) Strictly speaking, a whale is a mammal.
严格来说，鲸鱼是哺乳动物。

如上所示，在参照民俗知识的前提下，尽管与"鱼"的框架的吻合度停留在部分层面，我们还是有诸如例（8）那样能够认同其判断的灵活表述。但是，如果需要用专业知识回答的话，则只能用例（9）这样的表述，"*Strictly speaking, a whale is a fish（严格来说，鲸鱼是鱼）"则不被允许。

第二种情况，就是不同学科领域的专业知识之间会发生矛盾。例如，"死"这一概念在某一领域与心跳或呼吸停止相关，但在其他领域则被认定为脑死亡。在这里，就"死"的认定标准多样性而言，其产生是由于不同知识领域之间发生对立所致。脑死亡之所以成为问题，其原因之一在于，医学专家和法律专家围绕"死"，在据以认定的专业知识方面存在对立。在现实世界中，包含各种对立关系的知识并存一体，我们参照时必须根据前后语境。

此外，关于民俗知识与专业知识间的关系问题，还需要进一步探讨。我们认为，专业知识只有一部分专家团队才拥有。从民俗知识领域的角度来看，专业知识是那些只有在需要时才拿出来参照的好比"词条"般的东西。例如，虽然大家对"头痛"只有民俗知识程度的了解，但当需要对该范畴进行严格界定时，还是要参照提供专业知识的词条（咨询医生等），谋求更准确的诊断。当然，虽说是专业知识，如果从科学史的角度看，其明显受到时代或价值观等的制约。有时候会发生这样的情况，相对于某特定时代的群体来说是专业知识，而对于其他时代的人来说则被当作是民俗知识，如占星术。

3.5 范畴扩展

至此，关于原型的讨论，我们分析的均为只有一个中心事例和偏离中心的边缘事例的情况。可是，使范畴结构变得越发丰富复杂的是，范畴会朝各个方向扩展，其结果就是导致出现若干具有规约性关联的成员，此过程称为**范畴扩展**（category extension）。根据场景变化调整把握方式，或对新体验的事物进行范畴化，这体现了人在认知过程中所具有的创造性。我们讨论词汇或语法形式时会发现，存在某一表达形式对应多个意义的情况，即存在**多义性**（polysemy）。多义性问题之所以受到重视，就是出自这样的理由。如果范畴扩展不是随机的，那么，阐明其扩展机制及规律，将有助于我们对认知过程做进一步深入的理解。

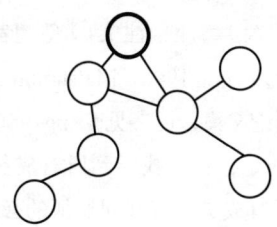

图 3.5　辐射范畴模式图

当探讨多义性问题时，尤其令人感兴趣的是那种扩展方向不止有一个的范畴，这种情况称为**辐射范畴**（radial category）（G. Lakoff 1987），如图 3.5 所示。在这里，轮廓线较粗的部分是中心成员，然后再从这里通过各种链接，朝着各个方向扩展。辐射范畴的链接之所以彼此间各不相同，是因为各自的扩展动因不同。

作为辐射范畴，有一个著名的例子就是量词（classifier，在日语语法中也叫「助数詞」）。这里，列举几个日语量词「本」的例子。

（10）a. 鉛筆が 3 本（3 支铅笔）
　　　b. タイヤ 1 本 6000 円（一条轮胎 6000 日元）
　　　c. 電話を 1 本下さい（请给我打一通电话）
　　　d. ホームラン 60 本（60 个本垒打）
　　　e. 1 本勝ち（剣道）（（剑道中的）一本获胜）
　　　f. 1 本勝ち（柔道、空手）（（柔道、空手道中的）一本获胜）
　　　g. 東京—成田毎時間 3 本発車（东京—成田每小时发 3 趟列车）
　　　h. 原稿を 3 本かかえている（要写 3 篇稿子）
　　　i. 仕事が 3 本入っている（手上有 3 项工作）
　　　j. ノートパソコン・限定 5 本特売（特价笔记本电脑限量 5 台）

将例（10a）看作是这些例子的中心事例的话，恐怕大家不会有异议，但其他事例相应地也都是约定俗成的结果。除此之外，还有"传真文件、射门（投篮）、缆绳、胶卷、电视节目、订单"（「ファクス，シュート，ロープ，フィルム，番組，注文」）等也都可以用「本」来修饰（关于日语量词，参见 Downing1996，Matsumoto1991、1993；作为探讨整个名词范畴化问题的论文集，可参见 Craig1986）。

上例中值得关注的是，我们找不到所有成员共同的属性特征。在辐射范畴中，不存在所有成员具有共同特征的必然性，在 A—B—⋯—M—⋯的扩展中，即使 A 和 M 之间没有任何共同点，只要有来自中间成员的链接做保证即可。关于「本」的用法，因形状相似，所以从铅笔扩展到瓶子、管子等，这完全可以理解。但是，当扩展到柔道比赛、笔记本电脑促销品等时，它们与铅笔间的共同性是否能得到认可，让人心存疑问。从这个意义上说，辐射范畴具有如下特征：并不是从一个中心事例向其他成员扩散，而是存在若干次要中心（即指与原型的扩展关系已固化了的成员）。

辐射范畴广泛见于词汇、构式中。形成范畴内部结构的链接包含有多种动因。关于辐射范畴是如何形成的问题，本书将提出分析时所需要的概念，在 5.5 中再次进行讨论。

3.6 原型的实在性 †

定义问题

如前所述，原型效应广泛存在，并且，我们明确了作为综合认知模型的 ICM 在理解原型效应产生源头中的必要性。可是，在截至目前的研究当中，还存在多种多样、时而缺乏一贯性的有关原型的表述。这里，为了更加深入地理解原型，我们探讨一下截至目前所被提及的有关原型的观点（有趣的讨论，可参见 Bolinger 1992，Wierzbicka 1990、1992）。

原型 = 代表事例

首先，作为十分普遍的观点，有人认为原型 = 代表事例。例如，我们经常会看到"物理学家的原型是爱因斯坦""蜜月旅行的原型是夏威夷"和"闲暇的原型是赖床和电视"的表述。但是，这些说法从学术角度看没有太大意义。这种原型效应是由作为 ICM 内部要素之一的某一具体意象代表整体而产生出来的。虽说是代表事例，但实际上，从像"爱因斯坦"这样的专有名词的具体事例，到凭借文化传播的作用使得大家所共有的想象中的意象，各种事例形形色色，不一而足。而且，它们作为代表事例，虽说很容易浮想起来，但并不一定与该范畴成员共有多种特征。就连我们自己在试举有代表性的棒球、足球运动员时，能马上想起来的反而是那些才华出众、故而另类的运动员吧。

的确，当一种文化中的某种共有的意象被作为代表事例浮想起来时，通常感受也更真切。然而，将原型和代表事例混为一谈，最大的问题就是非能产性，即存在只停留于确认表面事实而不去努力探究带有更大普遍性认知机制的风险。对某一范畴，我们可通过问卷调查等方式获得代表事例，但须警惕的是，其结果是否能正确反映范畴结构。如果我们将原型分析的目的确定为寻找成员之间"相似度"的差异及探明其产生的根源的话，那么，就不应该停留在"原型＝代表事例"的层面上。

原型＝抽象意象

其次，将原型同所有成员间共同的抽象意象混为一谈，这么做也存在问题。当然，获取原型，即包含了基于若干事例的抽象化过程。例如，关于"鸟"的范畴，我们很有可能联想起如同孩子涂鸦画那样的、长着喙、翅膀和腿的粗略意象。如下图所示。

图 3.6 "鸟"的抽象意象

可是，之所以能够想象出一个具有共同点的抽象意象，是因为自然界中"鸟"的外形在一定程度上是确定的。相对于"鸟"，像"家具"和"游戏"等范畴，因为它们都是形状各异的成员的集合体，无法想象出一个共同的抽象意象。例如，不可能依照床、桌子和椅子的样子绘制出一个抽象化的意象。不仅是物质世界，即便在如"撒谎""潇洒、老练"这样的事件世界，也很难用抽象意象来解释范畴的原型。

坚持原型＝抽象意象的立场，在分析对象原本就是表抽象关系的词的时候很有效。例如，"间（「間」）"一词使用领域很广，从像"书架之间（「本棚の間」）"的空间表达、"两餐之间（「食事の間」）"的时间表达，到表示"两个人之间（「二人の間」）"的人际关系表达等。此时，因为"间（「間」）"不是表示具体实物，因此可以说，抽象意象是「間」本来就具有的语义。对各例中"间（「間」）"义的解释，取决于与"之间（「間」）"相接的词所表示的领域，须通过整合前后语境来做决定。

原型 = 特征列表

接下来，还有人认为原型＝特征列表，该观点为很多研究所采用。据此观点，带有列表特征越多的，就越是中心成员，即所谓的原型。例如，关于"鸟"的范畴，列举出"振翅而飞""长喙""生蛋""有羽毛"和"野生"等条件，满足所有条件的即可作为原型；欠缺部分特征，也就是得分较低的，则作为边缘成员看待。在语言学中，特征列表多用于讨论语法范畴的原型，现已成为重要的分析方法（代表例子有 Ross 1973）。

这一观点非常有效，但存在一个问题，即如辐射范畴那样，当无法找到所有成员共同的特征时，边缘成员中就会出现一些满足不了任何一个所列特征的成员。例如，关于例（10）中讨论的量词「本」，如果给出"细""长"和"圆柱"这三个条件，像工作、柔道比赛等就没有一个条件符合，特征列表的分数为 0。为了使边缘成员也能至少满足一个特征而放宽特征列表（如赋予「本」"格斗"的特征），那就不排除会有把诸如相扑或拳击等其他范畴的成员也纳入其中的可能性。相反，如铅笔那样，我们总觉得其原型本来就不具有"格斗"的特征。鉴于此，可以说只有当辐射范畴在 ICM 中分布不太明显时，将满足众多特征列表的中心事例作为原型的界定方法才能恰当发挥作用。

变化的系统性

通过特征列表分析原型时，源于中心成员的变化要具有体系性，这一点十分重要。例如，关于成员 m1—m5，对照 f1—f5 特征列表，结果假定如表 3.1 所示。

表 3.1 体系性变化

	f1	f2	f3	f4	f5
m1	+	+	+	+	+
m2	+	+	+	+	−
m3	+	+	+	−	−
m4	+	+	−	−	−
m5	+	−	−	−	−

表中 m1 是满足所有特征的原型。此时，所谓变化具有体系性是指，假定通过问卷调查等方法，将成员资格的顺序界定为"m1 > m2 > m3 > m4 > m5"的话，那么各成员所满足的特征也处于按照这一顺序逐渐变少的包含关系之中。例如，看不到同见于上位 m1 和下位 m5，然而却不见于中间位置 m3 的某个特征。仅就此而言，范畴内的变化并非是随机的。

换言之，如果发现有原型效应，则不会发生如表 3.2 所示分布。在这里，m1 和 m2 满足三个特征列表，算得上属于上位层次，但符合 m2 的特征 f5 并不见于其他成员。另外，m1 有而 m2 没有的特征 f3，因为在其他成员中只有 m5 才具有，所以这种变化不能说成是呈体系性的。利用特征列表分析范畴成员变化的体系性，这一方法在用于明确范畴内部结构方面是有效的。

表 3.2 非体系性变化

	f 1	f 2	f 3	f 4	f 5
m1	+	+	+	−	−
m2	+	+	−	−	+
m3	−	+	−	+	−
m4	+	−	−	+	−
m5	−	−	+	−	−

最后，我们讨论一下原型和图式之间的关系。所谓图式，如前面已看到的那样，是从众多具体事例中通过抽象化得到的知识。如用表3.1 中的特征列表来说明的话，它被定义为，具有所有成员共同特征 f 1 的知识；只要没有特别指定，它还同时包含从特征 f 2 至 f 5 的所有知识。从这个角度看，所谓原型是将图式原原本本实例化的结果。相对于此，可以说，所谓偏离原型的其他成员是在图式特征发生更迭或增加新特征的基础上再进一步实例化的结果。

【文献导引】

认知范畴理论产生于跨学科研究。Rosch & Lloyd（1978）是对截止某时期之前的研究结果的总结。G. Lakoff（1987）[+]对包括其后进一步发展的成果进行了整合。Taylor（2003）提供了原型理论的整体框架，并探讨了其可能性。自 20 世纪 50 年代后半期以来，民俗知识中的范畴理论一直是人类学研究的重要课题。Tyler（1969）整理了古典范畴研究方面的成果，光延（1991）则以简单明了的方式，总结了包括学说发展史在内的基本观点。

本章虽未做介绍，但 Berlin & Kay（1969）对颜色词汇的研究，给原型理论的发展提供了重要的契机。Taylor（2003）对有关观点的变迁历程做了详细说明。

在本章中，Schank & Abelson（1977）作为框架性知识介绍的图3.4，在更早的研究当中被称为脚本（script）。有时为了强调某行为受特定目的的支配这一点，也会使用像剧本和计划这一类的术语。在心理学领域，很多情况下图式一词还包含框架性知识，与认知语言学中所说的从具体事例抽象概括而来的图式相比略有不同。另外，若想知道诸如所谓的"语言知识"在多大范围内包含有关外部世界的百科全书知识即涉及研究方法论方面的问题，请参见 Haiman（1980a）。

【讨论题】

3.1　选择一个范畴，并围绕哪些成员属于该范畴开展问卷调查。看看能否从中发现原型效应，并探讨应如何解释其来源。

3.2　参照关于"撒谎（「嘘をつく」）"的讨论，选择一个事件范畴（＝有关其属性或行为），并定义其原型。说明脱离此范畴之外的事例有哪些？另外，如有可能，再思考一下其在每种文化中的不同表现。

3.3[†]　有一种假说认为："原型效应也应该说成是属于语言运用方面的误差现象，知识结构本身因古典范畴而成立。"思考可用什么方法检验该说法是否妥当。

第 4 章　范畴化（2）——基本层次

4.1 范畴化的层次

构建我们知识的支柱之一是,范畴中存在由上层大类扩展到下层子类的层级关系。这种具有上下垂直分布特点的知识结构,称为**分类学**(taxonomy),属于名副其实的"划分"(「分ける」)世界。基于上下层关系来构建范畴的这种能力,在我们的认知活动中发挥着重要作用。

生物分类学就是一个例子。"人"在全体生物当中所处的位置,如图 4.1 所示(竹下 1999:1,因为在人科中只有人类一个物种,所以其下面没有分支)。

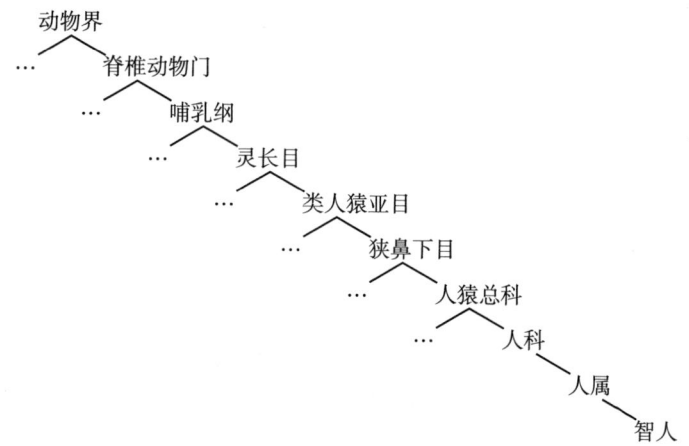

图 4.1　层级分类的例子

在图中,"动物界"处于最上位,并由此往下延续:"脊椎动物门 > 哺乳纲 > 灵长目 > ……"。在语言分析当中,通过上下链接所体现出来的这种层级关系,被称为上下位关系(hyponymy),它是我们用来分析词汇结构的一种工具。

该例来自专业知识,但在日常世界当中,也有一些源自民俗知识的独特分类,自然界中有关动植物的分类学就是其中之一。举个身边的例子。在日本，根据地域或年代的不同，"虫子"不仅指昆虫那样的节肢动物，有时还可以指蚯蚓等低级动物，以及青蛙、蝾螈等小型脊椎动物。可见，一种文化可以拥有带独特意义的分类法，此被称为**民俗分类**（folk taxonomy）。在人类学领域，深入到一种不同的文化当中去，研究当地人如何对周围事物进行分类，以及如何生活，是学者们给予重点关注的课题。日常世界分类法与该群体的世界观紧密结合在一起。除动植物外，在疾病、饮食和自然环境等领域，围绕如何划分层级、如何构建范畴问题，目前已有了很多研究成果。

4.2 基本层次效应

民俗分类层级

有趣的是，仔细观察人的日常认知活动会发现，即便就范畴化层次而言，也需要有新的范畴观。在古典范畴观看来，不论哪一种知识，都存在从上一级开始沿着一般、个别的规模顺序扩展，各层次间形成井然有序的包含关系。然而，这种情况并不适合民俗分类。

古典范畴观具有以下特征。第一，在考虑范畴层次时，不存在从一开始就把某一特定层次看得十分重要的必然性。例如，在图4.1当中，"哺乳纲"层级处于在其上位的"脊椎动物门"之下和层级较低的"灵长目"之上，但这种关系所代表的只是各个范畴所涵盖范围的大小之差，并非被认为其中某个层次特别是在认知活动方面具有突出的地位。第二，如果每个层次除了集合的范围大小之外，没有其他差异，那么，这种层级结构就不会对获取知识的顺序给出某种确定的预测。是先获得上位概念，逐步学习掌握细节分类，还是先获得下位概念，然后转向一般性概念方向，对此类问题，我们无法从中找到解决的线索。

然而，相对于上述观点，柏林（Brent Berlin）等人通过民俗分类的研究表明，人的范畴化当中的每个级别都有其各自的特征。作为民俗分类事例，他列举了泽塔尔语（墨西哥，玛雅语系）的植物分类（Berlin et al. 1974：465—476），介绍如下。

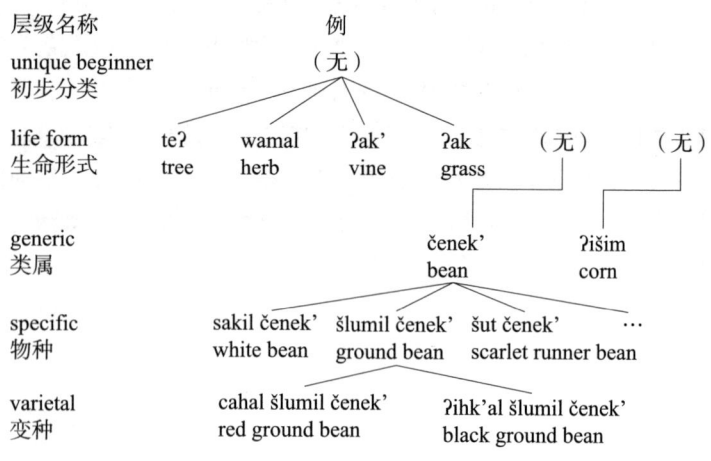

图 4.2　民俗分类的例子

关于此图，应注意以下几点。

第一，未能发现相当于"植物"义的最上位词语。与图 4.1 所示分类法相比，图 4.2 中的分类法作为范畴结构是不完整的。虽然不能说，在泽塔尔语中就没有"植物"这一概念，但事实上在其民俗分类法中，我们看不到有概括指称整个植物的专门词语，这一点十分重要。

第二，发现有些成员单独出现在中层范畴之中，而没有被涵盖在上位范畴内。在上图中，比如 ʔišim（玉米）和 čenek'（豆子），它们在泽塔尔饮食文化中是作为主食吃的谷类。在生物学专业分类里，没有以中间层次为起点的范畴划分。这就意味着，在该民俗分类的层级构成中，上位层次并不完全包含下位层次。

第三，就词汇数量而言，中间层次的结构最为丰富。专业分类当中，应该是越到下位层次，成员自然就越多，自上向下状如山脚一般，词汇数量不断增加。但在民俗分类中，从文化视角看重要的是中间层次。在泽塔尔语中，ʔišim（玉米）和 čenek'（豆子）的层次在各层级中十分明显。如果从词形来看，很多中间层次的词属于基本词汇，词形也较为简单。与之相比，处于下位层次的词则是带有修饰成分的复合形式（sak- 是"白色"义，-lum- 是"地面"义，šut 的词源未知。此外，在 čenek'（豆子）里，记录了由复合词组成的总共 15 个下位范畴）。我们也可以试想一下日语的动植物名称，这一点还是很容易理解的。例如，「カエル」（蛙）可看成是基本词汇，但其上位层次是由「両生類」（两栖类）这个专业知识充当的词；下位层次是像「アマガエル」（雨蛙）和「トノサマガエル」（黑斑蛙）等这样带修饰成分的复合词。

如上所示，在分类学层级构造中，具有特殊重要性的中间层次，被称为**基本层次**（basic level），人的范畴化就是以该层级为主轴进行的。泽塔尔语中的中间层次所对应的就是生物学上的"属"（genus）这个层级。因专业分类和民俗分类不同，导致范畴化方面也互有差异，用图表示出来，即如图 4.3 所示。处于中间位置的基本层次在民俗分类当中之所以处于膨出状态，是因为该层级在知识结构中含有特别丰富的内容。基本词汇集中于此，虽然上下层次或有缺失，或为派生词，但基本层次周围的分布依然是完整有序的。

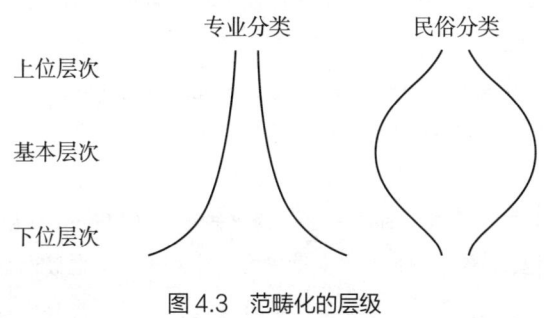

图 4.3 范畴化的层级

基本层次的意义

基本层次在人的认知活动中发挥着特殊作用。知识结构就是以基本层次为中心构建的，它在识别认知对象、检索和比对记忆的过程中首先被参照，堪称是一个"着眼点"层级。试看下面这句话。

(1)昨日、カメを近所の川でみつけたよ。
　　昨天在附近的河里发现了乌龟。

如用下位层次的"钱龟(「ゼニガメ」)"代替"乌龟(「カメ」)",交流起来还不会有什么问题,但如果用比"钱龟(「ゼニガメ」)"更低层级的词语就不自然了,用其上位层次的"爬行类(「爬虫類」)"或"动物(「動物」)"则更是如此。当预先没有提示或指定层级,一般姑且参照基本层次,然后就下位层次展开话题(如"哪种乌龟?(「それって、どんなカメ?」)");或停留在基本层次上,与其他范畴做比较(如"(原来)不只有青鳉鱼和蛙啊。(「メダカやカエルだけじゃないんだね」)"),由此会话便能顺畅进行。这种情况也适用于谈论人工制品。

会话原则

我们以各种形式讨论了在具体场景下的语言使用中,为了从发话形式中理解对方意图究竟需要哪些工具的问题。Grice(1975)的方案是其中之一。他提出了人人都必须遵循的合作原则(参见2.6)和单独指出的四个会话原则(Conversational Maxims)。除了量的准则(Maxim of Quantity)外,还有"真实传达话语"的质的准则(Maxim of Quality)、"使话语具有关联性"的关系准则(Maxim of Relation)和"清晰、简洁表达"的方式准则(Maxim of Manner)。会话原则虽然有时会有不完全遵守的例外发生,但在假设合作原则将会起作用的前提下,根据情况进行推理,最终会得到恰当合理的解释。

---

(2)A:被害があったのは?
　　受损失的是?
　B:*もの/??乗り物/自動車/スポーツカー/?2000GTです。

是东西 /?? 交通工具 / 汽车 / 跑车 /? 丰田 2000GT

上例亦然。通常在会话中，一般是先将注意力集中在位于中间层次的"汽车（「自動車」）"或"跑车（「スポーツカー」）"上（孰为基本层次，具体认定上会有个人差异）。如若偏离中间层次，对句意自然传达的影响就会变大。对此，我们可以用大家熟知的会话原则之一的量的准则，即"所说的话应满足交际所需的信息量"（Grice 1975）予以解释。若用上位范畴回答，则模糊不清，无法得到所需要的信息。另一方面，用下位范畴的话，会导致所提供的信息量过大，略显不自然。若要使回答"是丰田 2000GT（「2000GT です」）"变得自然，前提必须是之前双方已共享了有汽车受损的信息，在此通过补充车型信息，进一步推动会话进程。

　　基本层次的重要性，在幼儿的语言习得中也有所体现。在概念形成的过程中，基本层次是最先需要掌握的目标内容。以动物为例，首先学会"狗狗"或"猫猫"这样的词，然后逐渐分级展开，最终促成具有层级结构的范畴化。刚开始习得的，并不是上位层次的"动物"或下位层次的"斗牛犬"。从这个意义上说，基本层次不仅是参照的起点，还构成了获取知识结构的核心部分。关于知识习得的顺序，虽然从逻辑上说，不论从哪一部分开始皆有可能，但在现实中发生的顺序却是从位于中间的基本层次部分开始学起。

　　再者，就与原型的关联度而言，原型效应最有可能发生在基本层次周围。这是因为，构成原型产生基础的日常经验，是以基本层次为参照起点被认知的。众多的框架性知识建立在基本层次基础之上。在 3.3 中，就"文具"范畴的典型例子，虽然很多人的回答是"铅笔"，但也发现"蓝铅笔"和"红圆珠笔"的出现顺序处于较低位置，其原因现在应该很清楚了，就是个别性高的下位成员脱离了可呈现原型效应的层级。一说到"文具"，不会一下子出现"蓝铅笔"。一般情况是要遵循"文具＞铅笔＞……"的顺序，即知识结构中的参照顺序是靠后的。

基本层次效应的基础

基本层次之所以成立，其基础在于如何在与环境的交互作用中把握贯穿其中的共通性。对婴幼儿来说，将具有共同行为特征的事物纳入到同一个范畴中，这是十分自然的事情。例如，处于基本层次范畴中的"狗"，其体毛蓬松而温暖，有时会与主人亲热，被触摸也不会逃走，有时会舔人。将这些特征与它的身姿及叫声结合起来，就构成了该范畴的基础。

同样，在社会文化中，构成基本集合的都是用途或价值等方面具有显著共通性的层面。例如，在生物学中"豆子"可能属于其他范畴的下位。但在泽塔尔文化中，"豆子"的耕作和烹调经验在其生活环境当中占有特别重要的地位。为此，它成为基本层次中独自成立的范畴。在基本层次当中，就是这样汇聚了诸多有经验性意义的特征。

这一点还与意象浮想的难易程度相关。"狗"也好，"豆子"也罢，基本层次对象的清晰意象会各自浮现，而且，在举出它们所属范畴中的共同特征时，很多特征均可被轻易地列举出来。原型效应在基本层次中最容易发挥作用，其理由正是来自于此。

此外，这里需要注意的是，范畴化的灵活性在基本层次的设定上也有所体现，有可能因群体或场景的不同而改变。例如，对于城市居民而言，鱼的基本层次代表可能是"鲣鱼"和"竹筴鱼"。可是，因为渔民和垂钓者们所掌握的知识有其独特的结构，所以会以更下位的具体分类作为参照起点。通常兴趣爱好方面，因其为所属群体的共有知识，致使基本层次的设定发生改变。下面这个例子比较典型。如以流行音乐为例，在一些兴趣相投的爱好者心目中，会有这样的情况，"雷格乐"和"摇滚"并不属于基本层次，他们把"德国铁克诺"视作起点。

4.3　上位层次和下位层次

上位层次的特征

人的范畴化是以基本层次为中心成立的，假定范畴化具备了前面所示特征，那么，上下位层次的范畴各自具有怎样的性质呢？

首先，让我们先看一下上位层次的范畴化。Ungerer & Schmid（2006[2]）对上位层次的功能提出了两点：第一，选出基本层次成员的共同特征，使其突显；第二，将不同成员作为一个整体来把握。然而，第一点未必就能成立，家族相似性所揭示的正是这个问题。例如，很难提取出见之于"文具"范畴内所有成员的共同特征。从这个意义上讲，应该理解为，上位层次的范畴化具有将不同成员积极整合在一起的上述第二点功能。我们认为，基本层次范畴是通过认知日常活动中的具体对象，从中提取它们的共同特征；而上位层次则是出于某种意图，将性质各异的事物整合后而形成的次要范畴，像"文具"这样的范畴就是这样成立的。有时候，也会构建无特定名称的临时范畴（参见 Barsalou 1983）。例如，"用于招待客人的物品"（拖鞋、茶、相册、桌布等）。

从与获取知识的关系来看，在构建了以基本层次为中心的知识结构后，上位层次范畴起到了向其中导入更高层次范畴的作用。特别是在向他人咨询以获取知识时，上位层次范畴发挥的作用很大。例如，当问"什么是怨恨？"时，回答"所谓怨恨是指……的情感"。我们试对此答问形式做出如下解释：在此情况下，通过提示"情感"这一上位范畴概念，使对方从中获得源于分类而得到的进一步理解的机会。文化的成立依托于知识的共有，上位层次范畴具有将知识体系化和促进这种体系化形成的作用。

下位层次的特征

另一方面，下位层次范畴具有怎样的性质呢？如柏林的研究所示，基本词汇用于基本层次或其相邻层级。而下位层次成员有很多是复合词，或带修饰成分的词。看下面的例子（参见光延 1991：147）。

（3）生物＞動物＞…＞サカナ＞カツオ＞ソーダガツオ＞ヒラソーダ
　　　生物＞动物＞……＞鱼＞鲣鱼＞舵鲣＞扁舵鲣

上例中的"鱼"和"鲣鱼"都是基本词汇。相较此二者，处于更下位的层级则是带修饰成分的复合词。

在这里，有意思的一点是，即便是下位层次，一旦离开了基本层次的范围，认知特征就会改变。前人研究显示，概念自上向下的转换，是通过附加部分语义特征（semantic feature）来获得更为详细的语义。的确，当我们把某些特征赋予诸如"汽车"这样的范畴后，就能界定"跑车"了。但若考虑其下位层次的"丰田 2000GT"时，情况就会有所不同。此时，与其说通过把"日本制造"和"梦幻名车"之类的特征附加到"跑车"上，对"丰田 2000GT"进行认知，不如说它从一开始就参照了具体事例。如上所述，下位层次的范畴化，相对于基本层次所赋予的背景而言，更具有提供特定具体事例的功能。

重新思考古典语义学[†]

前面探讨了范畴化的特征，促使我们重新审视一直以来为了分析语义而采用的传统方法，因为在其背后存在着古典范畴观，语义分析也基于此。

古典语义学所采用的是词汇结构层次分类法，即首先将抽象范畴（如"交通工具"）置于上位层次，然后再通过附加语义特征，将此范畴井然分割开来，以此有序地创建出精细化的集合体（如"交通工具"+"四轮"="汽车"）。并且，接下来设定有如"交通工具"这样具有共同特征的词汇范畴，即词汇场（lexical field），然后采用在此框架中分析相互间语义差异的方法。具体来说，在"交通工具"的范畴中，通过比较"电气（列车）""汽车"和"自行车"等词汇，明确它们各自的语义特征。然而，这种方法有可能无法反映认知的实际情况。第一个问题是，如泽塔尔语那样，在词汇当中，经常能看到缺少上位词汇（"植物"等）的现象。这种情况下，为定义"豆子"而设定诸如"植物"+"??"="豆子"这样的语义特征，将导致语义分析缺乏根据。第二个问题是，存在不确定因素，因为一个单词可以归属于若干个词汇场（如"兔子"是"哺乳动物""宠物"，还属于"肉可食"），以什么为基准来判定其所属词汇场，则存在不确定性。

对于这些问题，可通过引入认知范畴观予以解决。关于第一个问题，可从基本层次的重要性角度得到解释。如前所示，并非所有范畴结构都必须通过从上到下有序附加特征才成立，层级的不同反映了认知主体的目的有差异。如果认定基本层次是参照起点的话，基于层级关系、运用语义特征来做词汇分析的方法，其最有效的领域就是在此层级周边。关于第二个问题，若考虑到当ICM所含内容具有复合性时，因语境不同、所参照的知识就会不同这一点，该问题即可获得解决。围绕一个词，可设定若干个词汇场，这么做是源自把握对象方式上的多样性。因此，为了保证分析的恰切性，需要明确究竟选择其中哪一种把握方式，在此基础之上关注各要素之间的差异。由此可见，设定词汇场，通过对比语义特征来明确各成员间的差异，这一传统方法只在（如"交通工具"这样的）有限的情况下才有效。

此外，有关范畴化的上述新观点的提出，促使我们对语言指示为何物的问题重新进行思考。在古典语义学中，某表达形式所具有的语义特征（指示理论称之为内涵 intension）决定所指对象的集合（称为外延 extension）。然而，仔细思考后会发现，这种观点将人的日常所发生的指示行为想得过于简单。指示对象满足某些语义特征，这种情况或许只在基本层次中才有可能实现。然而，范畴化在上下层级中存在质的区别。考虑到这一点，上述指示是否可以无条件成立，值得商榷。例如，在上位层次中，用"生物"一词指示某特定集合，我们能说该过程与基本层次相同，是建立在某语义特征的基础上对对象予以指定形成的吗？如前所述，上位层次进行范畴化的目的是设法将异质对象统合到一起。因此，与其说是参照语义特征，不如说是说话人将各种指称对象统合在一起，即通过某种命名行为形成指称的对象。另一方面，就下位层次而言，因不断地细化，越靠近专有名称，就越接近使用具体例子指称对象的方式（＝直接指称 direct reference）。这不仅限于像"丰田 2000GT"这样的人工制品。例如，像"朱鹮"之类的稀有物种，因现有个体本身即是该范畴的唯一成员，所以"朱鹮"一词无限接近专有名称。在此情况下，不是首先参照诸如"鸟"类的层级标准，再以"具有这些特征的鸟便是朱鹮"的方法进行认知，而是优先考虑对具体例子进行直接指示。对于这样的问题，只有考虑指称行为的经验基础才能恰当应对。

4.4　词汇范畴

传统的词类划分

前面，我们已经从一般性角度讨论了人所进行的范畴化为何物的问题。所举出的例子主要是建构物质世界的范畴。然而，即便是在把握用于建构事件世界的各种关系或事件的范畴中，理应也能看到原型及基本层次的优势地位。这里，我们看一下范畴化理论在思考语言结构方面是如何被运用的。下面举语法中的词一级问题，即以**词汇范畴**（lexical category）为例。

在传统的语法研究当中，词汇范畴一直是以词类划分的形式被讨论的。其主要焦点在于，分为几种词类，采用什么样的标准，以及词类背后是否存在概念基础等。作为传统词类划分理论的问题之一就是，不论通过意义还是形式，都很难建构一种覆盖全部词类的划分标准。从词义的角度看，虽然界定了"名词表示事物""动词表示动作"，但诸如 night（夜）、left（左）之类的名词，无论如何也不能说是"事物"；或如 dawn（天明）、cost（花费）这一类词，假定判断其表示的不是"动作"，更像是表示自然现象或性质的动词的话，那么，通过词义界定词类的做法显然有所欠缺。

另一方面，形式上的划分则是以句型或形态特征方面的测试为标准进行的。如定义"名词做主语/有复数形式""动词有时态/与主语保持一致"，但如此界定也很容易发现例外。如「ため」被归类为名词，但却不能做主语。关于这一点，将它与语义相近的「理由」和「目的」一比，就十分明了。

（4）a. *ためがある。
　　 b. 理由がある。
　　　 有理由。
　　 c. 目的がある。
　　　 有目的。

除此之外，例如在英语中，尽管可以用"有复数形式"之类的标准来定义名词，但显然还有很多明显不起作用的例外情况。

考虑到这一点，可以看到在词汇范畴当中，也同样存在界限的模糊性和成员的异质性，并可以确认其内部结构包含原型效应。这个问题存在于任何一种语言当中，所以，不论按照哪一种标准，都不可能将所有成员都囊括殆尽（参见 Ross 1973）。

当我们面对这些事实时，可以做出两种选择。一种是放弃寻求词汇范畴的经验性基础，仅以标签形式导入 N（名词性）和 V（动词性）的特征，如名词=[+N, –V]、动词=[–N, +V]、形容词=[+N, +V]、附置词=[–N, –V]（所谓附置词 adposition，是将英语中出现在名词前的介词——如 in the library 和日语中出现在名词后的格助词——如「图书馆で」统合起来的范畴）。另一种选择是，认为应致力于研究原型效应问题,在此基础上建立新的词汇范畴理论。认知语言学采用的就是这种方法,即从界定作为概念上的原型入手,通过把握源于中心事例变化的方法,以对词汇范畴做出恰当合理的划分为目标。其理论方面的重要意义在于,即便根据充分必要条件无法对词汇范畴做出统一的划分归类,但如能对这种变化做出有系统的界定,那么就等于拥有了把握事实的能力(参见3.6)。接下来,我们就列举一下反映上述情况的例子。

数词:介于形容词和名词之间 †

作为第一种情况,我们列举俄语数词(参见 Corbett 1978:从359页开始,有部分修改)。如表4.1所示,该语言的数词同时具有形容词和名词二者的性质。

表4.1 俄语数词的特征

	odin 1	dva 2	tri 3	pjat' 5	sto 100	tysjača 1,000	million 1,000,000
数的一致	+	−	−	−	−	−	−
格的一致	+	−	−	−	−	−	−
性的一致	+	(+)	−	−	−	−	−
有生标识	+	+	+	−	−	−	−
没有复数形式	+	+	+	+	(−)	−	−
不能带限定词	+	+	+	+	+	−	−

此处同样十分明显,词汇范畴的边界是模糊的,但其中的变化并不是无规律可循的。较小的数值具有靠近形容词的特点,较大的数值具有靠近名词的特点。更具体一点说,"1"与后接名词在数、格、性方面保持一致("2"在部分格中保持性的一致)。例如,žurnal(杂志)因为是阳性名词,故为 odin žurnal。gazeta(报纸)是阴性名词,所以采用 odna gazeta 的形式。而 okno(窗户)是中性名词,则采用 odno okno 的形式，形式各不相同。在"3"以内的数词中，所能看到的有生标识是指，在某一类型结构中，根据名词有生命还是无生命的特征不同，格形式的使用会有区分。接下来，如果比"100"更大的数值，就可用复数形式。而添加相当于"此、这"义的限定词或变属格，则需要名词性更高，即俄语中比"1000"更大的数值，才可以成立。

作为语法现象，虽有必要做更详细的讨论，但值得注意的是各个特征都在整体上呈现出有体系性的变化。在表 4.1 中，尽管无法对"形容词"或"名词"做出区分，但随着数值由小到大的增加，特征列表也会按顺序发生推移。换言之，"近形容词"（＝小数值）和"近名词"（＝大数值）的程度会发生有规律的变化。

那么，为什么会有这样的规律呢？认知语言学的解释如下（参见 2.3）。首先，当数值较小时，每一个对象作为具有个体性特征的事物被识别，注意力有可能全部集中到个体上。此时，对象很容易被视为独立个体。同时，当说"一个"等时，我们发现数字具有"仅、唯一"或"单独、单是"的属性。与此相对，当数值大时，个体性降低，容易从整体上被作为一个集合性群体来看待。与之类似的现象，英语中可加 a 的是 hundred（100）以上的数字（可以说 a hundred，但不说 *a ten）。另外，在日语中，因为量词具有赋予对象以个体性特征的功能，所以在数量较小的情况下，量词不能省略，但当表达如"十万观众（「十万の観客」）"这样数量庞大的集合体时，可以省略量词「人」（说"一千观众（「? 千の観客」）"有些不自然，数量更小的"* 一百观众（「* 百の観客」）"则不说）。这说明，数词的语法特征之所以有变化，是因为感知对象的方式随数值的大小而变化。

形容词：介于动词和名词之间

再举一种情况，以形容词为例。对于形容词，我们通常采用"表示属性的词"这一标准，但显然这不是充分必要条件。有趣的是，同动词、名词相比，就形容词这一范畴而言，各语言之间存在很大差异。仅就词汇数量而言，有些语言存在很多可看作是形容词的词，而有的语言则数量非常有限（Dixon 1977）。在英语、法语等语言当中，形容词数量众多，但在伊博语（尼日利亚，尼日尔-刚果语系）中，发现只有相当于"大""小""新""旧""黑/暗""白/亮""好""坏"义的8个形容词，表示属性的其他概念则是通过另外不同的手段被编码的。观察日语也会发现，按照形容词活用的词实际上十分有限，很难说形容词的数量随日语史的发展增多了（虽有像「セコい」这样新近成为常用词的形容词，但属例外）。相反，词汇数量增加的是采用「～な」形式的、被称为形容动词范畴的词。其他作为边缘成员的，还包括通过「的」等产生的派生词；作为修饰成分用「の」连接的词，如「灼熱」（炽热）和「絶好」（最好）这样的词。此外，不仅是词汇数量大小不一，而且在语法特征方面，各语言间也存在多样性。例如，在日语当中，形容词的语法特征更接近于动词（可单独做谓语，直接表示时态等）；而在印欧语中，形容词更接近于名词（随数、格等发生屈折变化等）。

试以日语中的颜色词汇为例，看看其中心成员和边缘成员间的差异。首先，在柏林和凯（Berlin & Kay 1969）定义的基本颜色中，常用的皆为有形容词活用的词，「白い」（白色）、「黒い」（黑色）、「赤い」（红色）和「青い」（蓝色）即为代表。「黄色い」（黄色）和「茶色い」（棕色）也属于有形容词活用的词，但须附加语素「色」。然而，看一下边缘例子，像「*灰色い」就无法按照形容词活用，或比照形容动词「～な」的方式活用，或用「～の」做修饰。因此，在日语中基本颜色采用形容词形式表达，随着向周边扩展，语法特征会发生变化。

那么，我们跳出有限的颜色词汇领域，看一下整个形容词范畴中的中心或典型成员究竟是如何界定的。Dixon（1977：31）提出了如表4.2这样的层次构造。越靠近左侧，就越"接近典型形容词"概念。伊博语的例子就符合这种层次结构。即便在日语中，位于左侧的任何概念也都能用形容词表示。

表 4.2　形容词的原型

← 基本用法		非基本用法 →
维度	物理性质	其他
年龄	人的属性	
价值	速度	
颜色		

为了进一步完善以上规定，可以考虑以下两点。首先，可以结合范畴化层级进行界定。也就是说，表4.2为基本层次词汇，而概念上受限的下位层次词，即便在表示诸如"维度"或"年龄"之类的内容时，也属于非基本词汇。与「赤い」（红色）相对的「緋色」（猩红色）、「朱色」（朱红色）、「紅色」（胭脂色）等词，用于修饰时只能采取「～の」的形式。此外，考虑到附加「真」的情况，像「真っ白い」（纯白）和「真っ黒い」（纯黑）虽可按照形容词活用，但「*真っ赤い」和「*真っ青い」则不能（按形容动词活用的「真っ赤な」和「真っ青な」则可以）。这是因为，偏离基本层次后，其典型性就会降低。其次，还可添加上所表示概念是否关涉到程度问题的标准。例如，范围幅度相对较广的概念，例如「熱い」（热）、「寒い」（冷）、「良い」（好）和「悪い」（坏）等，可作为形容词实现词汇化；而另一方面，诸如「灼熱」（炽热）和「最悪」（最差）之类的词，因表示的是量值极点，所以不能说是典型的形容词，它们偏离了基本词汇，不能按照形容词活用。

通过以上分析，我们可以发现，对"形容词"这一词汇范畴做出整齐划一的界定并不可取，而是要从语义和形态两个方面看其"接近典型形容词"的程度，探明两个变量间是如何关联的，如此才能正确把握该范畴的特征。这一方式也适用于分析其他语法范畴。

如何做统括性界定

对于词汇范畴来说，来自认知语言学的、更具包容力的研究方法是克罗夫特提出的框架。下面，我们看一下在此框架下语义和形式是如何对应的。

根据克罗夫特的观点，首先，词汇范畴的语义层面如表4.3所示（Croft 1991：53），一侧是概念/语义基轴，另一侧是话语/语用基轴，二者结合规定了每个范畴的原型。典型的名词、形容词和动词分别被定义为:〈物体，指示〉〈属性，修饰〉和〈行为，叙述〉性质的组合（表4.3给出日语中相应形态的例子，以供参考）。有的事例之所以偏离了各范畴的中心事例，可以说是因为把握方式不同导致的结果。例如，由destroy（破坏V）派生出destruction（破坏N），其功能发生了变化，即从对沿时间轴发生的〈行为〉所做的〈叙述〉，变为对该〈行为〉进行〈指示〉。

表4.3　词汇范畴的综合制约

语用＼语义	物体（object）	属性（property）	行为（action）
指示（reference）	vehicle 名词	whiteness cf. ～さ	destruction cf. ～こと
修饰（modification）	vehicular cf. ～の	white 形容词	destroying cf.（零）
叙述（predication）	be a vehicle cf. ～だ	be white cf.（零）	destroy 动词

另一方面，关于形式层面上的制约，如表4.3所示，是否存在形态上的特殊标记（-tion、-ness、-ar等）成为可靠的判断标准之一。带有此类标记的成员被称为有标（marked）。做此分析时重要的一点是，在诸如〈属性，指示〉这样的偏离中心事例的例子中，词语采用了有标的形式（此时为-ness）。-tion是从动词派生出名词，-ness是从形容

词派生出名词，-ar 是从名词派生出形容词，这些词缀均为相应的标记。可以认为，见诸众多语言中的派生，是对偏离原型的把握方式在形态上做出标记的一种手段。此外，尽管语言不同，表现方式存在差异，但若举出作为有标性的主要标准，则有：(i) 形态上的有标性（带派生性词缀）；(ii) 活用方面的限制（如 whiteness 等派生性名词没有复数形式）；(iii) 句法方面的限制（在英语中，名词或形容词用于叙述时需要 be 动词）；(iv) 使用分布和频率上的限制。当然，其中也存在不附加任何语素的零派生。就日语来说，显示为"零"的地方，形容词如「(肌が)白い」((皮肤)白)用于叙述；动词如「壊す(力)」((破坏)力)用于修饰，使用时不会添加语素。但可以预测的是，不存在与前表 4.3 所示趋势相反的情况，即原型为有标，而非原型在形态上无标的情况。这一点是有事实数据证明的。

通过以上讨论，我们可以将词汇范畴的普遍性特征概括为：

(5) a. 词汇范畴体现原型效应，存在中心事例和边缘事例。
　　b. 词汇范畴的中心事例在语义和形式两方面具有一定的特征，并且，二者的典型程度是相关的。

换言之，在语义方面称得上是中心事例的成员，在形式方面也具备诸多中心事例的特点，反之亦然。通过原型分析语义，其意义在于可依据 (5) 中所示普遍性特征预测该词的变化。这是就词汇范畴的形成而言的、在语言类型学上具有价值的普遍倾向。

如果再进一步深入探讨，研究词汇范畴的划分，最终会归结到这样的问题：我们在探寻将经验世界转换为"词"这一语言单位的过程中，所依据的认知基础是怎样的？大致说来，在所有语言当中，都能看到存在具备名词=〈物体，指示〉、动词=〈行为，叙述〉特征的词汇范畴，这究竟为何？此外，就形容词而言，在词汇数量和语法特征方面，它是一个在语言类型学方面变异较大的词汇范畴，这又是为什么？

对这些问题，我们尝试了各种研究手法，结果整理如下。关于词汇范畴形成的基础，我们可以在感知不变的对象与伴有变化的过程这二者之间的对立中发现。换言之，既有在时间变化过程中保持稳定的对象，也有在移动或变化过程中被感知的对象。如果基于这种对立进行思考，名词的原型是没有变化、具有稳定特征的对象。为了便于指示，基本条件是要求轮廓清晰且具有恒常性特征的物体。相对于名词，动词的原型是具有状态变化这一特征的过程。叙述的主要条件是，承认发生显著的变化；作为行为的结果，须将此变化典型地表示出来。如果从话语功能角度来看，"接近典型名词"提供了一个使某话题对象在话语中保持持续稳定状态的背景；而"接近典型动词"则具有表示随时间变化而发生的事态进展的功能。

如此看来，我们认为，形容词在语言类型学上表现出了在名词性和动词性之间"摇摆"的特点；或者说，作为独立范畴，其成员数量大多十分有限，这一点从形容词自身所具有的使用特征便能得到解释。形容词既有修饰性用法（如「赤いリンゴ」（红苹果）），也有叙述性用法（如「リンゴは赤い」（苹果是红的））。因为前者通过指定对象，从而更具有"名词性"；而后者通过对属性（非行为）的叙述，从而更具有"动词性"。另外，当概念上偏离原型时，就会出现很多通过名词或动词的派生形式完成表达的情况。

以上讨论不仅适用于形容词，也可应用于其他词汇范畴，甚至语法结构各个方面的分析。在定义某语言结构方面的范畴时，通常可以看到成员之间存在异质性。为此，可通过基于原型的研究方法，揭示语义和形式之间的相互关联，由此可望得到根本性的发现。

【文献导引】

关于范畴化中基本层次优先的问题，首先引起了人类学家的关注，其在认知活动中的意义，同原型一起，是 20 世纪 70 年代由罗施的一系列研究得以揭示出来的（Rosch et al. 1976, Rosch 1978）。作为研究范畴化层级的著作且包含诸多饶有趣味的应用事例，可参看坂原（1997、2002）。

关于词汇范畴，早期有价值的研究成果可参见 Lyons（1977）。从功能类型学角度研究的成果，则有 Givón（1979）、Langacker（1987b）、Hopper & Thompson（1984、1985）和 Thompson（1988）。作为应用于日语研究的成果，可参看 Uehara（1998、2002）。

【讨论题】

4.1　选择一个范畴，并设计一个可用于验证基本层次效应的问卷调查表。对可预期的结果和问题也一并予以考察。

4.2　探究当 A 看到 B 的文字处理机 RX-78，并说"这种文字处理机我们家有（「このワープロはうちにある」）"时，所参考的是关于"文字处理机（「ワープロ」）"范畴结构中的哪一个层级。另外，如果 A 的文字处理机不是 RX-78，而是升级机型 RX-80 的情况下又如何呢？

4.3†　以日语形式名词范畴为例，如表 4.1 那样，对这些形式名词的"接近典型名词"问题进行分析。例如，设计可用于测试「まま」「こと」「はず」「せい」「まで」等词的若干标准，将结果制成表。

第 5 章 隐喻

5.1 始源域与目标域

日常经验的隐喻

前文对范畴化的讨论，使我们加深了对把握事物方式的理解。然而，要想真正理解知识构建的过程，还需要思考一个重要问题。即，如果说具体的范畴是基于日常经验来理解，那么我们又是基于什么来理解诸如"死""时间"等这样的抽象范畴的呢？而这又与我们的经验有何关联呢？

先看几个实例。例（1）是「情報」（信息）一词在日语里常见的用法。

（1）情報の流れが悪い。
　　 信息传递不畅。

仔细想，这句话其实隐含了比喻，但日常生活中，我们理解起来却没有任何障碍。下例（2）—（12）是英语中有关"人生"的各种表述（其中大部分是谈论"爱情"的）（G. Lakoff 1993：206）。

（2）Our relationship has hit a dead-end street.
　　 我们的关系走进了死胡同。
（3）Look how far we've come.
　　 这一路走来多么不易啊。
（4）It's been a long, bumpy road.
　　 这是一段漫长而崎岖的路。
（5）We can't turn back now.
　　 我们如今已经无法回头。
（6）We're at a crossroads.
　　 我们正处在十字路口。

（7）We may have to go our separate ways.

　　我们可能得分道扬镳。

（8）This relationship isn't going anywhere.

　　这段感情不会有任何进展的。

（9）We're spinning our wheels.

　　我们的车轮正在原地打转。

（10）Our relationship is off the track.

　　我们的关系已经偏离了轨道。

（11）The marriage is on the rocks.

　　这桩婚姻已经搁浅。

（12）We may have to bail out of this relationship.

　　我们可能不得不摆脱这种关系。

这些例子当中，无论是"信息"（=（1）），还是"人生"（=（2）—（12）），既看不到也摸不着。然而，我们却可以通过一些具体的事物（或概念）来理解它们。即，我们可将其放入具体的框架内加以理解。如通过参照"液体"的知识结构来理解"信息"，通过参照"旅行"的知识结构来理解"人生"。如此一来，我们便可在抽象概念与具有明确形态的具体概念之间构建起一种对应关系，这便是隐喻（metaphor，或概念隐喻）。需要注意的是，虽是比喻，但隐喻绝不仅仅指那些带有"文学色彩"的华丽辞藻，还包括我们在日常生活中使用的语言表达。如上例所示，我们将"信息"比作能够流动的物体，或用"十字路口""交通工具"来比喻"人生"，这些都是日常规约性表征方式，并不需要对其寄以特别的关注即可理解。从这个意义上讲，隐喻是理解和构建经验世界时的一种必不可少的认知能力，借助隐喻，我们更容易理解和把握抽象概念。

概念域与映射关系

　　在此，我们对隐喻原理做一个更为严格的界定。首先要指出的是，人的认知过程关涉到诸多知识，但它们的重要性却不尽相同。就隐喻而言，其认知过程是一系列的知识结构，从一个相对具体的概念域投射到另一个相对抽象的概念域，这种对应关系被称为**映射**（mapping）。需要强调的是，映射关系并不仅仅是语言表达上的问题。正如莱考夫所指出的那样，隐喻实际上是基于概念间的映射关系而形成的一种用于理解事物的模式（G. Lakoff & Johnson 1980）。

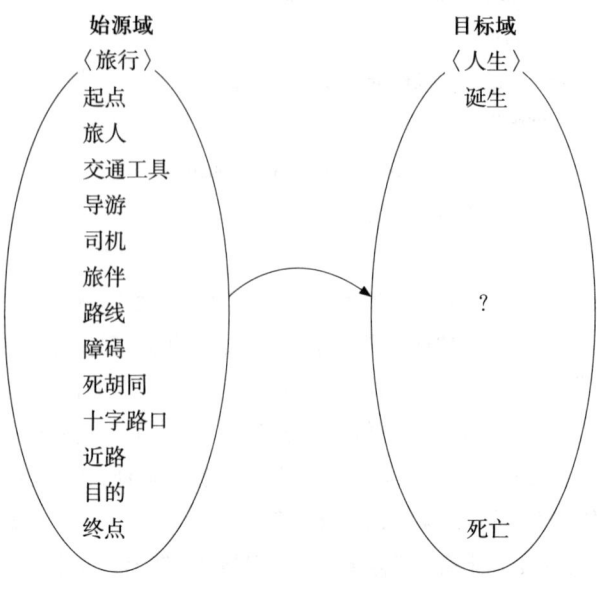

图 5.1　隐喻〈人生是旅行〉

隐喻的映射关系，可用图 5.1 进行描述。这里，我们以从"旅行"到"人生"的映射为例。"人生"的概念域里原本只有"诞生"和"死亡"这两个构成要素。然而，如图 5.1 所示，通过将一些知识结构从"旅行"的概念域映射至"人生"，可以赋予"人生"新的概念结构。比如，在隐喻的作用下，"十字路口""交通工具"等要素在"人生"的概念域中被重新构建后，能够起到突显"人生"中某些特定事件的效果。认知语言学将"旅行"这种相对基本的、可作为理解根源的概念域，称为**始源域**（source domain），而将"人生"这种作为隐喻理解对象的概念域，称为**目标域**（target domain）。由于"人生"与"旅行"之间形成的映射关系相对复杂，因此，该隐喻可以派生出一系列隐喻性表达形式。

如上所述，隐喻能在目标域中构建出新的要素，我们可以将隐喻的这个功能称为隐喻的实体化功能。由此不难看出，很多抽象概念的理解都离不开隐喻，而且，之所以我们的知识结构具有经验基础，在很大程度上也与隐喻密切相关。

同时，从语义层面看，隐喻还是语义扩展的重要机制。比如，日语的「道」一词有"手段""方法"之意，并可将其视为「道」的词汇义的一部分。然而，从语义扩展的角度看，这其实是表示具体概念的词义在隐喻的作用下，经过语义扩展后形成规约化的结果。

转喻

与隐喻相同，转喻是语义扩展的另一个重要机制。比如，日语说「手が足りない」（缺少人手），这里的「手」实际上指代"人"。但与隐喻不同的是，「手」与"人"并非两个不同的概念域。我们可以将这种认知过程理解为，在"协作完成某事"的框架中，用其中的一个要素（"手"）来代表另一个要素（"人"）（因为手是人体的一部分，当我们要做某事时，必须作为一个整体协同完成）。也就是说，在同一个概念域里，认知侧面发生了转移。认知语言学将这一识解事物的方式称为**转喻**（metonymy）（Croft 1993）。类似的例子还有很多，如用「傘」（伞）代表"雨天"，用「カーキ色」（卡其色）代表"士兵"等。不过，无论哪一种情况，转喻都发生在同一个概念域里（如前者发生在"天气"的概念域里，后者发生在"军队"的概念域里）的要素与要素之间。这一点与映射关系发生在两个概念域之间的隐喻有很大差别。用"伞"代表"雨天"，以此为例，我们参照图 5.2 描述其认知机制。

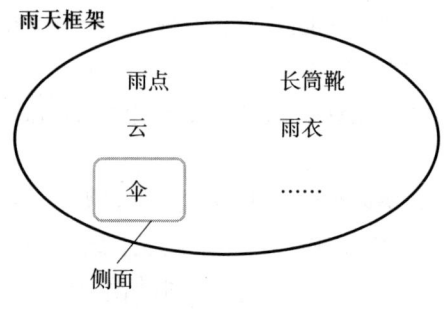

图 5.2　转喻〈伞＞雨天〉

如图 5.2 所示，转喻的认知机制建立在框架性知识中的部分与整体关系的基础之上。比如，"伞"之所以能表示"雨天"，源于我们的知识结构中有"雨天打伞"这样的日常经验。同样，"卡其色"的例子之所以成立，是因为衣服（的颜色）与穿衣服的人之间构成的特殊关系，我们可以称其为概念上的邻近性，如日语可以说「カーキ色が広場を埋めた」（广场上挤满了士兵）。该转喻之所以成立，便是基于身上的衣服和穿衣服的人在空间上所具有的邻近性。与之相对，隐喻则基于相似性，映射关系的背后是认知主体关于相似性的主观判断。如例（1）所示，"信息"和"液体"之间被认为具有某种相似性，但在"卡其色"与"士兵"之间却无法做出二者相似的主观判断。

转喻也有常规和非常规之分，上面所举之例都是一些规约化程度相对较高的例子，因此，对大多数人而言，理解起来并不困难。然而，人与人之间的理解能否达成共识，并无明确的界限，只是程度上的差异而已。比如，天气预报经常用到各种符号，相对于用"雨伞"表示"雨天"，若用"口罩"来表示"花粉飞散"就会令人感到意外。而规约性极高的用法，比如有「扇風機を回す」（转动（→开）电扇）这样的例子。尽管实际上转动的只是电扇的扇叶部分，但通常情况下，我们却很难意识到这是个转喻的例子。同样的道理，也适用于用"毕加索"指代"毕加索的画作"这类情况。因为"作者"和"作品"之间形成的关联性也具有较高的规约性。基于这一点，认知侧面才能从专有名词转移到绘画作品，转喻才得以成立。这些例子均属于泛用性较高的转喻性表征（Fauconnier 1994）。

然而，需要强调的是，无论是隐喻还是转喻，都绝不仅仅是语言表达层面上的问题，而是与人们的思维方式密切相关。比如，有些视觉影像虽然与语言无关，但仍可以通过一种场景描写（如"蜡烛熄灭"）来表示其他的事件（如"某人去世"）。由此也可得知，映射关系产生于概念层面。虽然传统修辞学可依据「～（の）ような」（像……一样）等喻词的有无，划分比喻的类型，但认知语言学认为，无论是否包含喻词，只要存在映射关系，就可以将其视为隐喻。

在下面的讨论中，我们用"A 是 B"表示隐喻，其中 A 是用来理解的对象，即目标域，B 是始源域。这样，我们就可以将例（1）视为隐喻〈信息是流体〉的一个实例，而将例（2）—（12）视为隐喻〈人生是旅行〉的隐喻性表征。同时，我们用"A ＞ B"表示转喻。如此一来，〈伞＞雨天〉所表达的就是借助"雨伞"这一媒介理解"雨天"这样一个认知过程。

5.2　隐喻的功能

构建能力

隐喻与认知活动密切相关，是推动语义扩展的最强大动因。隐喻所具有的概念构建能力，能通过将始源域中相对完整的意象图式映射至目标域，使原本抽象且难以理解的概念变得易于理解和把握，并赋予其一定的概念结构。隐喻的这种构建能力，能够在抽象概念中为其中的细节部分构建出新的要素或相互关系，进而刷新我们对事物的认识。

下面，我们以隐喻〈人生是旅行〉为例具体说明。如图 5.1 所示，"人生"的概念除了"生""死"以外，并不含有其他细节上的构成要素。然而，在隐喻的作用下，哪怕只是在"人生"中构建出一部分要素，也能由此激活其他要素。比如，当我们谈论"旅行"中的"道路"时，与此相关的诸要素，如"路面状态""行驶速度""十字路口"等都能被一一唤起。同时，虽然从物理层面上看，时间对于每个人而言都是匀速流逝，但在语言层面上我们却可以说「回り道」（绕道）或「駆け抜け」（赶超）等。这是因为我们将"旅行"和"人生"的概念进行重合，借助旅行中不同的速度来理解和谈论"人生"的缘故。

不仅如此，隐喻的构建能力还能使抽象事物变得更加具象。比如，在隐喻〈人是植物〉中，借助隐喻，可以使人生生出"根"，长出"枝叶"，甚至开出"花"，结出"果"。又如「運命の迫る足音」（命运迫近的脚步声）所示，原本并无物理空间特征的"命运"在隐喻的作用下被实体化，进而生出了"手"和"脚"。这样的认知机制在拟人化的隐喻中颇为常见。

此外，隐喻所构建的概念结构，还会因始源域的不同而有所变化。譬如，同样是"人生"这一概念，若基于"旅行"来理解的话，"人生"就可以在"旅行"的概念内进行各种隐喻性构建；而如果将"旅行"换为其他始源域，"人生"又会构建出不同的概念结构。譬如，用"一天"来理解"人生"，构建出的概念结构即"早—中—晚"，而若将其换为〈人生是一年〉这样的隐喻，构建出的则是另一种概念结构——"春—夏—秋—冬"。

认知语言学将概念域中的这种抽象结构称为**意象图式**（image schema）（Johnson 1987）。常见的意象图式有"部分—整体""移动路径""容器"（＝"内部—外部"）"影响关系"等。而隐喻的作用便是在目标域中构建出这样的抽象结构。

推理能力

既然隐喻能在目标域中构建出概念结构，那么，从已构建出的这部分要素出发，由此及彼，便可推及概念结构中其他相关要素。比如，以〈信息是流体〉隐喻为例，我们可以借助隐喻将原本看不见摸不着的"信息"，理解为一种能够从此处流向彼处、具有流动性的物体。如此一来，当始源域的"液体"出现"流通不畅"时，我们可以通过清理管道、更换零件等方式来解决这一问题。那么，当"信息不畅"时，我们就可以基于推理，衍生出例（13）这样的表达。

（13）A：あの部署でつっかえてるんだ。

　　　　在那个部门受阻了。

　　　B：私がパイプを拡げます。

　　　　我来帮你打通渠道。

如例（13）所示，A 发现了"信息流通不畅（＝信息无法很好地传递）"的症结之所在。对此，B 提出通过"打通渠道（＝人际关系）"来帮他解决这个问题。也就是说，B 将日常生活中解决"流体流通不畅"的经验，投射到"信息"领域，由此才做出上述判断。

再看一个较为复杂的例子。

（14）A：ついに花が開きましたね。

　　　　终于开花了啊（→终于取得成功了啊）。

　　　B：いやいや、まだ根が十分におりていません。

　　　　哪里哪里！根基还不牢呢。

如例（14）所示，A 基于隐喻〈人是植物〉，用"开花"称赞对方的成功。对此，B 很谦虚。然而，我们要追问的是，上述对话是如何成立的呢？首先，B 必须意识到 A 使用了〈人是植物〉这一隐喻，并在此基础上，依据"植物"—"开花"—"根部"与"人"—"成功"—"基础"之间的对应关系进行相关推理，由此才有可能向 A 表明，自己虽然取得了一点点事业或研究方面的成功（＝"开花"），但其实基础（＝"根部"）尚不扎实。在这一推理过程的背后，有丰富的知识结构参与其中，我们仅仅通过一个隐喻性的表征，便立刻唤起了像"开花、扎根"等其他相关的知识结构整体。这一认知过程可用图 5.3 来描述。

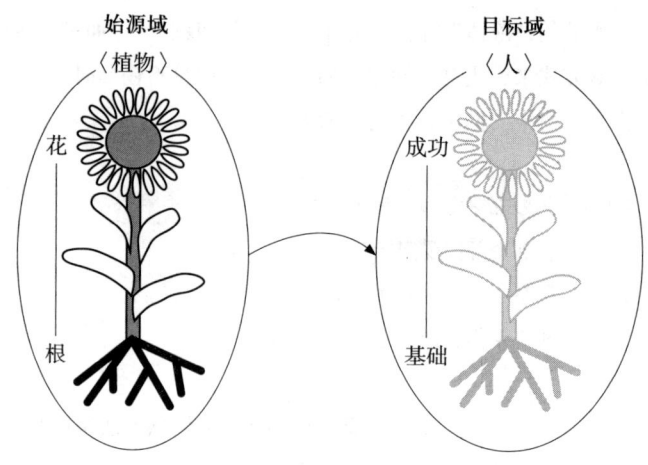

图 5.3　隐喻〈人是植物〉

此外，还有更为复杂、包含推理过程的例子。如"If Notre Dame is the heart of Paris, then the Seine is its aorta"（如果巴黎圣母院是巴黎的心脏，那么塞纳河就是它的主动脉）（Sweetser 1996）。首先，在这个句子里，城市被喻为人体。接下来，第一个条件句导入了人体隐喻，第二个小句基于这一隐喻，又进行了相关推理，才产生了后面对应的论述部分。

需要指出的是，这些推理，并不涉及逻辑推理的真伪问题，而是基于我们"认知层面的真实性"。隐喻的这种推理能力，有时还能为我们解决未知问题提供新思路，或为我们做出判断提供重要的动因（参见5.6）。

转移认知侧面的能力

说话人基于隐喻进行理解时，可就同一目标域选择不同的始源域。比如，以"人生"为例，正如前文所述，既可选"一天"做始源域，也可选"一年"做始源域。若始源域不同，则构建的概念结构也不相同。

而且，即便是同一始源域，由于映射的要素不同，理解和把握的方式也会随之发生变化。如例（14），即便不选"根"作为"花"的回应，B 也可以选择"叶"等要素来谈论同一主题，甚至 B 还可以选择别的有关"花"的表达方式表示自己的谦虚（如「大輪の花からはほど遠いのです」（也就刚开了个花骨朵而已））。像这样，选择的始源域不同（或同一始源域中的突显侧面不同），即便是同一对象，其识解方式也会随之改变。在认知语言学里，这被称为"认知侧面的转移"。再举一例，比如，〈争论是战争〉这一隐喻具有复杂的概念结构，因此，说话人可以从始源域"战争"中选取不同的视角进行谈论。如例（15）所示，A、B 二人同样是在谈论"争论"（假设他们在讨论如何宣讲研究成果），但他们从"战争"的知识结构中选取的参照框架却完全不同。

（15）A：これではまだ城の防備が手薄だな。
　　　　我觉得我们的防守还有些薄弱啊。
　　　B：いや、今や総力で打って出るところですよ。
　　　　不，我认为现在正是全线出击的时候。

很明显，A 选取的是防守框架，而 B 是进攻框架，即认知侧面从防守过渡到了进攻。因为 A 担心研究中的弱点被别人发现，因此建议加强"防守"。而 B 却不建议"防守"，认为应该全面"进攻"，直击问题的本源。由此可知，日常生活中的很多行为都与我们认知外部事物时选取的认知侧面有关。从这个意义上讲，认知侧面的转移是决定我们行为方式的极为重要的认知过程。

此外，需要注意的是，有些时候，隐喻的始源域和目标域存在互换的可能性。不过，像〈人生是旅行〉这样的隐喻，由于目标域和始源域在抽象程度上的差别很大，互换后"旅行是人生"就会变得令人费解。但如果两个概念域的抽象度大致相当，如〈人是机器〉和〈机器是人〉便可成立。不过，即便如此，识解的方式也并不相同。因此，严格来讲，它们并非交换了两个概念域，而应将其视为两个不同的隐喻。比如，例（16）突显的是人所具有的机器属性，而例（17）突显的则是机器所具有的人的属性。

（16）仕事のし過ぎでもうガソリンが切れた。

　　　做了一堆工作，累得没油了。

（17）今日は車の機嫌が悪い。

　　　今天这个车状态不好。

例（16）将"人"比作"机器"，通过机器的极限状态来描述人的极限状态。虽然人与机器不同，即便没油也不会立刻停止，但在例（16）中，我们仿佛感觉到没有了油的人就好像一台再也无法继续工作下去的机器一样。相反，例（17）将"机器"比作"人"，机器和人的状态一样，也会随时间或场合的不同而起伏不定。

耐人寻味的是，通过对比隐喻和转喻不难发现，转喻并没有构建概念的能力，其作用仅限于推理能力和完成认知侧面的转移。之所以如此，我们认为与转喻只产生于同一个概念域里有关。虽然转喻也能够基于部分–整体的关系进行推理，或突显同一事物的不同侧面，但却无法在不同的概念域之间通过映射创造出新的概念结构。

5.3　隐喻的类型

常规隐喻

这里我们尝试讨论一下认知语言学中有关隐喻分类的问题。首先，位于中心位置的是**常规隐喻**（conventional metaphor），即那些与日常经验密切相关的、基于框架性知识形成的隐喻。常规隐喻通常为同一个社会文化群体的成员所共有，并广泛用于日常生活。这些隐喻的始源域，如"人"或"植物"等所示，通常具有丰富的知识结构，而隐喻的映射关系正是参照这些知识结构形成的。从范畴化的层级看，此类隐喻大多位于基本层次或更加抽象的上位层次。换言之，在日常经验中形成的基本层次范畴便是常规隐喻的基础。

通常情况下，我们意识不到常规隐喻的存在，因此，也很难察觉到隐藏在隐喻背后的映射关系。这是"基于日常经验的隐喻"（G. Lakoff & Johnson 1980 的书名。译者注：中文名《我们赖以生存的隐喻》）的基本特征。当然，此类隐喻还可向下分为结构隐喻（structural metaphor）和本体隐喻（ontological metaphor）。前者如我们在前文提到的，通过具象概念对经验进行概念化的隐喻。后者如「多大な影響」（深远的影响）、「インフレ抑制」（遏制通货膨胀）等所示，是对抽象概念进行实体化的隐喻。

一般隐喻

其次，还有一种抽象度较高的**一般隐喻**（generic metaphor）。这类隐喻的映射关系发生在比"人""植物"等抽象程度更高的"物体"或"事件"层次，当然也包括"时间"和"空间"这一层面。比如，方位隐喻（orientational metaphor）能赋予一些抽象事物如"上下""前后"等对立的空间轴，因此，我们可将其视为一般隐喻中的一种。例如，"前""后"这样的空间概念之所以能表达时间概念，就是基于〈时间的流动是空间的移动〉这个一般隐喻。

由于一般隐喻具有很高的抽象性，因此，还能为一些语法结构提供语义扩展的依据。在下面几个例子里，如下划线所示，这些原本表示空间位置或位移的词语，在隐喻〈时间是空间〉的作用下，纷纷发生了语义转移，转而表示时间概念中所发生事件的状态。

（18）猫が眠<u>ている</u>。
　　　猫正在睡觉。
（19）卒業<u>してしまった</u>。
　　　终于毕业了。

（20）録画の予約をしておく。
事先设定好录像功能。
（21）枝がすっかり伸びきる。
树枝完全长出来了。

本来，下划线所示的动词，均可单独使用，但接在上举各例句中动词「眠る」（睡觉）、「卒業する」（毕业）、「予約をする」（预约）、「伸びる」（生长）之后，却被赋予了与时间相关的语法含义。像这样，既能单独使用，又能作为补助动词使用的动词，一般被称为"多功能动词"（versatile verb）（Matisoff 1969、1991）。下面我们列举一些其他语言中类似例（18）的例子（Goral 1986：254—255）。

（22）缅甸语（藏缅语族）
htamin: sa: nei de
rice eat remain actual mode
正在吃饭。
（23）柬埔寨语（孟-高棉语族）
kǒat niw riən niw srok-qaameric
he still study in America
他还在美国学习。
（24）泰语（台-卡岱语系）
náa húŋ khâaw yùu
auntie boil rice be
阿姨正在做饭。

上述例子中相当于日语「いる」的动词，均毫无例外地用于表示"状态的持续"这一语法功能，这样的语义扩展现象具有普遍性。换言之，我们在空间域里操作物体的方法（如保存、放置或隔断某物等）在隐喻〈时间是空间〉的推动下，从空间域扩展到时间域，如此我们才能对相关事态进行更好地理解和把握（参见 Heine 1997）。

意象隐喻

与一般隐喻相反，还有一些规约化程度较低、主要与感觉（特别是视觉）相关的隐喻，即**意象隐喻**（image metaphor）。比如，日本人在诗歌里喜欢用"垂枝樱"来比拟"花魁"便是其中一例，日语称此技法为「見立て」，其背后的运作机制便是意象隐喻，即主要不是通过概念化或推理的方式，而是为了唤起人们脑海里与之相关的感官经验。此类隐喻常见于文学作品中，那些通常被认为具有"创造性"的新奇隐喻大多是意象隐喻。而且，此类隐喻所选择的始源域常常会超出我们的意料。比如，下面的诗句就带给读者一种奇妙的意象。

（25）Let us go then, you and I,
　　　When the evening is spread out against the sky
　　　Like a patient etherised upon a table;
　　　那么我们走吧，你我两个人，
　　　正当朝天空慢慢铺展着黄昏，
　　　好似病人麻醉在手术桌上；
　　　　——查良铮译
　　　（T. S. Eliot "The Love Song of J. Alfred Prufrock": 13）

在这首诗里，诗人将患者在手术台上接受麻醉后的状态与黄昏的意象重叠在一起。然而，这样的经验在日常生活中却几乎不存在。因此，要理解这一映射关系，就需要读者充分地发挥自己的想象力。

需要指出的是，这一类型的隐喻具有很强的个体性。从范畴层级上看，它们产生于下位层次。比如，我们说"人生是意大利浓菜汤"或"死是凉了的意大利千层面"，这些隐喻的始源域，选取的都是极为具体的概念（即"意大利浓菜汤"和"意大利千层面"），能带给人一种奇妙幽默的感觉。当然，我们也可以将其提升至抽象度更高的层次上，得出〈人生是食物／料理〉这样的常规隐喻。如此一来，便可以基于该隐喻，派生出像「味わいのある後半生」（有滋有味的后半生）这样的隐喻性表征，虽然缺少了一些趣味，但却易于理解。

关于诗性隐喻

前面我们讨论的隐喻，基本上都属于人们日常认知活动中的一部分。然而，对于诗歌这种非日常的认知活动中的隐喻又该做何解释呢？下面我们来思考这一问题。

诗歌总能带给我们一种强烈的印象以及新鲜的感受，背后的原因众多，其中之一，便如例（25）所示，与意象隐喻有关。然而，有些时候，诗歌的创造性也源于我们前面讨论过的常规隐喻。下面仅举一例加以说明。

（26）そのころ　父はもう夕日のやうに話さなくなり（丸山薫「家」：33）
那个时候，父亲就如同夕阳一般不再开口了。

要理解这样一句措辞简洁，但意境深远的话，需要激活如下背景知识。首先，这里用到了〈人生是一天〉的常规隐喻，即把"父亲"比作"夕阳"，由此我们可以联想到"父亲"已经人到暮年。同时，通过将"夕阳"伴随的意象，如"黄昏的静谧以及温暖的感觉"映射至"父亲"身上，又进一步丰富了读者脑海里有关"父亲"的形象，这也是一种意象隐喻。不仅如此，此句诗还将人的沉默描述为一种自然现象（我们或可将其理解为隐喻〈人的活动是自然变化〉的一个具体事例），但这种识解方式与我们的日常经验大不相同，因而可以给人一种诗的意境。此外，读者还能从自然景观的变化联想到"父亲"安详的神态，而且，我们还知道夕阳过后夜幕就会降临，因此这句话还暗含着"父亲"不久将迎来其人生的终点。

如上所述，诗性隐喻的特点就是将几个不同类型的隐喻相互交织在一起，进而创造出一种丰富的意境。也就是说，诗人将常规隐喻化作一种基本"素材"，通过糅合或转移认知侧面，从而创造出结构更加复杂的隐喻（详见 G. Lakoff & Turner 1989）。从结构的多重化视角看，这与我们将日常语言中的音位及音节结构等作为"素材"，通过组合方式创造出诗的韵律的做法是相通的。当然，这里并不是说，运用上述方法就能够对所有诗歌的意境做出合理的解释。我们想强调的是，即便是诗词歌赋，其语言也离不开日常经验中的隐喻，因为隐喻才是理解诗歌语言的基础。

5.4 意象图式与制约机制 †

虽然隐喻反映了人所具有的创造性，但这并不意味着，语义可以无限制地进行扩展，因为在语义扩展的背后，存在一个普遍性很强的制约机制。

首先，如前所述，常规隐喻以日常经验为基础，因此，在始源域的选择上常常会受到某种制约。我们将其归纳如下。

（27）在常规隐喻中，与目标域相比，始源域必须植根于更具体的经验。

此外，还有一个与之同等重要的、关于概念域之间对应关系的制约，可归纳如下。

（28）在隐喻映射里，始源域的意象图式在目标域中也保持不变。

这即是认知语言学提出的**恒定原则**（invariance hypothesis）（G. Lakoff 1990）。所谓"意象图式"，与其说是知识内容，不如说是构成我们日常经验主要框架的一种抽象的意象，其中大部分的意象可以从各种身体经验中直接获得。譬如，前面我们提到〈人生是旅行〉。在这个隐喻里，有关"旅行"的各种意象图式，如移动路线、线状等被映射至目标域，基于此框架，我们才能理解和把握"人生"这个概念。

下面，我们以容器的意象图式为例，对恒定原则进行一下详细说明。例（29）关系到〈社会是容器〉这样一个隐喻。

（29）落ちこぼれを拾い上げる。
　　　把掉队的人捡起来。

容器有内外之分，由此可以推知，从里面"掉出来"（「こぼれた」）的实际上是一些不能很好地适应社会的人。这一隐喻之所以能够成立，与我们将"社会"视为一种具有"内-外"意象图式的"容器"密切相关。并且，我们还可以进行如下推理，即一旦从容器里"掉出来"，仅凭自身的力量无法回到容器里，因此需要依靠外部力量有意识地将其"捡起来"（「拾い上げる」），再放回容器里。从这个意义上讲，所谓恒定原则，即在意象图式不变的前提下，只有当意象图式与目标域的内部结构保持一致时，才能对目标域进行丰富的实体化或概念化的构建，否则解释起来就很困难（有关该原则的批判性讨论，参见 Iwata 1995、1998）。

除了恒定原则，是否还存在其他制约隐喻的机制，这也很值得我们深思。并且，有关恒定原则的意义也还讨论得不够。最近有一个与此相关的研究动向，运用的是心理空间理论提出的整合（blending）这个概念（Fauconnier 1997、Fauconnier & Turner 2002）。心理空间理论认为，隐喻并非在始源域和目标域之间产生的、单向的映射关系，而是在这两个概念域之间还存在一个整合空间，在此空间进行概念的整合。整合时所设定的类属空间由抽象度较高的知识结构构成，基本相当于恒定原则中的意象图式。然而，需要说明的是，心理空间理论本身是以揭示特定知识结构的一般性建构原理为目的的，这套理论能否恰如其分地阐释隐喻现象尚待研究。至少从目前来看，心理空间理论提出的多种空间与隐喻理论提出的概念域之间存在哪些异同点，以及如何阐释基于日常经验形成的、概念间的非对称性现象，都是今后的重要议题。

5.5 多义性的语义网

至此，我们对认知语言学中的原型、框架、隐喻、转喻、意象图式等理论工具做了简要介绍。需要指出的是，这些概念相互糅合在一起，能够勾勒出一个复杂的、有关多义性的语义网。下面，我们重新思考一下日语量词「本」的用法。在 3.5 中，我们列举了以下几个例子进行讨论。

（30）a. 鉛筆が 3 本（3 支铅笔）

　　　b. タイヤ 1 本 6000 円（一条轮胎 6000 日元）

　　　c. 電話を 1 本下さい（请给我打一通电话）

　　　d. ホームラン 60 本（60 个本垒打）

　　　e. 1 本勝ち（剣道）（（剑道中的）一本获胜）

　　　f. 1 本勝ち（柔道、空手）（（柔道、空手道中的）一本获胜）

　　　g. 東京—成田毎時間 3 本発車（东京—成田每小时发 3 趟列车）

　　　h. 原稿を 3 本かかえている（要写 3 篇稿子）

　　　i. 仕事が 3 本入っている（手上有 3 项工作）

　　　j. ノートパソコン・限定 5 本特売（特价笔记本电脑限量 5 台）

首先，例（30a）是日语「本」最基本的用法，用来表示细长的圆柱形物体。大致的意象图式，如图 5.4 所示。

图 5.4 「本」的基本意象图式

在此基础上，通过转换意象图式，即对其进行拉伸或收缩操作后，便可得到例（30b）这样的用法。同样，如果改变物体横截面的面积与长度的比例，「本」的用法还可以扩展到「（卷かれた状態の）テープ」（（卷着的）胶带）、「針」（针）、「マグロ」（金枪鱼）等用法上。这些意象图式用图 5.5 来表示。

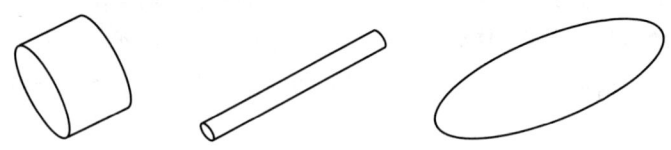

图 5.5 「本」变换后的意象图式

如此一来，再理解例（30c）和（30g）就变得十分容易，因为电话线和（列车）线路，通过转换意象图式也能具有相同的意象。

不过，耐人寻味的是，就"电话"的用法而言，或许还存在其他动因。比如，我们知道从前的书信都是卷轴的形状，并且用「本」来计量。一旦这一用法扩展开来，「本」便可用来描述所有与通信相关的事物。因此，我们也可以认为，这是由一般化引起的语义扩展。换言之，如图 5.6 所示，本来仅适用于范畴中某一个成员的属性，被扩大至整个范畴之后，其他成员便具备了同样的属性。

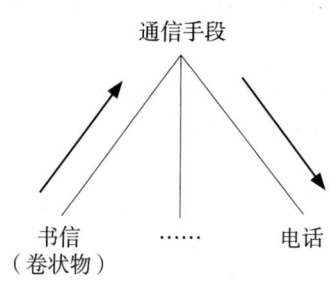

图 5.6 基于一般化的范畴扩展（ⅰ）

从范畴化的层级看，首先，"书信"通过一般化上升到"通信手段"这一上位概念。之后，再由这个上位概念扩展至其他下位成员，从而形成一条语义扩展的路径。此外，在解释为何日语用「本」来计量"电话"时，我们有两条路径可选：其一如图 5.5 所示，经历了基于原型的意象图式转换的过程；其二如图 5.6 所示，经历了从"书信"到"通信手段"的一般化过程，但我们不必在这二者中做出选择。因为辐射范畴本身就是由语义网络交织在一起形成的知识结构，因此，一条扩展路径同时存在多个动因也不足为奇（当然，若不同动因之间存在矛盾，则需要我们重新思考）。

其次，从转喻的视角可以解释例（30d）和（30e），即我们可将其视为基于棒球和剑道框架的，即用主要装备来表示体育活动的转喻用法（〈主要要素＞活动〉）。具体来说，即"棒球"中的主要装备"球棒"以及"剑道"中的主要装备"竹刀"均可用「本」来计量。不过，有趣的是，日语并不用「本」来计量棒球中的三振（译者注：即三次未击中球）。也就是说，只有当球接触到球棒，日语才会使用「本」这一量词。与三振不同，恐怕是因为本垒打的球飞出去的轨迹基本吻合「本」的意象图式，即直线轨迹。因此，「本」的这一用法同样可以从转喻或转换意象图式的视角即多个动因得到解释。同时，若不考虑装备转喻的问题，「本」的用法还可以进一步扩展至排球的发球或足球的射门，因为它们也同样涉及球的运动轨迹。此外，如例（30f）所示，之所以"柔道"和"空手道"的胜负也可以用「本」来计量，我们可以将其视为从"剑道"到"武术项目"，也就是从个别上升至一般的结果所致。但是，同样是武术项目，「本」却不适用于相扑或拳击运动。因此，它们的动因还需要从其他角度考量。

接下来，看一下例（30h）和（30i）。首先可以肯定的是，这两个例子既与圆柱形的意象图式无关，也不涉及装备问题。其中，例（30h）的「原稿」（稿件）可以从一般化的角度进行解释，也就是同从"书信"到"电话"的语义扩展路径大致相同。由于过去的书稿本身都是卷状物，于是「本」的用法进一步扩大至全部"文字材料"。这样一来，"稿件"便可用「本」来计量。但是，这一解释并不适用于例（30i）的「仕事」（工作）。因为"工作"的种类繁多，并不仅限于"（写）文字材料"这一种形式，因此，其动因是否如图 5.7 所示，在一般化的基础上又经历了抽象化的过程，从而得到一个较之一般化水平更高的意象图式，这还有待论证。

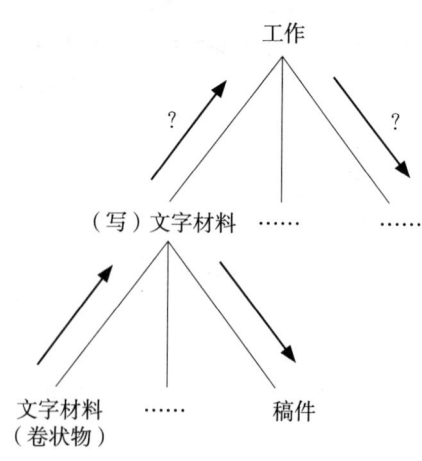

图 5.7　基于一般化的范畴扩展（ⅱ）

那么，是否还存在其他的可能性呢？通过仔细观察，我们发现「本」的中心成员的意象图式（图 5.4）除了圆柱形，还有一个特征，即物体两侧的界限十分清晰。由此可引出一个一般隐喻，即〈时间是空间〉。如此一来，有明确开始和结束的时间概念便可用「本」来计量。而"工作"正是这样一个带有清晰边界的时间单位，因此我们可以使用「本」这一量词。当然，同样的语义扩展动因也适用于"稿件"。此外，日本人在登山时会说「休憩一本」（小憩一下）。要解释其背后的动因，我们认为，比起从装备（如登山时需要用水壶）转喻的角度解释，不如从隐喻的角度解释更加合理，即将其视为一个有头有尾的、具有特定空间范围的意象图式被映射至时间域的结果。

最后，解释起来较为棘手的是例（30j）「ノートパソコン·限定 5 本特売」（特价笔记本电脑限量 5 台）的使用动因。虽然我们可以联想到在

店里打包的场景，并可以对箱子的形状进行特定的意象图式转换操作，从而得到「本」的这一用法。但也存在另外一种可能，即此时该物有无边界的问题在起作用。换言之，之所以用「本」，是因为我们在"商品"的框架里，只关注那些数量限定商品的缘故。另外，在日语里，「本」还可以用于金钱的授受（如「受注が欲しかったら大臣に大きいの一本」（要是想拿到订单，就得给部长送个大的）），但究竟如何解释其背后的动因，还有待今后研究。

5.6 隐喻研究的可能性 †

隐喻与类比

如果说隐喻关涉到认知能力核心的话，那么，除了语言学，隐喻也势必成为其他研究领域所关注的对象。从更广阔的视域看，我们可以将隐喻视为类比（analogy）操作的一种。所谓类比，原本是指，当我们看到 2:3=6:x 这样一个方程式后，通过参照等号左边的关系（2:3），计算出右边空缺值（和 6 相对的 x 应该是 9）的操作过程。从这一点来看，隐喻也是通过参照其中的一个概念域中成立的关系（如"旅行"中的"交通工具"），理解另一个概念域的内容（如对应"人生"中的什么）。但不同的是，数学方程式本身并非隐喻，而是基于一定数学原理的形式操作，因此，它们能独立于日常经验中形成的概念。与此相对，隐喻则可以根据不同的知识结构得出不同的解释，因为隐喻只关系到我们认知层面的真实性，并不涉及事物的"真伪"问题。只有基于这一前提，我们才能将隐喻视为一种具有创造性的、特殊的类比类型（Holyoak & Thagard 1995）。下面，我们具体展开来看。

科学哲学

隐喻能为相关概念领域提供新的阐释模型，从而促使我们在科学活动中找到新的发现、形成新的理论（Kuhn 1970）。其实，很多时候，能否"灵光一现"，重要的契机之一就是我们能否在两个心理距离相差甚远的概念域之间建立起类比关系。虽然我们无法保证这些类比一定正确，但它们确实是我们理解未知事物时的重要手段。比如，当我们尚无法观察到原子内部结构的时候，我们可以通过太阳系的构造来理解原子结构，即将太阳视为原子核，将围绕太阳转动的行星视为电子。再比如，近来病毒的概念已从医学领域移植到了计算机领域。像这样，通过已知的知识结构理解未知领域的例子不胜枚举。

知识工程学

如何在计算机上将人的推理和知识结构演示出来，以往我们曾经做过很多相关尝试，框架这一概念正是在这样的背景下诞生的。然而，要真正揭示出更符合人的认知特点的推理或语言理解的过程，将隐喻性思考纳入考察范围是必不可少的。虽然目前我们已经能够在机器上处理类似数学方程式那样的形式类比，但还存在一些问题，如不同概念域之间是如何建立起相似性的，哪些推理能够成立，哪些则不能成立，即有关推理的制约机制问题尚待今后做进一步探究（基于工程学视角的有关相似性判断的论述，参见大西、铃木 2001）。

认知心理学

隐喻已经成为心理学重要的研究对象，特别是在研究人类思维机制、心理发展过程以及在如何解释概念习得或扩展路径等方面都离不开隐喻。比如，孩子玩的"过家家"游戏，就是当孩子的心智发展到能够将一个事物放到另一个概念框架内进行理解之后才产生的现象。

同时，隐喻还是临床心理学关注的对象。例如，心理咨询师在进行心理咨询时，通过分析患者无意识中使用的隐喻，能够帮助其更好地理解和把握患者目前遇到的问题。然后，可以让患者试着意识到自己识解事物的方式，在此基础上再向其提供新的识解方式，以此寻求解决问题的方案。

文化人类学

人类学中所论及的民俗知识，也有不少基于隐喻的部分。比如，各种神话或仪式，就是将很多我们无法直接体验的部分（如诸神）依靠其他可以直接体验的经验范畴（如动物）去进行隐喻性理解和把握。比如，有一种"通过"礼仪（译者注：围绕人的生命历程中的关键时刻而形成的特定的仪式活动），先把将要成年的人关进一间小屋，之后再让其从女性的胯下钻过，从而完成一次再生的仪式。其中，关进小屋的行为被隐喻为在子宫中怀胎的过程，而从胯下钻过的行为其实就是生产隐喻。另外，日常生活中，我们经常通过「頭」（头）、「肩」（肩）、「背中」（背）等身体部位来理解和把握自然界中有起伏的地形。也就是说，我们选择自己的身体做始源域，来帮助我们理解周围的地理环境。事实上，很多研究者都将隐喻视为重要的文化构成原理之一。同时，我们知道，不同文化使用的隐喻也会有所不同，基于这一视角的比较研究迄今也做了很多（参见 10.2）。

社会科学

当我们谈论一些政治或社会话题时，媒体总是喜欢用过去已经发生过的事件来类比新发生的事件。比如，"第二个越南"等就是一个典型的例子，甚至有的说法更加极端，如"越南的越南"（指在波尔布特执政时，越南发动的对柬埔寨的军事进攻）。当然，这种类比并不涉及"真伪"，只是一种认知层面的真实性（G. Lakoff 1996）。不过，政治宣传所追求的正是这样的效果，因为如果我们选择不同的始源域，就可以构建出完全不同的概念结构。

对于肉身的思考

需要指出的是,要开展上述研究,首先要立足于认知视角下的隐喻理论。过去讨论知识结构及语言理解的问题时,有些人并不关注隐喻现象,他们的研究必然会存在局限性。在这些研究的背后,语言的字面义和隐喻义之间被认为有明确的界限,在获得前者的语义后,后者的语义可通过一系列的计算得出。但是,如此一来,很多具有规约性的、植根于日常经验的隐喻现象便被排除在研究对象之外。并且,很多有关语义扩展的动因以及人类认知方面重要的灵活性和创造性等的研究也可能因此而受到忽视。最近,有研究发现,就连数学中最基本的概念也是通过身体经验获得的(G. Lakoff & Johnson 1998, G. Lakoff & Núñez 2001)。如此看来,那些仅靠"冷静的理性"无法达成的、对人的"肉身的思考"才是我们理解人性的关键所在。

【文献导引】

迄今为止,有很多关于比喻,特别是隐喻研究方面的文献。雅各布森(Roman Jakobson)的功绩在于第一个将隐喻和转喻两个概念引入语言理论(Jakobson 1960[+])。佐藤(1978)主要以日语为对象,就各种表达方式进行了分析。在此基础上,佐藤(1986)进行了更加深入的考察,提出了很多对认知语言学而言具有借鉴意义的观点。尼崎(1998)则对日本传统修辞学做了很好的研究。

Ortony(1993)是一本隐喻研究方面的论文集,值得一读。特别是里面收录了 G. Lakoff(1993),这篇文章能帮助我们了解认知隐喻理论的全貌。想要了解最新理论,可参见 Kövecses(2001)。除此以外,基于认知语言学视角下的隐喻和转喻研究有 Gibbs(1994)、Ikegami & Kawakami(1996)、Gibbs & Steen(1999)、Panther & Radden(1999)、Barcelona(2000)。日本方面,有关认知视角下比喻的重要研究有山梨

(1988)、濑户(1997)、芝原(1995)。此外，西村(2002b)考察了语法中的转喻现象。楠见(1992、1995)则是基于认知心理学的研究成果。

另外，虽未在正文中提及，Brugman(1981)是关于范畴扩展及多义性网络模型的重要文献（其中重要的部分收录在 G. Lakoff 1987[+]的"个例研究"中）。该研究运用隐喻、转喻、意象图式转换等分析模型，对英语 over 一词的多义结构进行了深入剖析。仔细研读作者的观点，能够帮助我们加深对相关领域的理解。

【讨论题】

5.1 请列举 5—10 个有关隐喻〈心理活动是物理接触〉的语言表达。比如，「要点をつかむ」（抓住要点）就是通过物理接触，即"抓住（物体）"来认识和把握"理解"这个心理活动的。

5.2 收集以人际关系为目标域的隐喻性表征，然后指出存在于这些表征背后的常规隐喻。比如，「友好関係を結ぶ」（缔结友好关系）这种表达方式包含了什么样的隐喻？

5.3[†] 参考「本」或 over 的个案分析，自己找一个多义词，并分析它的语义扩展路径及动因。

5.4[†] 在「一瞬の機転が皆を救った」（一瞬间的机智判断挽救了大家）这个句子里，我们可以从隐喻或转喻两个视角，对理解「一瞬の機転」这个表达形式的过程进行阐释。如果从隐喻视角看，我们可将其解释为一种拟人化的过程（〈事件是行为〉）；如果基于转喻视角的话，可以将其分析为〈属性＞人〉，即"挽救大家的"是做出"判断"的人。请说明哪一种解释更合理。如果你认为两种分析各具合理性的话，也请说明理由。

第 6 章 事件结构

6.1 事件的组成要素

我们的认知对象,除了各式各样的物体,还有形形色色的事件,比如物体的位移、状态变化等。这些被我们所认知的事件,称为**事件结构**(event structure)。事件结构深刻体现了我们以句子形式识解世界某具体方面的认知过程。

我们先从一个简单的例子开始看起。例(1)所呈现的事件,可以用下面的图来表示。

(1) 子どもが蝶々をつかまえた。

　　小孩子捉了一只蝴蝶。

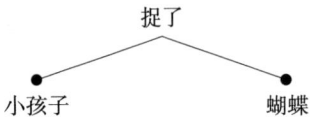

上图告诉我们,"小孩子"和"蝴蝶"这两个事件参与者之间存在着"捉了"这样一种关系。然而,若想全面考察事件结构,我们还需要关注事件的其他组成要素。比如,上面的例(1)的图并没有告诉我们这两个事件参与者中哪一方是施加作用力的主体,哪一方承受了主体动作的影响。同时,这个动作是不是主体有意而为之的,也没有交代。此外,由于"捉了"是捉住对方并对其施加影响,因此,"蝴蝶"发生的状态变化(即从自由的状态变为被捉住后的状态)也应作为这个事件的重要方面予以考察。下面,我们将更详细地分析事件的组成要素。

6.2 因果链

事件结构的语言编码

首先,考察事件的组成要素中非常重要的一部分,即事件参与者之间的相互作用关系。这主要反映为，事件参与者之间互相施加了什么样的影响，发生了什么样的变化。而在我们把握上述因果关系并用语言将其呈现出来时，共有三个认知过程参与其中。

第一，现实世界中的因果关系是极其错综复杂的，如图6.1所示，因果关系往往呈现出多方向扩展的特点。

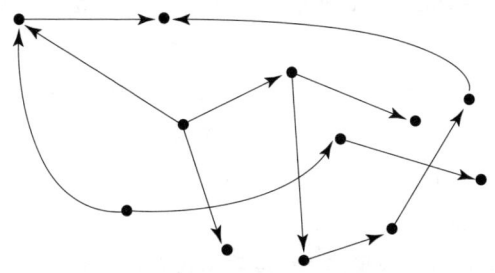

图6.1　现实世界的因果关系

当现实世界中发生了某个事件时，我们常常会发现，自己难以确定事件发生的原因到底是什么。这是因为，现实世界中导致一个事件产生的原因往往不止一个，因果关系在多个方向上分布。

然而，我们在实际认知理解事件时，却需要在上述无限错综复杂的因果关系网中进行截取，将复杂的因果关系还原成一条线性因果链，否则无法理解，如图6.2所示。

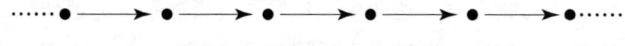

图6.2　线性化的因果关系

这种认知方式，也可以说是我们把握日常生活中所发生事件的一种理想化认知模型（ICM）。我们参照克罗夫特（Croft）的术语，把这种因果关系上的连接称作**因果链**（causal chain）或者行为链（action chain）。该观点认为，我们在认知自己所经历的一连串事件时，常常会把它们看作是"能量"在事件参与者之间依次传递的结果（Talmy 1988b, Langacker 1987a, Croft 1991、1998）。因果链上的节点（实心圆）

代表事件参与者，连接节点的链接（箭头）则代表了事件参与者之间的交互影响关系。因果链上一连串事件的发生和台球桌上球和球的撞击很相似，因此这个模型又被称作台球模型（billiard model）。

第二，我们在用语言表达一个事件的时候，只会突显一连串事件中有限的一部分。以例（1）为例，该句对捉蝴蝶之前的状况以及捉到蝴蝶之后的结果都没有予以描述（若想对这些内容也进行描述，大概会说「夏休みの宿題をするため、子どもは蝶々をつかまえた」（为了完成暑假作业，小孩子捉了一只蝴蝶）、「子どもは蝶々をつかまえて、注意深く標本にした」（小孩子捉了一只蝴蝶，然后很小心地把它做成了标本））。像这样对因果链中有限部分所进行的截取，我们称之为对链条的**切分**（segmentation）。

第三，通过分析因果链，可以看出我们倾向于以什么样的颗粒度去认知事件（参见 2.3）。比如，如果我们想非常细致地还原出例（2）所表述的事件在现实世界中是如何发生的，会发现需要补出非常多的节点和链接。

（2）国連が某国を緊急援助した。
　　　联合国紧急支援了某国。

若进行细致还原，"联合国"和"某国"之间发生的事件大抵如下：联合国负责人对指挥官下达命令，尔后通过指挥系统的运作，飞行员启动了运输机。接着，经过一段时间的飞行后，将救援物资抛落。当物资落到该国的指定地点后，任务遂宣告完成。然而，我们日常在进行表述的时候，并不会这样事无巨细地去描述事件的每一个环节，而是会采用更为简化的方式。也就是说，如果进行细致还原的话，"联合国"和"某国"之间确实存在很多节点，但我们在进行语言表述的时候，其实只截取出了"联合国"对"某国"直接施加作用力的那一部分。

综上所述，用语言表述事件时，我们要从向多方向扩展的因果关系中截取出一条线性因果链，并以一定的颗粒度对这条因果链进行切分。上述操作可以图示化为图 6.3。在此基础上，便产生了以谓语（多数情况下是动词）为中心描述事件的句子。

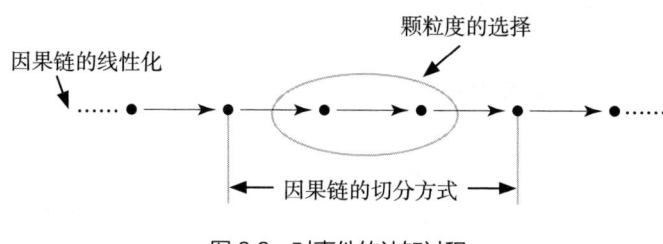

图 6.3　对事件的认知过程

实例分析

下面，我们利用因果链模型，更为细致地分析一下例（1）「子どもが蝶々をつかまえた」（小孩子捉了一只蝴蝶）这个句子。首先，我们可以用一连串的箭头，来表示作用力是由：“小孩子”向着“蝴蝶”的方向传递的。其次，在例（1）的图中没有体现出来的、主体发出动作时的意愿以及蝴蝶被捉住后发生的状态变化，也可作为链条的一部分表示出来。基于上述几点，因果链可绘制如下。链条上的节点上方表示事件的参与者，连接节点的链接下则标记了二者间作用力的内容。"—"表示前后为同一个参与者。

上图可用文字描述为：“小孩子出于自身意愿进行了某个活动，并作用于蝴蝶，从而使蝴蝶发生了状态变化（=被捉住）”。此句中，只有“小孩子”对“蝴蝶”施加影响的部分被截取，他们是事件的中心参与者，其他较为边缘的事件参与者在切分因果链的时候都被舍去了。通过这样的分析，我们得以更明确地捕捉到事件参与者以及它们之间的相互作用关系。

6.3 谓语的语义结构

谓语的基本类型

接下来，我们将界定事件结构的基本类型，并说明如何对它们进行标记。具体来说，我们将以事件的时间特征，也就是谓语的**体**（aspect）为基准，对事件进行分类。

首先，不随时间发生变化的**状态**（state）是最基本的事件类型之一，比如例（3）。我们用 STATE 来标记这种不发生变化的状态（为避免理解出现偏差，链接均使用英语标记）。而状态的具体内容，我们像 $STATE_{COLD}$ 这样用下标来表示。

（3）水が冷たい。
　　　水很凉。

这里所说的状态，不仅包括性质、状态的持续，也包含位置关系。日语中，除了形容词之外，还有「いる」（有）、「ある」（有）这样的动词也属于状态性谓语。

接下来这一类事件，表示在时间轴上展开的某个动作。这里所说的动作是持续性的动作，它虽然也会随时间发生变化，但并不会达到一个特定的结果。这类事件我们称为**活动**（activity），用 ACT 来标记。

（4）体が震える。
   身体发抖。

```
身体 ———→
●      ●
   ACT_TREMBLE
```

这一类型的谓语有很多，除了例（4）的「震える」（颤抖）外，「泣く」（哭）、「眠る」（睡觉）、「笑う」（笑）等也属此类。状态类谓语和活动类谓语的共同点是，它们都表示无界的事件，即事件的起始点和终结点——事件的边界——不被突显。

不同于上面两类事件，接下来这一类事件类型，主要表示位置或状态的变化。例（5）描述了具体位置的变化，这里我们用 MOVE 来标记。例（6）描述了参与者的性质变化，因而我们用 BECOME 来标记。而变化后的结果状态，我们都用 STATE 来标记。我们把这种经历变化后达到某种状态的事件叫作完结（accomplishment）（为避免歧义，例句均使用了动词过去式「た」形）。

（5）ドアが開いた。
   门开了。

（6）ドアが壊れた。
   门坏了。

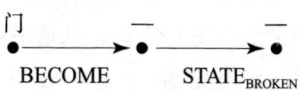

上面两例表示的均是，某事件参与者（＝门）经过位置或状态改变后，

达到了某种状态（即"开了的状态"或"坏了的状态"）。这一类型的动词也很多，比如「さめる」（冷却）、「煮立つ」（煮开）等。此类事件的特征在于，与状态类和活动类事件不同，它有一个清晰的变化终点。像这样有明确终结点的有界事件，我们说它具有终结性（telicity）（想要了解在终结性这个问题上的跨语言差异，请参见 Ikegami 1985）。另外，需要注意的是，「開いた」（开了）和「壊れた」（坏了）所表示的变化在受影响的程度上存有差异，相比例（5）的位置变化和例（6）的性质变化，后者受影响的程度更高。我们把受影响程度的高低称作受影响性（affectedness）。

另有一类事件也包含了变化，如下例所示，此类事件的状态变化具有瞬间性。我们把这种突显变化起点的谓语称作**达成**（achievement）（同样，为避免歧义，例句使用了动词过去式「た」形）。

（7）ガラスがひび割れた。
　　玻璃出现了裂纹。

上面的句子表示的是，玻璃出现了裂纹这一瞬间性的变化。此类谓语的特征之一，就是变化在瞬间发生，即具有瞬时性（punctuality）。但需要注意的是，某一事件到底是完结类还是达成类，有时并不好判断。以「ひび割れる」（出现裂纹）为例，如果只是一条裂纹的话，说这是达成类事件应该没什么问题；但如果有多条裂纹出现，直至整块玻璃都出现裂纹的话，那么说它是完结类事件也可以（比如「ガラスは徐々にひび割れていった」(玻璃渐渐地出现了裂纹）。从这一点看的话，「破顔一笑する」（破颜一笑）似乎是更为典型的达成类谓语（毕竟「??男は徐々に破顔一笑していった」（那个男人渐渐地破颜一笑）是很不自然的）。

在以上分析的基础上，我们还需要从两方面对因果链进行进一步的细化。首先，要考虑动作是否是有意为之的。比如，同为活动类事件，例（4）是自然发生的事件，而例（8）却是出自动作主体的意愿（volition）。我们用 VOL 来代表意愿。

（8）若者が踊る。
年轻人跳舞。

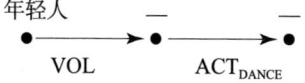

另外，还需要考虑事件参与者不止一个的时候，在因果链上一方是否会对另一方造成影响。当某个参与者积极地对其他参与者施加影响时，我们说他具有施动性（agency），用 CAUSE 来代表。请参看下面的例子。

（9）管理人がドアを開けた。
管理员打开了门。

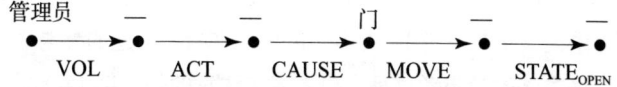

在此句中，"管理员"的活动（=ACT 标记的部分）对"门"造成了影响（=CAUSE 标记的部分），继而造成了"门开"这一完结类事件（=MOVE–STATE 标记的部分）。

此外，前面出现的所有事件类型，均可以从是否为具体的、物理性的动作这个角度加以进一步的分析。若事件中包含了物理性的位移或变化，我们就说它具备动作性（kinesis）。比如，同为活动类谓语，但与「踊る」（跳舞）相比，「眠る」（睡觉）的动作性就相对低一些。

语义角色的界定

前面我们通过对因果链相应部分的切分，界定了谓语所表述的事件结构。那么，事件中的每一个参与者的角色——我们称为**语义角色**（semantic role）——又该如何界定呢？关于语义角色的界定，迄今已积累了非常多的前人研究。这里，我们将从参与者在一系列的因果链中处于什么位置、与什么样的链接相连的角度，对语义角色进行如下界定（参见 Croft 1991）。

（10）谓语的语义对应因果链的切分方式；而参与者的语义角色应通过因果链上与之对应的节点所连接的链接来界定。

换言之，就是将谓语的语义分解成若干要素之后，从中确定参与者的语义角色。

语义角色有以下几类。首先，在例（3）的「水が冷たい」（水很凉）这个句子中，「水」与 STATE 的起始点相连。像这种处于某种状态或处所的参与者，我们称之为**主事**（theme）。同样，例（5）的「ドアが開いた」（门开了）和例（9）的「管理人がドアを開けた」（管理员打开了门）中的「ドア」（门）是与 MOVE–STATE 相连的参与者，像这样作为位移主体的参与者也是主事。需要注意的是，例（6）的「ドアが壊れた」（门坏了）中的「ドア」（门）和例（7）的「ガラスがひび割れた」（玻璃出现了裂纹）中的「ガラス」（玻璃），其性质本身发生了变化，在这一点上不同于主事。我们将与 BECOME 的起始点相连的参与者叫作**受事**（patient）。

接下来，我们看例（4）「体が震える」（身体发抖）中与 ACT 相连的"身体"动作虽是自己发出的，却并非出于自己的意愿。我们将这种与 ACT 的起始点相连的参与者称为**致效者**（effector）；而如若该动作伴随动作主体的意愿，也就是说，在 ACT 之前先与 VOL 相连，那我们就将这样的参与者称作**施事**（agent），以示区别。换句话说，施事就是出于自身的意愿做某事的人，是与 VOL-ACT 相连的致效者。例（8）的「若者が踊る」（年轻人跳舞）中的"年轻人"和例（9）的「管理人がドアを開けた」（管理员打开了门）中的"管理员"均是施事。

至此，我们已经界定了主事、受事、致效者和施事。接下来，我们通过例句，思考一下还有哪些事件参与者。

（11）不審者が部屋にいる。
　　　房间里有可疑者。

$$\text{STATE}_{\text{BE.IN}}$$

可疑者　　→　　房间

这个句子中的谓语是状态性的，但事件参与者中，不仅有"可疑者"这个与 STATE 的起始点相连的主事，还有其存在的处所。我们将事件中与 STATE 的终点相连的参与者称为**处所**（location）。同样，对表达心理状态的部分谓语，也可以做出类似的分析。

（12）ラテン語が私に分かる。
　　　我会拉丁语。

拉丁语　　→　　我

$$\text{STATE}_{\text{COMPREHENSIBLE}}$$

上面的例子中，主事是"拉丁语"，而"我"是处所，也就是该句把事件识解成了"拉丁语"在"我"这个处所，以可被"我"理解的方式存在。考虑到"我"是人，因此，传统上倾向于称之为**经验者**（experiencer），但其实在语义角色的类别上与处所属于同一类范畴。

最后，我们来看一下下面这句话中的"民族舞"，它既不同于主事，也不同于受事。

(13) 若者がフォークグンスを踊る。
　　　年轻人跳民族舞。

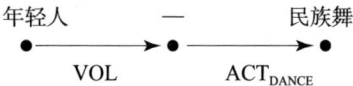

在例(8)「若者が踊る」(年轻人跳舞)中，ACT并未与其他参与者相连，但在例(13)中，ACT和"民族舞"是相连的。但"民族舞"并不会发生位移或变化，它只是"跳舞"这个动作的一部分。也就是说，并非对"民族舞"施加影响之后，使其发生了某种变化，它只是活动的一环。我们将这种与ACT的终点相连的参与者称作**对象**(object)，区分于发生位置或性质变化的受事。

至此，前面出现过的语义角色，可以按施加影响到接收影响的顺序总结如下。

(14) 施事　　　　　施动性强
　　　致效者　　　　　↑
　　　处所
　　　对象
　　　主事　　　　　　↓
　　　受事　　　　　施动性弱

具备上述语义角色的事件参与者，常在句中担当"主语"或"宾语"等主要的语法角色。关于这一点可以总结如下。

(15) 句子所表达的事件中的核心参与者，对应于谓语在因果链中所切分出部分的起点和终点。

通过上述方式界定出的、对于谓语来说必不可少的参与者，我们称为**论元**（argument）。

　　从更高的层面来说的话，语义角色实际上是对谓语所表述的各具体事件的抽象化。比如，我们说「つかまえる」（捉）这个谓语需要施事和受事两个语义角色时，实际上是从"捉的人"和"被捉的东西"这个比较具体的语义层面抽象出来的。而从词汇整体上说，其他与「つかまえる」（捉）表示类似事件结构的谓语（例如「かくす」（藏），需要"藏东西的人"和"被藏的东西"这两个参与者），也可进行同样的分析。"捉的人"和"藏的人"同为施事，"被捉的东西"和"被藏的东西"同为受事，它们具有共同的语义角色。

　　而进一步考察句子结构时可以发现，一些相异的语义角色在句中的表现却是一样的。比如，从参与者的标记方式上看，「つかまえる」（捉）这个谓语的施事用的是「が」标记，而受事用的是「を」标记。但这样的标记方式，也适用于其他语义角色。比如，下面的例子中用「を」标记的都不是受事。

（16）学生が掲示を読んだ。
　　　学生读了告示牌。
（17）学生が機器を運んだ。
　　　学生搬了机器。

"告示牌"是活动的对象，而"机器"则是主事。也就是说，存在一个抽象于"受事""对象""主事"等语义角色的层面。我们把这种从句子结构层面对参与者进行的划分称为**语法关系**（grammatical relations）。

　　综合上述观点，划分事件结构中的参与者的方式，可以按从具体到抽象排列如下：

（18）某具体事件＞谓语的语义＞语义角色＞语法关系

需要注意的是，从具体事件的层面到语义角色的层面，语言间的差异都还很小；但在语义角色和语法关系的对应方式上，语言之间却有很大的差异（参见 8.2）。此外，用语言编码事件的过程，无法单用上述的某一个层面阐释清楚。因此，针对不同的语料，我们需要严格判断应从哪个层面来对其进行考察。

6.4 事件结构的多样性

因果链的伸缩

自然语言中，有很多可用于改变因果链切分方式的有趣机制。比如，日语的基本动词中，有很多像「開く」（开：不及物动词）、「開ける」（打开：及物动词）这样的不及物动词和及物动词的交替现象。此外，诸如「開いている」（开着）这样的形式也可以一并考虑。以前面的例子为例，我们可以将它们在因果链上的关系标示如下（参见 Fillmore 1968）。

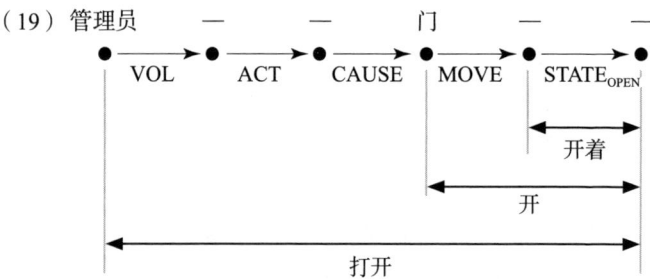

不及物动词和及物动词发生交替时，其基本特征表现在添加引发事件的施事（或致效者），比如从「(ドアが) 開く」((门) 开) 变为「(管理人がドアを) 開ける」((管理员把门) 打开)。而「(ドアが) 開いている」((门) 开着)，则是通过添加「ている」的形式来专门突显结果状态的部分。

上述诸如「開く」—「開ける」这样的对立（在现代日语中）并

不十分能产，但与之相对，以「(さ) せる」为标记的致使句（causative construction），却可以广泛用于在因果链的起始端添加施加影响的动作主体。我们将添加部分用 # 和箭头来表示。

（20）捜査員が管理人にドアを開けさせた。
　　　搜查员让管理员把门打开。

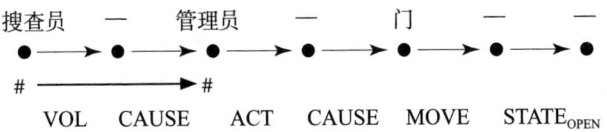

在上面的例子中，"搜查员"通过 VOL–CAUSE 这个链接，成为了让"管理员"开门的致使者（因此处不考虑"管理员"的意愿，所以没有将其与 VOL 连接）。

此外，同样是增加链接，还可在因果链的终点添加从事件中获益的参与者——即受益者（beneficiary）。如下面的例子所示，链接 BEN（受益者）延长了因果链。

（21）管理人がドアを見学者に開けてやった。
　　　管理员为参观者开了门。

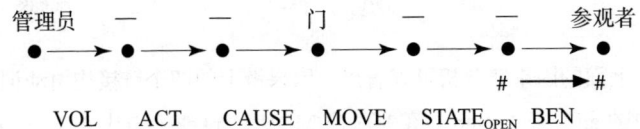

如何表达受益关系，这因语言而不同。日语通过「てやる」这个表授受关系的补助动词来延长因果链，同时还赋予受益者（=「見学者」(参观者)）以主要参与者的地位。

除此之外，可以起到伸缩因果链作用的语法手段还有很多，对于不同的语言来说，什么样的语义结构更基础、派生时有哪些手段也不尽相同，从中体现出了有趣的多样性。

从类型学看多样性 †

因果链的分析为语言类型学提供了有效的研究视角。让我们看几个例子。

第一，谓语表述事件时的颗粒度因语言而异。如果一种语言有连动式（serial verb construction），即几个动词可以在一个句子中连续出现，那么该语言就能够用较高的颗粒度来表达一个事件。下面的卡拉姆语（巴布亚新几内亚）就是如此（Pawley 1987：355，DS 系 different subject 的省略，表示主语发生了交替）。

（22） kab　　añañ　ap　　yap pkek,　　　　　　pagak　ok
　　　 stone　glass　come　fall　it-having-struck-DS　it-broke　that
　　　 石头落下来打到玻璃（玻璃）碎了。
　　　 石が落ちて来てガラスに当たって（ガラスが）割れた。

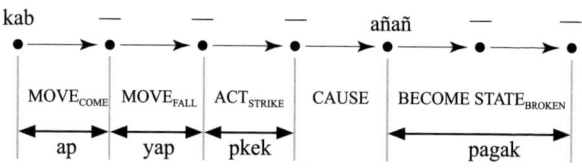

由上面的因果链分析可以看出，因果链上的四个链接均由动词表示。句中的 ap（来）、yap（落）对应 MOVE，pkek（击中）对应 ACT_{STRIKE}，表示状态变化的 pagak 对应 BECOME 和 $STATE_{BROKEN}$。而日语因为可以用动词"テ形"切分并串联事件，因此与卡拉姆语有某种程度的近似。

与之相对，英语等没有连动式的语言，无法像例（22）那样去表达事件。若想表达"石头"发生的位移和对玻璃施加的作用力，需要像下面的例子这样，通过延长因果链来表达事件的结果。延长出来的部分，我们采取和例（20）（21）一样的标记方式。

(23) The stone hit the glass broken.
石头打到玻璃碎了

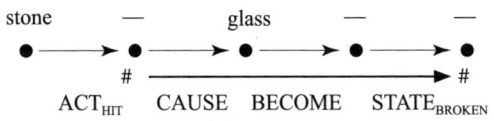

英语中，上述句式被称作结果句（resultative construction）。The stone hit the glass（石头击中了玻璃）这个句子无法表示状态变化和结果，因果链也止于 ACT_{HIT}。而在例（23）中，因果链被延长至 CAUSE–BECOME–$STATE_{BROKEN}$，描述了玻璃碎了这个结果状态。

第二，对因果链的切分方式具有语言差异性。这里我们以 Croft（1991）对车臣-印古什语（东北高加索地区）的格标记方式（case marking）的分析为例。下面的例子展现了该语言在主动句中标记受事的方式（例句来自 Nichols 1984：188—192）。

(24) husam da:s　　　ürsaca　　　kuotam　　　jı:ra
house father.ERG　knife.INST　chicken.NOM　killed
我丈夫把鸡用刀子杀死了。

(25) da:s　　　woʔa:　　ɣam　　　j-iett
father.ERG　son.DAT　stick.NOM　beats
爸爸把儿子用棒子给打了。

车臣-印古什语在格标记上是作格型语言，一般来说，施事采用作格（=ERG），而受事采用主格（=NOM）进行标记。例（24）就体现了这种作格型语言的格标记特点。在此句中，施事"我丈夫"采用作格标记，受事"鸡"采用主格标记，而工具"刀"使用了工具格（=INST）标记。与之相对，例（25）中，虽然施事"爸爸"仍用作格标记，但作为受事的"儿子"用的却不是主格，而是与格（=DAT）标记。而主格则用来标记工具"棒子"。这与该语言常规的格标记方式有异，值得研究。也就是说，我们需要回答为什么受事在有的时候用主格标记，有的时候却用与格标记。

下面的例子，也与上述问题相关。

（26） cuo　　　cuuna　　　a:xča　　　delira
　　　 he.ERG　 him.DAT　 money.NOM gave
　　　 他ᵢ给了他ⱼ钱。（两个"他"不是同一个人）

在此句中，施事还是用作格标记，而主事"钱"用的是主格标记，

格标记

格是用于表示句中出现的参与者关系的语法范畴。我们把表示格的语素称作格标记（case marker）。格标记的数量和功能因语言而异。常见的格有以下几种（后面添加了与之大体对应的日语中的格标记）：主格（nominative, が）、属格（genitive, の）、宾格（accusative, を）、与格（dative, に）、夺格（ablative, から）、工具格（instrumental, で）。另外，像日语这样，不及物动词和及物动词做谓语时，句子主语使用同样的格标记的语言（「子ども—x[が]笑った」—「子ども—x[が]蝶々—y[を]つかまえた」），被称作宾格型语言；不及物动词谓语句主语和及物动词谓语句宾语使用同样的格标记的语言，被称作作格型语言。在作格型语言中，y 的格被称作作格（ergative）、x 的格被称作通格（absolutive）或主格（详见 8.1—8.2）。

值得注意的是，格标记在功能上非常多样。比如，"宾格"这个格可表示什么，不能一概而论。是表示语法关系（宾语？）、语义角色（受事？），还是有其他特征（焦点？），需要根据不同的语言和例句，具体情况具体分析。

到达的处所"他"用的是与格标记,在格标记方式上和例(25)一样。但从谓语的语义上来看,"给"只是一个授受动词,和"打"这样的高及物性动词在语义上差异较大。

这种格标记与语义角色对应的多样性,可以从如下角度进行说明。首先,该语言中谓语动词对事件可能有其独特的切分方式,与日语的切分方式可能并不相同。即使是看似语义相似的谓语,也有可能具有不同的事件结构。而格标记的选择,正是基于对因果链的切分方式。在这里先预告一下结论。我们认为,该语言的谓语所截取出的事件中,作格对应链条起始点的参与者,主格对应链条终点的参与者,而工具格和与格,用于标记事件的边缘性参与者。因此,上述三个句子的因果链可以表示如下。

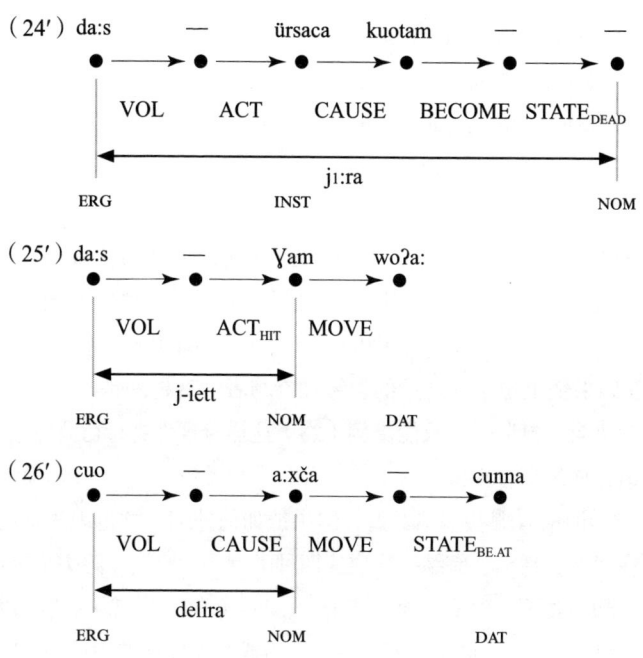

每个句子中,位于终点的参与者的语义角色都不同。在以"杀"为谓语

的例（24）中，kuotam（鸡）是谓语截取的因果链的终点，ürsaca（刀）在因果链上比它先出现。而以"打"为谓语的例（25）中，ɣam（棒子）是谓语截取的因果链的终点，从这一点来看，与其说它是工具，不如说它是动作的目标。而在以"给"为谓语的例（26）中，a:xča"钱"是谓语截取的因果链的终点，而与格标记的 cunna（他）与例（25）的woʔa:（儿子）一样，都只是边缘性的参与者。也就是说，看似例（25）（26）的谓语语义结构不同，但它们存在相似性，即所截取的因果链的终点均是位移主体，并将其标记为主格，而它到达的处所，则用与格标记。因此，例（25）的 ɣam（棒子）与其说是工具，不如说是主事更为贴切。

而在英语中，如下面含 hit 的例子所示，表述接触事件时，谓语允许有两种对事件的切分方式。

（27）He hit the tree with a stick.
他用棒子打树。
（28）He hit a stick against the tree.
他往树上使劲打棒子。

在上面两个句子中，例（27）的 tree 是被截取的因果链的终点，占据宾语的位置。而工具 stick 在因果链上位于它之前的位置，属于边缘性参与者。与之相对，例（28）中的 stick 是被截取的因果链的终点，而 tree 是在因果链上位于它之后的边缘性参与者。有趣的是，车臣-印古什语的谓语为"打"时，只能像例（28）这样对事件进行切分，且不存在像英语这样的交替现象。

第三，谓语有哪些基本类型，因果链如何伸缩，这也因语言而异。比如，在状态、活动、完结、达成这四种类型中，日语（除去形容词谓语之外）状态类谓语数量极少。除了「いる」（有）、「ある」（有）以外，只有如「見える」（看得见）等少量表能力或自发性状态的动词。因此，若想表述状态，需要添加「ている」来改变谓语的类型。比如，将「開く」（开）变为「開いている」（开了）。同样，英语的 know 是状态类

谓语，而日语的「知る」（知道，了解）却是完结类谓语，所以若想表达 I know them well 的意思时，日语必须说「私は彼らをよく知っている」（我很了解他们）。

与之相对，有一些语言则是状态类谓语更为基本，若想表达变化时，需要在此基础上进行派生。比如，特佩瓦语（托托纳克语系，分布于墨西哥东部）就是这种类型的语言（Watters 1988）。

（29）a. ʔaknu:⌐y（A 埋着）→ ta:knu:⌐y（A 埋了起来）
→ ma:knu:⌐y（B 把 A 埋了起来）
b. lakčahu⌐y（A 关着）→ talakčahu⌐y（A 关上了）
→ ma:lakčahu⌐y（B 把 A 关上了）
c. paša⌐y（A 变为了其他东西）→ tapaša⌐y（A 变了）
→ ma:paša⌐y（B 把 A 改变了）
d. laqłtiʔa:⌐y（A 开着）→ talaqłtiʔa:⌐y（A 开了）
→ ma:laqłtiʔa:⌐y（B 把 A 打开了）

上述例子通过添加 ta- 这个前缀，把谓语从状态类变成了包含变化的完结类；而添加 ma:- 这个前缀后，则在因果链上添加了作为变化原因的致使者。除此之外，改变谓语类型的方式还有很多，因语言而异。

6.5 位移和变化

事件的框架化

在前面，我们探讨了如何合理分析因果链中事件参与者之间的相互作用关系。在本节中，我们来探讨与事件结构相关的另一个重要方面。

首先，让我们来看一下下面的例子。这些句子看似所表达的事件结构相同，但仔细观察 walked 后面的词语，可以发现，它们表述的其实是不同的事件。

(30) They walked in the garden.
　　 他们在花园里走。
(31) They walked to the garden.
　　 他们往花园里走。
(32) They walked into the garden.
　　 他们走进花园。

walked 本身是一个不包含方向或终点的活动，用 ACT_{WALK} 来表示。例（30）表示的就是这样的活动，in the garden 是发生这一活动的处所。但与之相对，谓语同样是 walked，例（31）通过 to the garden，表达了向着花园走去这个位移的方向；而例（32）的 into the garden 则表达了进入花园这个位移的路径。因此，这两个例句中都还包含 MOVE 这个链接。可见，有的语言形式有表达位移**路径**（path）的作用，它是图形（上面例子中的 they（他们））相对背景（上面例子中的 garden（花园））所发生的位移轨迹的图式。

值得关注的是，路径的表达其实关乎事件结构的根本。具体来说，walk 本身虽然是无界的，但通过像上面这样添加路径信息，位移的终点得到突显，事件拥有了有界性。例（30）—（32）的事件可以用图 6.4 来表示。箭头代表位移，圆点代表图形（= 他们），椭圆代表背景（= 花园）。

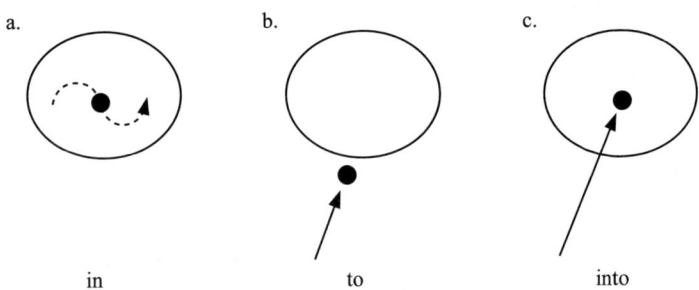

图 6.4　位移路径所示事件差异

上图中，in 的那张图之所以用的是虚线，是因为在花园内走路时，其与作为基准点的背景（=花园）之间的位置关系的变化并未被突显。与之相对，to 和 into 的图则明示了位移主体相对花园的位置关系，以及这种位置关系发生了什么样的变化。其结果是，上述路径表达改变了谓语动词的类型。像这样通过路径表达改变事件结构的情况，我们称之为**框架化**（framing）（Talmy 1985、1991、2000b）。

泰尔米基于此观点，对事件结构的框架提出了自己独特的见解。根据他的观点，位移事件包含如图 6.5 所示的诸要素（Talmy 1985）。

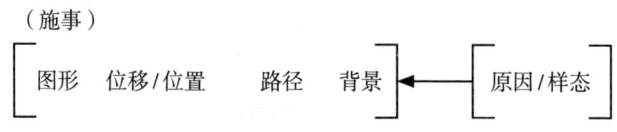

图 6.5　位移事件的基本要素

首先，有存在施事（=有意图的位移）和不存在施事（=偶发的位移）两种情况。从图形和背景的角度看，如前所述，图形和背景对应的事件参与者分别是位移主体和参照点，而沿某一路径发生的位移/位置关系（的变化），构成了事件的最基本框架，被称作核心图式（core schema）。与之相对，位移的原因/样态则具体界定了位移是怎样发生的。比如，例（30）—（32）的 walk（走路）。原因/样态等在保证核心图式成立的同时，起到了充实事件内容的作用。

那么，上述分析和前面探讨过的因果链的关系是什么呢？首先，图形和背景代表事件的主要参与者。仅限于位移事件的话，图形代表位移的主体，背景代表进行活动的处所或终点。位移/位置可用 MOVE 或 STATE 来标示；而原因/样态是对于位移来说必要的活动，因此，可以在因果链中标示为 ACT_{WALK}。但问题是路径该如何标示？to 表达的是方向，所以它可以标示为 MOVE；但 into 等该怎么办呢？仍然把它们作为位移的一部分，标示为 $MOVE_{INTO}$ 吗？之前，我们用下标的时候，比如用 ACT_{WALK} 来代表 walk 的时候，下标部分代表活动的具体内容。与之相对，路径赋予事件的是有界性，是从根本上界定位移事件的框架。因果链原本关注的是参与者之间影响力的传递，而我们这里所关注的完全是事件的另一方面。因此，我们应该从与因果链不同的维度来对其进行把握。

基于上述观点，我们可以在因果链分析的基础上，加上框架化的视角分析句子。比如，例（32）可以像下面这样分析。

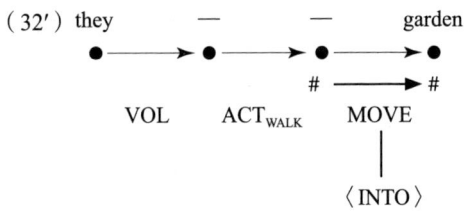

简单地说，上面的图代表"他们（=图形）有意识地进行了走路这个活动（=样态），并相对院子（=背景）发生了位移。位移的路径是 INTO"。表示位移的 MOVE 添加至因果链时，通过框架化对路径予以了明示。

动词框架和卫星框架

用语言表达位移事件时，非常有趣的一点是，事件的各构成要素究竟如何组合在一起，这因语言而异。比如，例（32）中，对事件起到框架化作用的路径表达，在英语中以 into 这个介词的形式出现；而日语中却通过「入る」（进入）这个动词来表达。我们再来看几个类似的例子。

（33）He swam across the river.
　　　彼は川を泳いで渡った。
　　　他游过了河。

(34) He ran out of the building.
　　彼は建物から走って出た。
　　他从那个建筑里跑了出来。

(35) He crawled up the slope.
　　彼は坂を這って上った。
　　他爬上了坡。

在上面的例子中，路径在例（33）中分别被表述为 across 和「渡った」（过）；在例（34）中分别被表述为 out 和「出た」（出）；在例（35）中分别被表述为 up 和「上った」（上）。在每一个例子中，英语使用的均是介词，而日语使用的均是动词这个句子中心成分。事实上，日语即便把「泳いで」（游着）、「走って」（跑着）、「這って」（爬着）的部分省去，只留下表示路径的动词，句子也是自然的。

(36) 彼は川を渡った。
　　他过了河。
(37) 彼は建物から出た。
　　他从那个建筑里出来了。
(38) 彼は坂を上った。
　　他上了坡。

如上所述，当我们聚焦对位移事件起到框架化作用的路径在不同的语言中是如何表达时，就会发现，既存在像日语这样倾向于把路径融合进移动动词的语言，也有像英语这样用介词来表述路径的语言。甚至还有的语言，表述路径使用的是介词以外的黏着语素（前缀等），所以我们把它们统称为卫星（satellite）。日语属于**动词框架**（verb-framed）语言，而英语属于**卫星框架**（satellite-framed）语言。在英语中，用来表述路径的还有 away、down、off、over、past、through 等。而在日语中，还有「去る」（离去）、「下る」（下去）、「離れる」（离开）、「越える」（越过)、「過ぎる」(经过)、「通る」(通过)等动词。当然,英语中也存在与 across、into、out、up 的意思相对应的 cross、enter、exit、ascend 等动词,但这些动词都是来自法语的外来词,而我们这里所进行的分类仅限于英语本土的基础词汇。

换一个角度看这两种框架类型,我们也可以说,日语是倾向于在主动词中将路径与位移相融合的语言;而英语则是将原因/样态与位移相融合的语言。若以图 6.5 的方式表述二者差异的话,可以得到图 6.6 和图 6.7。

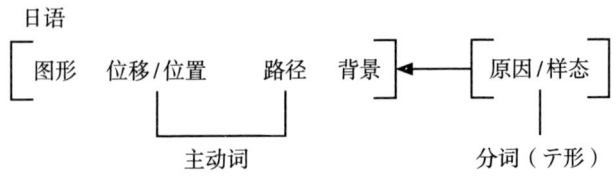

图 6.6 动词框架语言的表达方式

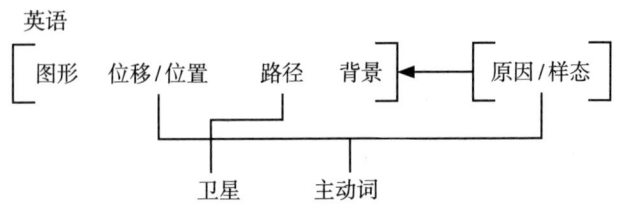

图 6.7 卫星框架语言的表达方式

有意思的是,从词汇结构的角度看表示位移的动词,可以发现英语中表"位移+样态"的动词比日语还要丰富。当然,仅看「歩く—walk」「泳ぐ—swim」「走る—run」「這う—crawl」这样的基础词汇的话,两种语言中都有这些常用动词。但当我们聚焦语义更具体的下位动词时,就会发现英语虽有 limp、ramble、stride 等动词,可是,日语若想表达相同意思,只能像「足をかばって歩く」(一瘸一拐地走)、「ぶらぶら歩く」(漫步)、「大股で歩く」(大步走)这样,在「歩く」前面

添加修饰成分。这正是位移事件的两种表达类型在动词中的体现。换个角度看，正是因为日语中倾向于使用"位移+路径"类动词，因此若要细致地表达动作样态，就需要其他语言手段，而这就是日语的拟态词之所以非常丰富的原因，可以说这是词汇系统内部的一种互补机制。

除了上述两种类型外，虽然为数不多，但也有在动词语义中将图形与位移相融合的情况（比如「吹雪く」（下暴风雪）、「出血する」（出血）、rain（下雨）、spit（吐口水）），以及把背景与位移相融合的情况（比如「出獄する」（出狱）、「寄港する」（停靠港口）、deplane（下飞机）、disembark（登上陆地））。另外，据泰尔米的研究，与日语和英语相异，在楚格维语（位于北美，霍卡语系）等语言中，其最基本的词汇类型就是将图形与位移/位置相融合的动词。在这种语言当中，动词词根由图形的种类决定，而其他的要素（比如图 6.5 中的原因、背景等）则是由前缀或后缀来表示。

框架化的扩展

从前面的例子可知，路径表达具有将谓语类型从无界的活动变为有终结点的完结类事件的框架化功能（比如例（30）—（32））。这种框架化功能，还可以扩展到位移以外的事件中。

这里，我们先确认一下一个有界的事件是什么样的。谓语的基本类型中，状态类和活动类是没有明确时间边界（终结点）的事件。与之相对，完结类和达成类事件则聚焦变化，并以此为终结点来认知事件。由于活动类事件没有终结点，因此只能像「30 分間」（持续 30 分钟）这样突显其持续的时长；而完结类事件有变化和终结性，因此只能像「30 分で」（在 30 分钟内）这样突显到达终结点所需要的时间。下面这两个位移事件的例子，就反映出了上述两种框架化的差异。

（39）She swam in the river {for thirty minutes/ *in thirty minutes.}
彼女は {30 分間／*30 分で} 川で泳いだ。

她在河里游了（持续 30 分钟／*用 30 分钟）。

(40) She swam across the river {*for thirty minutes/ in thirty minutes.}
彼女は {*30分間／30分で} 川を泳いで渡った。
她（*持续 30 分钟／用 30 分钟）游过了河。

在例（40）中，通过给表示位移的谓语添加有终点的路径信息，使事件具有了终结性。也就是说，例（39）中无界的活动，在例（40）中则变成了具有终结点的完结类事件。

对位移事件的框架化也扩展到了其他事件。请看下面的英语例句。

(41) The candle flickered {for thirty minutes/ *in thirty minutes.}
そのロウソクは {30分間／*30分で} ゆらめいた。
那根蜡烛摇晃（持续了 30 分钟／*用了 30 分钟）。

(42) The candle flickered out {*for thirty minutes/ in thirty minutes.}
そのロウソクは {*30分間／30分で} ゆらめいて消えた。
那根蜡烛摇晃到熄灭（*持续了 30 分钟／用了 30 分钟）。

例（41）的 flicker 是不包含变化的活动类谓语，而例（42）则通过使用表达路径的 out 赋予事件以终结性，从而使事件变为了完结类事件。同样的情况也发生在动词框架语言日语中。比如，在「考える」（思考）这个动词后添加表示路径的动词「出す」（出）后，「考え出す」（想出来）就被赋予了终结点。

综上所述，路径的框架化功能，由空间位置关系的领域扩展到了时间领域，能够使用相同的语言手段对位移以外的事件进行框架化，这是非常值得关注的现象。而这种通过路径的框架化功能来改变谓语的体（aspect）类型的现象，其实在很多语言中都能见到。

6.6　事件的全貌

至此，我们从因果链和位移事件的框架化的角度分析了事件的主要构成要素。这里我们借用霍珀（Paul J. Hopper）和汤仙笛（Sandra A. Thompson）提出的如下几个要素（Hopper & Thompson 1980），从整体上对事件结构做一个总结。

（43）（i）事件参与者（participants）　　　　两个 / 一个
　　　（ii）动作性（kinesis）　　　　　　　　有 / 无
　　　（iii）体（aspect）　　　　　　　　　　有终结点 / 无终结点
　　　（iv）瞬时性（punctuality）　　　　　　有 / 无
　　　（v）意愿性（volitionality）　　　　　　有 / 无
　　　（vi）肯定性（affirmation）　　　　　　肯定 / 否定
　　　（vii）语气（mode）　　　　　　　　　现实 / 非现实
　　　（viii）施动性（agency）　　　　　　　有 / 无（针对施事）
　　　（ix）受影响性（affectedness）　　　　有 / 无（针对受事）
　　　（x）个体性（individuation）　　　　　有 / 无（针对受事）

上述诸特征，是从事件中所传递的影响力强弱的角度提出的。(i)—(x) 的集合被称为**及物性**（Transitivity）。每一个特征的左侧都代表影响力强，右侧代表影响力弱。这些特征，我们已经在前面探讨过绝大多数，这里重点看一下前面还未谈及的（vi）（vii）（x）。

首先，（x）的个体性体现的是人的基本认知特点之一（参见 2.3）。当具有个体性的物体成为事件参与者时，就会给活动赋予有界性。

（44）I ate pizza.
　　　我吃了比萨。

（45）I ate a slice of pizza.

我吃了一块比萨。

谓语 ate 本身是无界的活动。在例（44）中，作为其对象的 pizza 是不可数的物质名词，因而此句不突显动作的终结点。而与之相对，例（45）以 a slice of pizza 的方式，赋予了比萨以有界性，使其被认知成了一个个体。作为个体的比萨会越吃越少，直至被吃光。因此，即便谓语 ate 本身表示活动，句子整体上却是一个完结类事件。此时，比萨因具有个体性，其语义角色是有变化发生的受事。

另外的两个特征是（vi）肯定性和（vii）语气。这两个特征不是用来判断事件本身的结构，而是用于判断说话人如何对该事件进行定位（即是否认同该事件已在现实中发生）的标准。比如，「切れる」（切开）和「切れない」（切不开），虽然谓语动词是一样的，但前者是已发生的事情，而后者是未发生的事情。如果某个句子表达的是否定性的或非现实性的（= 未来的或假定性的）事件，那么并不会带来影响或变化。因此，即便谓语是包含变化的类型，如果用于否定性的或非现实性的事件，及物性也会变低。在日语中，否定形式「ない」是按形容词的方式活用的，从中也可以看出它表示的是状态性事件这一点。从下面的例子也可以看出，完结类的谓语在否定句中变成了表未然义的状态类的谓语。

（46）枝が {*5 分間／5 分間で} 折れた。
　　　树枝折断 {* 持续了 5 分钟／用了 5 分钟}。
（47）枝が {5 分間／*5 分間で} 折れなかった。
　　　树枝 {持续了 5 分钟／* 用了 5 分钟} 没折断。

例（47）表示的是想要折断树枝的作用力被某个力量所阻止，因而树枝保持了没有折断的状态。

最后一点，事件结构的各个特征之间是相互关联的，因此，从整体上对其进行把握非常重要。基于此，我们可以依据例（43）给出的特征，把影响力强、及物性高的典型事件界定为事件的原型。具体可以表述

如下（G. Lakoff 1977，DeLancey 1985、1987，Nishimura 1993、1997）

（48）具有施动性的施事，对个体化了的受事（非施事），出于自身意愿地在现实世界中施加了某种物理性的作用力，结果使受事发生了瞬间性的变化，对受事造成了具有终结性的重大影响。

另外，从话语结构的角度看，我们需要按时间轴去传达事件，可以说，及物性高的事件带来明显的变化，具有较高的信息传递价值；而及物性低的事件不发生变化，属于背景性事件（Hopper & Thompson 1980）。

【文献导引】

若想从整体上了解事件结构，Jacobsen（1992）、中右·西村（1998）、田中·松本（1998）、中村（2004）等值得参考。而 Fillmore（1968[+]、1997）是诸多研究的出发点。因果链模型根植于泰尔米提出的力量-动态模型（force dynamics）（Talmy 1988b、2000a）。而试图从理论角度论述移动动词的研究，主要有 Anderson（1971、1977）、Jackendoff（1972、1976）、Gruber（1975）、Ikegami（1970a、1973、1981、1987）、Talmy（1985、1991、2000b[+]）等。

如本章所述，事件的基本结构和谓语的语义有密切的关系。体（aspect）的基本类型，在欧美最早是由 Vendler（1967）指出的，此后 Dowty（1991）、Foley & Van Valin（1984）、Van Valin（1993）、Van Valin & LaPolla（1997）将语义角色也整合进了各自的理论体系中。Tenny（1994）的研究方向也与之相关。另外，Levin（1993）整理了英语中的以不及物动词和及物动词的交替为代表的语言现象。关于动词的语义结构，可参见 Jackendoff（1983、1990）、Goldberg（1995）[+]、影山（1996、1997、2001）、Butt & Geuder（1998）。另外，Nishimura & Tsuboi（1991）、Geeraerts（1996）等研究则梳理了针对上述问题的各理论之间的分歧点。

【讨论题】

6.1 用因果链标示下面的例句,并在此基础上界定其中的语义角色。如其中有不易判断的地方,请指出。

(a) 彼は空き缶をくずかごに捨てた。

(b) 煙草の火を消して下さい。

(c) 打者は外角の変化球で待っている。

(d) They drained the engine of the oil.

(e) They drained the oil from the engine.

6.2 调查英语 along 的用例,并思考与之对应的日语。比较并考察两种语言对事件的框架化方式的不同。

6.3† 找到两种语言的对译文本,尽量选取表述位移事件的谓语较多的文本,并比较考察两种语言是如何表达位移事件的。

第7章 构式知识(1)——基本框架

7.1 作为语言知识的构式 ①

the more 构式

当我们用句子来表达和理解某个事件时，需要用到哪些知识呢？为了能更全面地了解语言知识，本章中我们介绍一种不仅可以分析简单句子，而且适用面更广的理论框架。

我们先从下面的例子开始思考（Fillmore 1988）。若想理解这个句子所传达的内容，我们需要哪些知识呢？

（1）The sooner you learn how to pronounce her name, the more likely is she to go out with you.
你越快学会她名字的发音，她就越有可能和你出去约会。

这个句子的结构非常复杂。若想理解这个句子，光靠词汇知识和一般意义上的语法规则（比如主语、宾语的语序）是不够的。值得关注的是，例（1）是一个表示两种指标相关性的条件句，类似于日语的「すればするほど」（越……越……）。虽然句中并没有出现表示条件的词语（比如 if），但表达的内容却是：以某件事（＝很快学会她名字的发音）为条件的话，可以得出会发生另一件事（＝她和你出去约会）的结论。并且，被比较的两个事件之间还存在依存关系，即"（约会的）可能性的高低"取决于"学会发音的速度"。另外，后半句的 is she 发生了主语和 be 动词的颠倒，这也是一般的句子中不会出现的情况。

---

① 日语「構文」一词在本章所述"构式语法"出现之前主要指句子或文章的结构（如「構文論」），传统上有「受動構文」「使役構文」等说法。虽然概念有所不同，但二者间分界有时比较模糊，带有一定的连续性和相关性，故本书仍沿用传统的"被动句""致使句"的译法——译者注。

若是分析较为简单的句子，无论哪一种理论应该都可以。但仅凭狭义的词汇知识（即词典里对其语义的描写）和语法规则，显然无法解释有关例（1）的上述事实。我们认为，研究语法时以上事实不应该被视为是一种"例外"，而应看作是一种正当的、需要得到解释的语言知识，这就要求我们采用新的分析方法。那么，要想理解上面的句子，我们需要从何处寻找信息"所在"呢？

认知语言学认为，不仅是词汇，短语和句子也是语义与形式的结合体。要想理解例（1）这样的句子，我们必须认识到，此句作为具备一定形式特征的语法结构，它本身也具有某种固化的语义特征。我们把这种形式和意义的结合体称作**构式**（construction）。此前的语法理论均认为，句子整体的意思可以从它的每个组成部分的意思预测出来，这被称为合成性（compositionality）原理。然而，在自然语言中，这个原理很多时候并不能完全成立。比如，例（1）只是把两组"the＋比较级"并列在一起，但句子整体却相当于一个条件句，若想把这样的知识也纳入考察范围，就只有在传统的"语法"知识中，增加有关"构式"的内容才可以。而在实际的语料中，需要考察构式知识的情况还有很多。如果我们把语法看作是语义与形式的结合体的话，那么作为语义（广义上可谓"语义阐释"）的分析单位，设定"构式"这样一个新维度则具有十分重要的意义。主要观点可以概括如下。

（2）所谓语言知识，是通过词汇和语法构筑起特定模式（pattern）并对其进行语义阐释而形成的，语言使用依存于这样的构式知识。

这反映出了对如何恰当理解形式与语义的结合过程的关注。同时，界定某单词的词义时，我们也需要把该词可用于哪些构式这个信息考虑进来。关于构式知识，我们可以用图7.1来表示（其中，形式特征包含句法范畴的信息，语义特征则可以细分为狭义的语义学特征和狭义的语用学特征）。

$$\begin{bmatrix} 构式名 \\ 形式特征 \\ 语义特征 \\ \begin{bmatrix} 构成要素 \end{bmatrix} \end{bmatrix}$$

图 7.1 构式知识的结构

以例（1）为例，构式名的部分，可命名为"the more 构式"。形式特征方面，指定其为"句子（准确地说是复句）"；语义特征方面，需要指定它是"表示指标间相关性的条件句"等信息；构成要素方面，需要指定其为两组"the + 比较级"并列，并指出语序特点（例如，第二个"the + 比较级"中主语 she 和助动词 is 可以颠倒）。

一般来说，各个构式均为包含一定构成要素的函数结构。在构式对有关这些要素的具体信息进行指定后，便可得到包括构式的形式、语义特征在内的整体值。构式中既有像例（1）这样已经指定了部分词汇或语法结构的情况，也存在结构上更为灵活多变的情况。下面，我们再看一些反映构式知识的例子。

中断句

当我们去观察日语中句与句之间的衔接（更准确地说，是复句结构 clause linkage）时，常常会看到下面这样的例子。

（3）(A 和 B 在谈论找工作的事情，C 是 B 的妈妈)
　　A：大丈夫じゃない、Y 君なら。（找工作应该没问题吧，Y 君的话。）
　　　なにげにゼミも一緒だし、ちょこちょこ来てるよ。（我们研讨课也在一起，常看他来上课呢。）
　　　彼が就職したいのはねえ、あれみたい、（他想找的好像是那方面的工作。）

　　　スポーツ関係、新聞とか。（跟体育相关的，比如报纸之类的。）
B：ああ。（哦哦。）
A：JRAとか、それは競馬だけど、そういうのやりたいんだね。（类似 JRA 什么的。不过，这个是赛马，总之好像是想做这样的工作。）
B：（一边把喝完的咖啡杯递给 C 一边说）はい。（给。）
C：はい、ありがと。（好，谢谢。）
　　　就職ねえ。就職希望でしょ？（找工作啊。你也准备找工作吧？）
A：たぶん。<u>でも今って厳しいですからねえ。</u>
　　　（应该会吧。不过，现在形势很严峻嘛。）
C：そうねえ。（是啊。）

在上面的交谈中，对于 C 提出的问题「就職希望でしょ？」（你也准备找工作吧？），A 在回答时只用了画下划线的以接续词「から」结尾的分句，我们称之为"カラ分句"。"カラ分句"是从属分句（dependent clause），它后面本应接续主句（main clause），但在这里却单独结句了，且 C 用「そうねえ」（是啊）非常自然地做了回应。可见，此处虽然主句被省略了，但 C 并没有觉得有什么不自然，说明这种表达方式在日语中的规约化程度很高。

上面的例子，如用前文的观点看，它不仅仅是省略了主句，其本身就是一个具有独特功能的构式。我们把这种话说一半、戛然中止的句子称作中断句（suspended clause）（Ohori 1995、2000b）。

在下面的例子中，可以更加清楚地看到使用中断句时具有明显的交际功能。

（4）（A 和 B 是研究生，他们在谈论课程助教的工作。Ling-5 由于上课的学生较多，工作比较繁重）

A：何これ？（上面写的什么？）

B：Ling-5 やれって。（让我做 Ling-5 的课程助教呢。）

A：んんそう、最初はそう言われるのよ。（是的，一开始都会被这么要求。）

B：5 だけはいやだっつったんだけどな。

（我明明说了只要不是 5，哪个班都行的。）

A：私だってこないだそう言ったら、オリジナリーに <u>5 になったんだから</u>。

（我之前也这样说了呀。<u>还不是分到 5 了嘛</u>。）

在这个例子中，"カラ分句"并非是在阐述事件发生的明确理由，而是在表明，从句的内容是说话人强烈关心的话题。正因为如此，从交际的角度看，没有必要补全例（4）这个中断句后被"省略"的主句，因为这个句子主要是在寻求对方的共鸣。一般来说，当我们需要给自己的某个言论添加理由、进行说明的时候，往往是因为那是我们非常关注的重要事情。而在这个构式中，说话人对事件的强烈关注也作为句意的一部分被规约化，从而产生了引发对方的理解、共鸣的功能。这种推演的过程，可以表示如下（从属分句用 P，主句用 Q 来表示）。

（5）P-カラ，Q（发生了 P，所以 Q）→ P-カラ，φ（发生了 P，所以后面的事可以自然推断）→ P-カラ，φ（发生了 P，且此事是我非常关注的重要事情）

由此可知，カラ中断句在例（3）（4）中均起到了向对方传达"希望你也能理解我的处境"的作用。例（3）中 C 通过附和，对 A 的烦恼表达了共鸣；例（4）则是 A 在向对方寻求共鸣的同时，还进一步表达了"你也要好好干"之意。

而上述功能，只有设定了构式这个分析维度，才能够得到恰当的分析。若我们想描写中断句这个特定的"形式"所具有的"语义"

特征，就需要将构式纳入考察范围，探讨固化在其中的语言知识是什么。

更有意思的是，在构式的分析框架中看中断句时，我们会发现，复句结构从理论上说（从句和主句）可以有多种可能的语义关系，但使用中断句时却往往仅限于某个特定的语义关系。请看下面的例（6）。

(6) 私もいい歳ですし。
　　 我也岁数不小了嘛。

当我们尝试补出后面的内容时，会发现这个中断句更适合表达「私もいい歳ですし、この仕事は出来ません」（我也岁数不小了，做不了这个工作）这样前后互为因果关系的情况，并不契合像「私もいい歳ですし、主人ももうすぐ停年です」（我也岁数不小了，我丈夫也马上要退休了）这样前后互为并列关系的情况。也就是说，"シ分句"作为中断句使用时，该构式被赋予了"理由"义，仅限于要求听话人就中断句的内容做出推理。

此外，"テ分句"作为中断句使用时，还有其独特的表达效果。

(7) まあまあ、こんなに立派になって。
　　 哇，都变得这么出色了。

"テ分句"与主句的关系也有很多可能性，比如时间上的先后顺序、理由、样态等，而例（7）却在构式中蕴含了说话人的某种感叹，或该事情超出了自己的预想这样一层意思。此句中，同样由于使用中断句，比起事件的先后顺序，说话人对事件的积极态度更优先得到了突显。

综上所述，由构式特别赋予句子的语义，我们称作**构式义**（constructional meaning）。具体来说，中断句可以如（8）这样去表示（#表示句子到此结束）。

（8）$\begin{bmatrix} 构式：中断句 \\ 句法范畴：句子 \\ 语义特征：推理倾向性 \\ 语用特征：交际功能 \\ \begin{bmatrix} [分句〈从属：±，嵌入：−〉] \_接续词\# \end{bmatrix} \end{bmatrix}$

构式的语义特征中的"推理倾向性"（inference-intensive）指的是，句子在语义上表示的是说话人积极要求听话人去推理事件背后的状况（比如理由），而非表示先后关系或并列关系。语用特征的"交际功能"指的是，如在（5）中指出的引发对方的理解、共鸣的这类功能。而构成要素部分表示的是，分句（此处指从属从句）之后出现接续词（「から」「し」「て」等），并直接结句。

复句结构

在上述中断句的分析中，我们使用了"分句〈从属：±，嵌入：−〉"这样的标记方式，这是基于如下所述的复句结构类型的基本框架（参见大堀 2000a）。首先，判断某分句是否满足"从属"的标准是，该分句是否依存于另一个分句。比如，"シ分句"与另一个分句的关系是并列性的，非从属关系；而"テ分句"中，由于不能通过「ル」和「タ」等来表示时态的对立，因此可以说，它作为分句的独立性较差，依存度较高。鉴于不同的中断句在依存度上有强有弱，因此在"从属"这一点上标记为"±"。其次，"嵌入"指的是该分句是否为另一个分句的一部分，具体来说，指的是「皆は太郎がよい仕事をしたと言った」（大家都说太郎工作做得不错）这样的句子。此句中，「太郎がよい仕事をした」（太郎工作做得不错）是受「言った」（说）支配的下位结构，而中断句显然不具备这种典型的嵌入结构。

而下面的例子，和前面出现的中断句类型不太一样。这个句子本来应该在「という」后面接上「ことだ」「わけだ」等形式来结句，但在这里却直接结句了。

（9）（一边讲述自己遇到的倒霉经历一边说）
　　誰も助けやしないという。
　　谁都没有来帮我。

这个句子所传达的内容，是说话人的亲身经历，但使用了中断句的形式后，却有了一种从第三者的视角看自己经历的语感。而若想理解例（9）的这层意思，无须复原被省略的部分。「という」被用作中断句时，并不是为了承接「誰も助けやしない」并结句，而是为了让说话人的信息来源模糊化，也就是说，它是一个反言据性（anti-evidential）的标记。一般在日常交际中，我们需要指明自己所传达的信息是自己经历的事，还是从别人那里听闻的（在有的语言中标明二者的区别是必须的），而例（9）的构式，却起到了让说话人暂时脱离其所传达的经历，置身事外地与听话人一起对其进行"评价"的作用。从这个例子也可以看出，构式特有的语义对句子的理解有很大影响。

vice versa 构式 †

接下来，让我们看一看描写词汇语义时，在多大程度上需要构式的信息。我们以 vice versa（反之亦然）为例，具体看一看。首先，我们举一些例子（译文中 vice versa 的部分被简略为 v-v，并补出了可能被省略的内容）。

（10）John hit Bill and vice versa.
　　乔治打了比尔，v-v（比尔也打了乔治）。
（11）John sent Bill an invitation and vice versa.

乔治给比尔寄了一封请柬，v-v（比尔也给乔治寄了一封请柬）。

（12）John spent a lot of time for Bill and vice versa.

乔治为比尔花了很多时间，v-v（比尔也为乔治花了很多时间）。

（13）In this world Hamlet is Rosencrantz and vice versa.

在现实世界中哈姆雷特是罗森格兰茨，v-v（罗森格兰茨是哈姆雷特）。

（14）John thought that Bill was cheating him and vice versa.

乔治认为比尔在欺骗他（＝乔治），v-v（比尔也认为乔治在欺骗他（＝比尔））。

（15）If Al shoots Bill, Charlie will shoot Dough and vice versa.

如果阿尔向比尔射击，那么查理也会向多尔射击，v-v（如果查理向多尔射击，那么阿尔也会向比尔射击）。

vice versa 的使用条件看似简单，但仔细考察会发现，仅仅用"两个要素发生互换"来界定它是不够的。比如，例（10）是主语和宾语的互换，但其他例子显然并非如此。例（11）和主语 John 互换的并非直接宾语 an invitation，而是间接宾语 Bill。例（12）中和 John 互换的 Bill 不是宾语，而是出现在 for 短语中的成分。对这三个句子的互换规则，我们需要从事件结构的因果链的角度去分析。具体来说，例（10）—（12）中发生互换的，均为处于因果链起点和终点的语义角色，位于起点的都是施事，位于终点的在例（10）中为对象，例（11）中为位移终点，例（12）中为受益者。

与前面三例不同，例（13）中的谓语动词为 be 动词，不存在影响力的传递问题，因此，需要设定与因果链不同的分析视角。该句表达的是，在某个特定的世界中的两个人的属性，在另外一个世界里会出现反转。例（13）表示，戏剧中的哈姆雷特和罗森格兰茨，在现实世界中却分别拥有罗森格兰茨和哈姆雷特的属性。vice versa 用于这样的句子时不是总能成立，比如 ??In that movie Mary is Ophelia and vice versa（在那部电影中，玛丽是欧菲莉亚，v-v（欧菲莉亚是玛丽），就很难理解。这是因为，虽然现实世界中的玛丽和剧中的欧菲莉亚存在对应关系，但现实世界中不存在（被创作出的人物）欧菲莉亚，剧中也不存在（现实世界中的人物）玛丽，因此无法构成有意义的对应关系。

接下来，例（14）中嵌入了表内容的分句，而 vice versa 表示的是 John thought that Bill was cheating him 这个句子中 John 和 Bill 这两个参与者（前者为思考的主体，后者为思考内容中出现的人物）的关系的互换。（还有说话人认为，该句中 vice versa 的部分也可以理解为"乔治认为自己（＝乔治）也欺骗了比尔"。）

而例（15）中互换的是两个分句（具体来说是条件句的前半部分（＝条件）和后半部分（＝结论）），并不是句中出现的事件参与者。有趣的是，并非任何条件句都可以使用 vice versa，比如像 If you're thirsty, there is beer in the fridge（如果你觉得口渴，冰箱里有啤酒（＝请喝吧））这样，当条件句表达的不是基于条件做出的预测时，不可以使用 vice versa。上面的句子与其说是条件-预测，不如说是前提-建议，因此我们很难前后对调，以"冰箱里有啤酒"为前提建议对方"口渴"。

如上所述，vice versa 虽然看似是一个很不起眼的语言现象，但若想讲清楚它的意思，需要对句子整体结构和前后文进行考察，并将这些知识记录下来。也就是说，vice versa 是一个词项，但同时也是一个包含了很多语法信息的构式。

语法知识的构成

通过前面的论述，就我们在分析语法现象时，为什么要设定"构式"这样一个语义分析的维度，读者现在应该已经比较清晰了。在这里想要强调两点：第一，构式作为句子的构成要素之一，其本身具有语义。也就是说，句子的语义中有一部分是来自于构式；第二，构式和词汇是一个连续统，没有明确界限，只要是"形式"与"语义"的规约性结合体，均为构式，狭义的"语法"其实就应是构式的下位集合。从这个观点来看的话，所谓的语法知识指的正是构式的集合。当然，这里所说的集合，指的是彼此关联的、有机的集合，构式之间存在由抽象到具体的图式化关系（参见 2.5 和广濑 1998）。以复句结构为例，我们可以把它的构式网络的一部分表示为图 7.2。根据下图，作为中断句使用的「から」既是理由分句的一个小类，同时又与中断句这个范畴相连。另外，由于「から」用于中断句时是以「から」直接结句，因此它也与句末表达这个图式相关。可以说，构式越是具体，其被赋予的形式和语义特征就越精细。

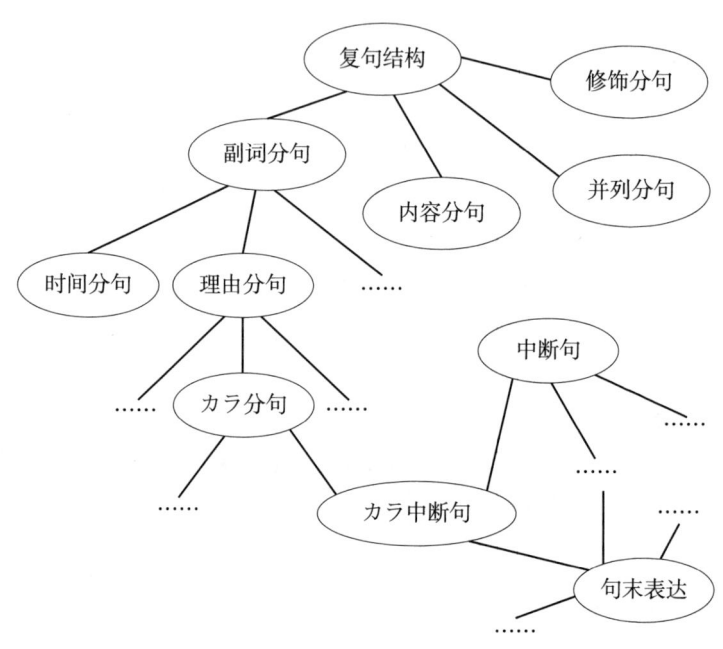

图 7.2　构式网络举例

从构式网络的角度来看，一个句子是否合法，指的其实就是比对构式信息及上下文信息，看能否合理地推导出该句子的意思。而理解句子的意思，其实就是找到恰当的构式，然后对照该构式的语义特征和实际使用场景，判断二者是否契合的过程。

7.2 与传统语法的关系[†]

这里，我们简要回顾一下语法研究的历史。在传统语法研究中，并没有对构式这个概念进行专门的界定。因而，"被动态""关系从句"等自不必说，即便是那些具体指定某些词的句子，也可叫作构式，比如："德语中表目的的 um...zu + 不定式""汉语的'把'字句""英语的 there 存在句""古日语的「こそ」—已然形的系结"等都是构式。

此后，在 20 世纪 60 年代至 70 年代的生成语法的影响下，越来越多的研究者开始将语法视为形式化规则的集合。而这些变形规则与传统语法中所说的构式是基本对应的。比如，"被动转换规则""反义疑问句的变形规则"等。但生成语法认为，这些变形规则是一种机械性的操作，无法进行语义阐释。因此，虽然有一些敏锐的研究者注意到了主动句和被动句之间在语义上的差异，但构式自身所具备的语义特征并没有被纳入生成语法的理论体系中去探讨。此后，从 20 世纪 80 年代开始，生成语法不再探讨具体层面的规则，转而重视探究具有语言普遍性的制约规则。受此影响，构式沦为了那些可以用普遍性原理解释的语言现象的代名词。与此同时，一旦遇到具有个体性的问题，就全都将其划归到词汇系统去处理。比如，"被动转换规则"不复存在，所谓被动句的生成，只是动词在词汇系统内从主动形变为被动形，同时原句的宾语随之自动发生"移动"的过程。这种移动基于"α 移动"这样一种普遍性语法操作，因而被动句的生成只是基于它的派生而已。这样分析的结果就是，在很长一段时间内，只有那些反映了普遍性原理的现象才能被纳入语法系统，而词汇系统的知识却变得格外庞杂且不易理解。

上述理论存在如下问题。首先，由于研究的焦点集中于可用普遍性原理解释的现象，因此，可以考察的语言现象非常有限。无论从语言描写的角度说，还是从探明人类认知机制的角度说，这都是一个不可忽视的问题。其次，由于该理论不关注其分析是否符合人的经验，因此，分析时所使用的概念常有过于抽象之嫌。特别是当考察的语料有限时，容易出现只重视现象间部分共同点的问题，比如考察被动态时，只关注 A 语言和 B 语言的被动态的共性，而不看它们之间的重要差异。

与之相对，目前正在取代生成语法迅速崛起的，是以构式概念和语义研究为重心的研究理论。最杰出的先驱者当属博灵格（Dwight Bolinger）(Bolinger 1977）。自 20 世纪 80 年代末以来，以 G. Lakoff（1987），Fillmore et al.（1988），Goldberg（1995），Michaelis & Lambrecht（1996），Kay & Fillmore（1999）为代表的一系列**构式语法**（Construction Grammar）的研究成果如雨后春笋般涌现。需要强调的是，绝大多数认知语言学家其实均秉持构式中心的语法观。而这个以构式为中心的现代语法理论，继承了传统语法在描写上的周密性和语法理论研究在分析上的缜密性，在此基础上正逐步发展出一套全新的研究范式。

7.3 作为构式的论元结构

对论元结构的分析

在前面的讨论中，我们已经充分阐释了将构式作为语言知识的一部分进行研究的意义。但想必大家还是会有一个疑问：是不是语法的"中心"部分还是只能用普遍性规则来分析，构式的概念只适合分析像 the more 构式这样更为具体、规约化程度更高的形式呢？戈德伯格（Adele Goldberg）的研究从根本上否定了这一想法。Goldberg（1995）明确指出，分析基本的动词句型时，构式的概念也同样不可或缺。

生成句子的过程，简单说，其实就是把谓语动词所需的元素——即作为句子核心的论元——填充进去的过程。不及物动词只需要一个论元，及物动词则需要两个或更多的论元，每个论元都被赋予了特定的语义角色。像这样为论元赋予语义角色的槽位就是**论元结构**（argument structure）。有关论元结构的信息，一般认为是在词汇层面被赋予的。但如此一来，在分析下面的例子时就会出现问题（Goldberg 1999：198，有部分修改）。

（16）Pat sneezed.
　　　帕特打喷嚏了。
（17）Pat sneezed the foam off the cappuccino.
　　　帕特打了个喷嚏，把卡布奇诺上的奶泡吹跑了。
（18）Pat sneezed a terrible sneeze.
　　　帕特打了个猛烈的喷嚏。
（19）Pat sneezed her nose red.
　　　帕特打喷嚏把鼻子给打红了。
（20）Pat sneezed her way to the room.
　　　帕特一边打喷嚏一边回屋去了。

对上面例句分析时所遇到的问题是，我们一般都认为 sneeze 是如例（16）所示的不及物动词，由此无法解释为什么它可以用于例（17）—（20）这样的句子中。

在很多语言中，词根相同的动词会通过形态变化发生不及物动词和及物动词的交替，从而拥有不同的论元结构（参见 6.4）。而英语在这一点上比较特殊，有很多动词无须变形就可有不及物动词和及物动词两种用法。然而，我们很难说 sneeze 是个兼具不及物动词和及物动词用法的动词，因为显然它不可以作为一个单纯的及物动词出现在例（21）这样的句子中。

（21）* Pat sneezed the foam.

因而，我们无法从不及物动词、及物动词两用动词这个词汇层面去解释为什么 sneeze 在上述句子中可以像及物动词一样带宾语。以例（17）为例，我们需要看到的是，该句之所以可以允许名词短语（=the foam）做宾语，是因为该句通过添加路径表达（off），而使句子整体拥有了位移义。可见，单纯把 sneeze 的及物动词用法纳入词汇知识，不仅无法解释为什么例（17）—（20）这样的句子成立，而例（21）却不成立，还会造成词汇系统中信息冗余的问题。

分析上述不及物动词和及物动词交替的另一个可能的方法是，设定一个从例（16）产出例（17）的论元结构的派生规则，比如"给不及物动词添加路径表达后，即可派生出具有位移义的及物动词"。但这个派生规则无法解释下面的例子为什么不成立。

(22) *Pat winked the foam off the cappuccino.

上面的例子想要表达"帕特眨了一下眼睛，结果把卡布奇诺的奶泡弄没了"的意思。该句不能成立，是因为其所表达的事件本身的性质使然。因此，若想恰当地分析这些现象，需要我们对（不及物动词用作及物动词时的）事件结构的特征给出具有一定普遍性的界定。而若想做到这一点，就需要我们在分析事件结构时找到一种综合了论元结构以及词汇语义、句子整体语义等多种要素的分析方法。

致使移动构式

Goldberg（1995）认为，若想解决上述问题，需要预设存在一个独特的构式。这个构式由致使者（causer）、处所（location）、主事（theme）这些语义角色组建事件框架，所表示的事件的语义特征为**致使移动**（caused motion）——致使者通过施加作用力而使主事发生移动。各语义角色在句中分别为主语、旁格短语、宾语。具体可表示为下图（Goldberg 1995，有部分修改）。

(23)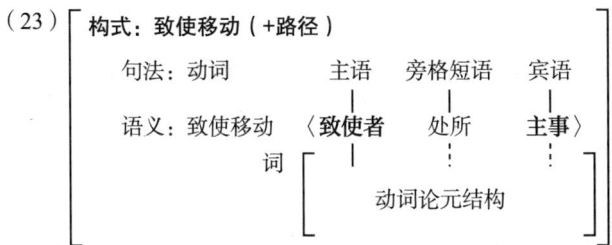

此构式在一连串的事件中，突显的是用粗体字表示的致使者和主事（＝位移对象），它们在句中作为主要论元出现。在（23）中，致使者做主语，作为位移主体的主事做宾语，处所则以旁格短语（＝介词短语）的形式出现。语义角色和动词论元结构之间的实线，代表二者之间本来就存在对应关系。而虚线表示二者之间的对应关系是由构式赋予的。首先，我们看一下像 throw 这样本身就表示运动、带宾语的及物动词用于此构式时的情况。

(24) Chris threw the ball over the fence.
克里斯把球扔过了篱笆。

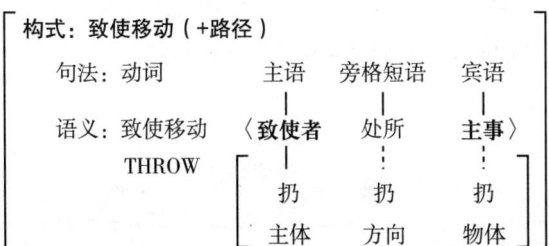

在此句中，Chris 为致使者主语、the ball 为主事宾语、(over) the fence 为处所旁格短语。此时，动词本身的论元结构和致使移动这个构式所赋予的论元结构原本就是一致的，因此并不需要进行特别的说明。

但当 sneeze 这样的不及物动词出现于此构式时，构式指定的论元结构叠加在动词本身的论元结构上，产生了新的论元。动作的主体是 sneeze 本来就有的，在此构式中仍然做主语；而主事和处所这两个参与者，是 sneeze 的论元结构里原本没有的，它们由构式赋予。也就是说，能够使例（17）Pat sneezed the foam off the cappuccino 这个句子成立的论元结构，是由致使移动这个构式义所赋予的。这个新产生的论元结构，我们可以仿照（24）表示如下。

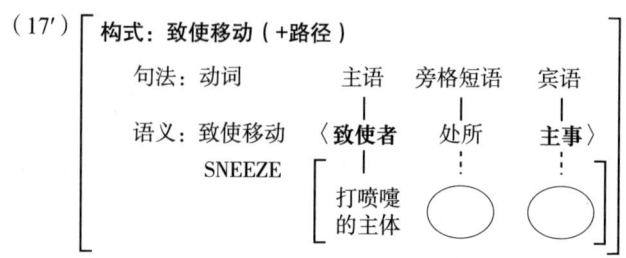

椭圆形部分，表示由构式新赋予的事件参与者。sneeze 原本表示的是只有一个事件参与者的活动类事件，但当它嵌入致使移动这个构式框架后，sneeze 的主语被叠加了致使者这样一个语义角色。因此，要想理解句子的意思，前提条件是我们需要从事件中读取出致使性的因果关系。从因果链的角度看，被赋予新的论元结构后该事件可以表示如下（因构式而被延长的链条，我们用 # 和箭头来表示）。

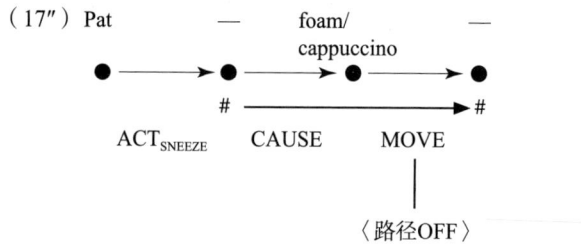

foam/cappuccino 的部分代表 foam 这个主事从 cappuccino 处发生位移。换用语言进行解释，就是"帕特打了个喷嚏，这个活动对卡布奇诺的奶泡施加了作用力，而使得奶泡离开了杯子。"这个句子中，由于添加了 off

这个路径表达，句子整体表达的是以 Pat 为致使者的位移事件。

从这个思路来看，例（21）的 Pat sneezed the foam 之所以不成立，是因为只让 sneeze 做单纯的及物动词，无法表达致使移动的意思。也就是说，要想读取出致使移动这层意思，句子结构中必须包含路径和处所才可以。而例（22）的 Pat winked the foam off the cappuccino 之所以不成立，是因为很难从中读取出因果关系。也就是说，关键在于能否套用致使框架。如果是 sneeze 的话，即便并非有意为之，但因其打喷嚏而使某物发生位移是很有可能的，而 wink 没有这样的威力。当然，如果事先约定了以眨眼睛作为让对方离开的暗号的话，Pat winked the boys out of the room（帕特眨眨眼睛让男孩们离开了房间）这样的句子也有成立的可能。由此可见，"致使移动"这个构式义并非适用于所有动词，我们还需要考虑各个动词所表示的作用力有多大可能带来致使性的因果关系，即在我们的知识体系当中什么样的影响关系才可以被看作是致使。

耐人寻味的是，有一些原本就是及物动词的动词，在进入致使移动构式后，其论元结构也发生了变化（Goldberg 1995：154）。

（25）Sam cleaned the soap.
萨姆洗干净了肥皂。

（26）Sam cleaned the soap out of her eyes.
萨姆把眼里的肥皂洗了出来。

两个句子中的动词都是 clean，表示"洗干净"。然而，例（25）中洗的是"肥皂"，而例（26）中是"眼睛"。这个例子也同样是因为出现了路径（此句中为 out），而使得对宾语的识解发生了变化。二者的区别可以用因果链表示如下。

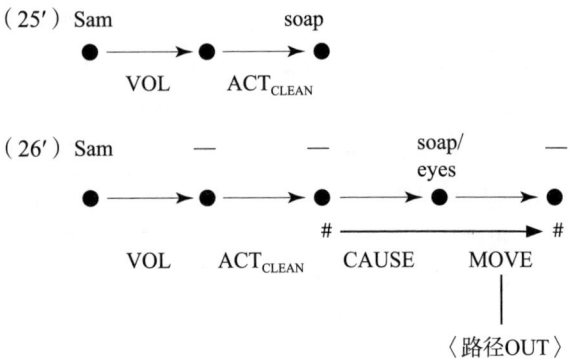

(26′)的 soap/eyes 部分表示 soap 所发生位移的起点。从上图也可以看出，soap 的语义角色在例（25）中是动作直接作用的对象，而在例（26）中是被洗掉的位移主事。

论元结构的基本框架

分析句子结构时，综合考虑构式信息和动词语义，具体来说有如下几个优点。首先，动词的词汇信息过度膨胀的问题，可由此得到缓解。如果很多动词都具有同一个特征，那么就可以把这个特征统一归为构式所赋予的信息。其次，可以把句子结构所具有的创造性，看作是动词语义和构式义相融合的结果。另外，由于分析构式语义时需考虑动词的框架知识，因此，还可以更为灵活地分析构式与每一个具体事例的契合度。最后，对作为句子核心的论元结构，也可以通过构式的视角进行更为恰当的分析，因而意义重大。

还有很多与论元结构相关的值得探讨的问题。比如，及物动词的不及物动词化、结果构式、双宾语构式等。这里，我们以英语的双宾语构式为例，看一看构式之间的关系网。如果我们把该构式看作是一个原型范畴的话，那么例（27）这样的例子应该是它的中心成员。

（27）Pat gave Chris a book.
帕特给了克里斯一本书。

此构式的图式语义可以抽象为"有意使具体事物发生所有权的移动"。而由此发生的语义扩展，有以下几种。

（28）The rain brought us some rest.
雨给我们带来了少许休憩的时间。
（29）They baked their mother a cake.
他们给他们的妈妈烤了蛋糕。
（30）I sang her a lullaby.
我给她唱了摇篮曲。

例（28）中，bring 的词汇信息虽也包含"终点"和"主事"这两个宾语，但其所表示的并非具体事物的移动。而例（29）中的 bake 和例（30）中的 sing 带双宾语这个信息显然不是在词汇层面指定的，因此"给予"这个意思是构式赋予的（值得注意的是，上述两个例子在日语中均需要使用「てあげた」（给……））。

这背后的语义扩展机制大抵如下。首先，例（28）是把原因-结果这个因果关系看作了位移，这基于常规隐喻，即〈时间中的因果关系是空间中的位移〉。在此句中，给我们"带来"的不是具体的物体，而是状态/结果。与之相对，例（29）是通过双宾语构式和动词 bake 的语义融合，而产生了"有意使具体事物发生所有权的移动"这个新的论元结构。例（30）也同样是因为构式而被赋予了双宾语的论元结构，但不同的是，这里并没有发生所有权的转移。此例中是"摇篮曲"这样一个无形事物的传递，被看作了具体物体的位移，用到的是〈信息是位移的主体〉这样一个隐喻。

我们可以用（23）的方式，将双宾语构式的特征表示如下。事件所涉及的因果链，也一并在下面列出。

（31）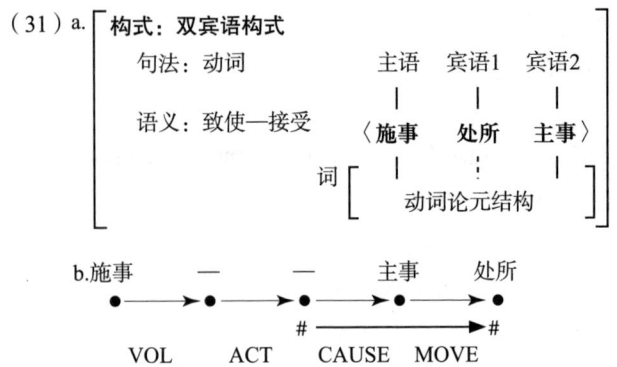

双宾语构式中，主语的语义角色之所以为施事，是因为此类构式的致使者所发出动作一般需要出自其自身的意愿。而处所的部分，更准确地说应该是接收者或终点。而这些构式信息，在构式发生语义扩展时（在例（29）—（30）中）也被继承了下来。

7.4　理论意义

新的语法模型

采用构式这个分析维度，不区分语法知识中什么处于"中心"位置，什么处于"边缘"位置。因此，可以对语法的方方面面都进行有效的分析。这对语法理论来说意义重大。以往的理论，大多采取的是如图 7.3 这样的分析立场。

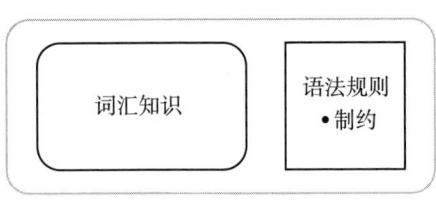

图 7.3　古典语法观

站在上述立场的人认为，只有词汇知识才是形式和语义的结合体。而句子整体的意思，则是在确认其合乎句法规则的前提下，根据某种规则，由各个部分的意思合成而来的。

与之相对，认知语言学认为，构式也是具有语义的单位，词汇知识和构式知识是一个连续统，没有明确的界限。也就是说，从语义与形式的结合体这个角度看，词汇和构式具有相同的性质。构式知识不光存在于熟语这样有限的范围内，就连SVO这样的可通过普遍性规则进行分析的基本句式，也属于一种广义上的构式。鉴于此，认知语言学的语法模型可以表示如图7.4。

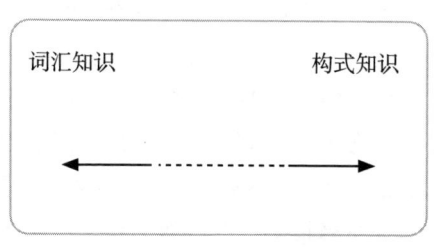

图7.4　认知语言学的语法观

如上图所示，词汇和构式是连续统的两端，我们可以用相同的方法去对它们进行分析。二者的区别在于，词汇是一个开放的集合，每个词项由单一的词构成；而构式的图式性强，原则上是一个封闭的集合，往往具有复杂的内部结构（参见2.5）。

如果词汇和构式可以用相同的方法去分析，这就意味着，我们可以把前面介绍的分析词汇结构的方法用于分析构式。也就是说，范畴化的相关原理——原型、基本层次、图式化——也适用于构式的分析。尤其值得一提的是，我们可以借鉴原型理论的研究成果，从语义和形式两方面，对构式的典型性事例和边缘性事例进行全面分析，确立这种方法意义重大。此外，至今为止介绍的对语义扩展的分析方法——隐喻、一般化、认知侧面的转移——等也可用于分析构式的语义扩展。我们需要认识到，这不仅仅是将对词汇的分析方法延伸到了构式。二者既然是由语义和形式的结合体构建的连续统,那么,用相同的方法去分析词汇和构式其实是一种必然。从原型的角度看,语法现象的"中心成员"和"边缘性成员"可以进行如下界定:"中心成员"指的是像基本语序这样的抽象度高的图式性构式。"边缘性成员"指的是与抽象度高的构式不存在联系的、形式较为独立的构式。比如,中断句是复句结构的一种下位构式,但 vice versa 则很难找到它的上位构式是什么,所以我们说它更为边缘。

迄今为止的语法理论中,之所以没有将构式作为语义和形式的结合体大规模地用于分析考察,其中一个原因是,可用于语义分析的理论工具不完备。的确,考察抽象度高的语法结构的"语义",不是一件简单的事。但认知语言学认为,这样的构式也具有图式性语义,也为此界定了分析时所需的概念(Langacker 1987a、1991)。下面试举几例。(i)基本句式:典型的及物动词谓语句所具有的图式性语义为,某个作用力从因果链的起点指向终点(参见 6.6)。(ii)名词短语:对某些名词短语(比如:定冠词+名词)可进行如下界定:具有作为短语的完整性的同时,其所指对象在整个语篇中也具有特定的位置(Langacker 1991)。(iii)被动态:基于各种语言中被动态的共性,可认为其具有"「なる」性质的识解方式"(池上 1981)、"施事的去焦点化"(Shibatani 1985a)等图式性语义特征(参见 8.4)。

对语言理论的启示

以构式为中心的语言理论,为语言学的诸多问题提供了有趣的分析视角。我们试举其中几个方面。

第一,考察语言的普遍性和相对性时,不需要从一开始就预设"主语"这种共同概念。既然语法知识是构式网络,那么"主语"也应是一种具有多种下位构式的图式性构式,不同的语言在具有共性的同时,也理应具有个体差异。因此,重要的是,不要一开始就假设某个特定的语法结构是所有语言共通的,而是要细致地分析每个构式的特征,从中提炼可能的类型（参见第 8 章）。

第二，为语言的历时变化提供了新的分析视角。语言的变化，实际上是局部的变化不断叠加并阶段性发生的结果。如果语法是由构式构筑的网络的话，语言的变化就是这种网络的再建。这种观点，可以帮助我们合理地分析语法的变化（参见 Hopper 1987），同时也符合语言变化是在成人的语言使用中发生的这一事实。此外，实际的语言变化中，经常会发生从"边缘"到"中心"或与之反向的变化。特别是有的形式在早期用法非常少，但之后其使用范围却逐渐扩大，像这种变化也可以在以构式为中心的语法理论中得到合理的阐释（参见第 9 章）。

第三，对语言习得的分析视角也发生了很大变化。迄今为止关于语言习得的主流观点来自生成语法，认为我们基于先天知识，通过确定其中一部分参数值来习得语法。与之相对，认知语言学认为，语言习得是构式习得的过程和构式网络形成的过程。在认知语言学看来，即便确实存在先天的语言知识，但我们仍需认识到语言能力的绝大部分是和范畴化、图式化这样的认知能力紧密相联的。这种语言习得的观点在 Goldberg（1995）中也有部分提及，而之后的学者在此基础上从更具普遍性的高度对提出此观点的意义进行了探讨（Tomasello 1998b）。在此之前，人们大多认为，词项是逐条记忆的，可以学习，但狭义的语法规则和制约规则不是靠后天习得，因此是不同类型的知识。而事实上，词汇和语法是一个连续统，没有清晰的界限，语法知识很可能是以和词汇知识相同的方式被习得的（参见第 11 章）。

【文献导引】

作为学习构式理论的入门书，可参见大堀（2001）。还有很多研究从认知语言学的视角重新论述了前人语法研究中备受关注的一些"核心"构式，比如主语（van Oosten 1984）、并列结构（G. Lakoff 1986）、主语提升（Langacker 1995）、wh 疑问句（Dean 1992，Van Valin 1995，Shimojo 1995、2002）、照应语（van Hoek 1997）、关系从句（Nomura

2000、2001，Ohara 1996、2002）、从句（Horie 2000a、2000b、2002）等。作为研究论集，Shibatani & Thompson（1995、1996）、*BLS*20，以及 *CSDL* 系列（比如 Goldberg 1996、Koenig 1998、Fox et al. 1999、Cienki et al. 2001）等均提供了有价值的分析。

传统的语法研究，非常关注固化于语言形式中的"语义"，因此在这一点上与认知语言学的语法观相通。菲尔墨指出，基于语料库的词汇语义研究也是基于这样的背景发展起来的（Fillmore & Atkins 1992、1994）。质量上乘的词典对词条做出的详细描写，对语言学研究来说是宝贵的财富。Barlow & Kemmer（2000）还尝试在语料库研究和认知语言学之间架起桥梁。另外，Kajita（1977）给出了与习得相关的十分有启发意义和前瞻性价值的分析。

【讨论题】

7.1 「食べる」和「喰う（喰らう）」，二者除了在语体上的差异（是常规表达方式还是更为通俗的表达方式）之外，从构式的角度看有何差异？比如「X は Y に必殺の一撃を与えた」（X 给了 Y 致命一击），这个句子若想改为以 Y 为主语的句子，应如何改？

7.2 试分析「みだりに」（随意，轻率）这个词出现在什么样的构式中。

7.3 试分析 Kiss your past good-by 这个句子，是从什么样的句子扩展而来的。

7.4[†] 仿照 7.1，找出看似语义相近的一对表达方式，然后从构式的角度分析它们的不同。

第 8 章　构式知识（2）
——"主语"与"被动态"

8.1 语法关系

在语法研究中,受到关注最多的问题之一,就是主语是什么。在传统语法中,有时会为了论述方便而使用主语、宾语等字眼,但语法学家们并没有给出设立这样的语法关系的理论依据。

事实上,分析句子时语法关系之所以重要,是因为有很多语法问题单靠语义角色无法阐释清楚。这一点,可以从下面的并列分句中被省略的成分中看出。

(1) <u>Pat</u> kissed Chris and ϕ smiled.
　　帕特亲了克里斯,然后笑了。(施事)
(2) <u>Pat</u> received a letter from Chris and ϕ smiled.
　　帕特收到了克里斯的信,然后笑了。(终点)
(3) <u>Pat</u> liked Chris' idea and ϕ smiled.
　　帕特喜欢克里斯的想法,然后笑了。(经验者)
(4) <u>Pat</u> was kissed by Chris and ϕ smiled.
　　帕特被克里斯亲了,然后笑了。(对象)

在这些由 and 连接的并列分句中,Pat 虽然在第一个分句中承担着各种各样的语义角色,但在第二个分句中,它都被省略了(用 ϕ 代表)。

可见,在分析语法问题时,只考虑语义角色是不够的。我们需要找到一个恰当的分析方法,以对例(1)—(4)做出统一的解释。之所以要设定语法关系(比如"主语")这样一个独立的分析维度,正是基于这样的语言事实。而语法关系一旦作为独立的概念得以确立,就可以在此基础上去探究其多种规则和普遍性。

8.2 "主语"的语言普遍性

理论背景

我们之所以需要在语法理论中设立语法关系（如主语、宾语）这个概念，除了因为有的语言现象无法单靠语义角色来解释外，还因为存在如下预设。

(5) a. 主语在单一语言内部具有一致特点。
　　b. 主语具有跨语言的一致特点。

以下，我们来讨论一下(5)的观点是否成立（详细分析可参见 Van Valin 1981、1993，Dryer 1997，Croft 2001）。

首先，之所以有很多研究认为，主语具有语言普遍性，其原因之一是这些语言理论大多以英语为出发点，而英语的主语确实呈现出了非常明显的一致性。除了例(1)—(4)以外，下面各例中的主语 John 也都是各种语法规则的参照基准。

(6) John has been helping his friends.
　　乔治在帮助他的朋友。
(7) John has been helping his friends for himself.
　　乔治为了他自己在帮他的朋友。
(8) John has been helping his friends, hasn't he?
　　乔治正在帮助他的朋友，对吧？
(9) John has been helping his friends but φ will stop it soon.
　　乔治虽然正在帮他的朋友，但应该很快就不帮了吧。

在例(6)中，has 之所以采取的是第三人称单数的形式，是因为动词要与 John 取得一致。如果动词和 his friends 一致的话，就应该使用表复数的 have。例（7）中，反身代词 himself 指代的是 John（不可换成 themselves）。例（8）中，添加反义疑问句时只能对 John 的情况提问，而不能对 his friends 提问。最后，例（9）中，John 和例（1）—（4）一样，可以在并列分句中被省略。由此可知，例（6）—（9）的每个句子，都是优先以同一个名词短语为参照基准的。基于此，把各种语法规则共通的参照基准设定为"主语"是有一定的必要性的。除此之外，英语的主语还集中了很多其他的语法特征（Keenan 1976），而这些特征在多大程度上具有语言普遍性，是类型学研究所关心的课题。

作格性：迪尔巴尔语[†]

在分析语法关系时，很重要的一点就是，不光要考察英语等欧洲语言，还要考察那些与之差异非常大的众多其他语言。比如，如果我们把不及物动词谓语句的主语标记为 S，及物动词谓语句的施事标记为 A，受事标记为 P 的话，在具体的语法规则中，到底以哪两个名词短语为参照基准，其实因语言而异。图 8.1a 这个类型包含了英语、日语等语言，我们称之为**宾格型**（accusative type）语言。而与之并列的图 8.1b 这个类型也包含世界上的很多语言，我们称之为**作格型**（ergative type）语言（参见 6.4）。

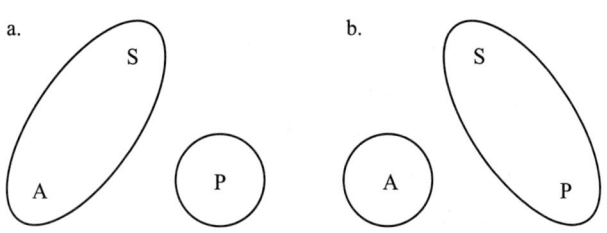

图 8.1　宾格型语言和作格型语言

上述现象，自 20 世纪 70 年代起就受到了广泛关注。比如，从格标记的角度看，作为宾格型语言，日语中最基本的格标记方式是 S 和 A 用「が」标记，P 用「を」标记；与之相对，在作格型语言中，则对 S 和 P 使用同一格标记。下面我们来看一下阿奇语（东北高加索）的例子（Kibrik 1979：67，行间标注有部分修改）。其中 ABS 表示通格（absolutive），用于标记 S 和 P；ERG 表示作格（ergative），用于标记 A（Ⅱ和Ⅲ代表和动词发生一致关系的名词小类，PROG 代表进行时，AUX 代表助动词）。

（10）buwa–ϕ　　　　d–ir$\bar{x}_o$in
　　　mother(Ⅱ)–ABS　Ⅱsg–work
　　　妈妈工作。

（11）buwa–mu　　　$\bar{x}_o$alli–ϕ　　　b–ar–ši　　　b–i
　　　mother(Ⅱ)–ERG　bread(Ⅲ)–ABS　Ⅲsg–bake–PROG　Ⅲsg–AUX
　　　妈妈在烤面包。

由上述例子，我们可以看出，在例（10）中标记 S（母亲）的是通格（此句中为零标记）；而在例（11）中，标记 A（母亲）的是作格（此句中用–mu 标记），标记 P（面包）的则是通格。因此，在这个语言中 S 和 P 的格标记是一样的。

作格性（ergativity），也就是 S 和 P 表现出的一致性，不仅可见于格标记，也可见于其他语法手段。下面我们举一下迪尔巴尔语（澳大利亚，帕马-恩永甘语系）的例子（Dixson 1972，行间标注有部分修改）。画下划线的是句子的中心成分，ϕ 表示句中被省略的成分。

首先，看一下并列分句的省略。我们用 [ ] 来表示分句，并把省略的部分还原在译文的（ ）中（Dixson 1972：130，CLF 表示量词，TNS 表示时态，Obl 表示旁格短语，ANTI 表示反被动态（后面介绍））。

（12）[bayi ya<u>r</u>a　　baniɲu] [baŋgun　ɖugumbiɾu ϕ balgan]
　　　CLF.ABS man.ABS came　　CLF.ERG　woman.ERG　hit

来了一个男人，女人（把他）打了。

（12′）[S Vi][A φ (=P) Vt]

（13）*[bayi　yaṛa　　baninu] [φ balan　ɡugumbil　balgan]

　　　　CLF. ABS man. ABS came　　CLF. ABS　woman.ABS　hit

　　来了一个男人，（他）把女人给打了。（原文不合法）

（13′）*[S Vi][φ (=A) P Vt]

（14）[bayi　yaṛa　　baninu] [φ bagun　ɡugumbilgu　balgal⁻ŋa⁻nu]

　　　　CLF. ABS man. ABS came　　CLF. DAT　woman. DAT　hit⁻ANTI-TNS

　　来了一个男人，（他）把女人给打了。

（14′）[S Vi][φ (=S(<A)) Obl(<P) Vt_{ANTI}]

迪尔巴尔语的并列分句中，第二个分句可以被省略的名词短语与英语不同，是 S 或 P。例（12）的前后两个分句分别为不及物动词和及物动词做谓语。第二个分句表示"女人把男人打了"，被省略的是其中的受事 P "男人"（= 译文中的"他"）（请参考（12′））。由于迪尔巴尔语中 P 是优先作为参照基准的名词短语，此例中 P 与前一分句中的 S 同指是没有问题的。而在例（13）中，第二个分句表示"男人把女人打了"，被省略的是其中的施事 A "男人"（= 译文中的"他"），此句不成立（请参考（13′））。这是因为，在第二个分句中，可以和第一个分句的不及物动词主语 S 同指，且优先被省略的名词短语并不是 A。若想在句子合法的前提下，让 A 与 S 同指并被省略，需要像例（14）那样，将 P "降格"、将 A "升格" 为 S 才可以。具体说，我们需要将动词 balgal-（打）加上 ŋa 后变为反被动态（antipassive），从而使其在论元结构上等同于一个不及物动词。这样一来，原本及物动词谓语句例（13）中的 A，在例（14）中获得了不及物动词谓语句中 S 的地位（请参考（14′））。而另一方面，失去了优先地位的 P 则用与格（行间标注为 DAT）标记（用与格标记失去优先地位降格至旁格的名词短语是十分常见的现象）。这种语法手段，与英语等语言中的被动态正好相反。二者的差异可以图式化如下（下划线代表核心论元）。

(15) 英语（宾格型）

　　A–Vt–P　→　S(<P>)–Vi$_{PASS}$–Obl(<A>)

(16) 迪尔巴尔语（作格型）

　　A–P–Vt　→　S(<A>)–Obl(<P>)–Vi$_{ANTI}$

在英语中，当我们要把句子的核心名词短语从 A 变为 P 时，需要使用被动态（Vi$_{PASS}$）。与之相对，而在迪尔巴尔语中，当我们要把 A（而非 P）变为句子的核心名词短语时，需要使用反被动态（Vi$_{ANTI}$）。而原本的核心论元（英语的 A 或者迪尔巴尔语的 P），则需要被"降格"至不处于句子核心的旁格短语（Obl）的位置。

接下来，看一下定语从句的一种——关系从句。[ ] 表示的是修饰成分（Dixson 1972：100—101，REL 表示关系从句）

(17) ŋaɟa balan　ɟugumbil [ϕ　ɲina-ŋu]　buran
　　　I　　CLF.ABS　woman.ABS　sit.down-REL　watch
　　　我在看 [坐着的] 女人。

(17′) A P [ϕ (=S) Vi] Vt

(18) *bayi　yaɾa [ϕ　baga-ɲu　baŋgul yaɾaŋgu]　banagaɲu
　　　CLF.ABS　man.ABS　spear-REL　CLF.ABS kangaroo.ABS　return
　　　[射杀了长颈鹿的] 男人回来了。（原文不合法）

(18′) *S [ϕ (=A) Vt P] Vi

(19) bayi　yaɾa　[ϕ　bagal-ŋa-ɲu　bagul　yuɾigu]　banagaɲu
　　　CLF.ABS　man.ABS　spear-ANTI-REL　CLF.DAT　kangaroo.DAT　return
　　　[射杀了长颈鹿的] 男人回来了。

(19′) S[ϕ (=S(<A>)) Vt$_{ANTI}$ Obl (<P>)]Vi

在以上这些例子中，优先作为参照基准的名词短语（= 被修饰的对象）仍然是 S 和 P。例（17）中，修饰成分原本是"女人在坐着"这样一个不及物动词谓语句，因此我们可以以 S（"女人"）为被修饰对象造出

"坐着的"+"女人"这样的结构（请参考（17′））。但在例（18）中，修饰成分原本是"男人射杀了长颈鹿"这样一个及物动词谓语句，作为优先参照基准的是 P（"长颈鹿"）。因此，无法以 A（"男人"）为中心词造出"射杀了长颈鹿的"+"男人"这样的结构（请参考（18′）。当然，以 P 为被修饰对象，造出"男人射杀的"+"长颈鹿"这样的结构是没问题的。）若想以 A 为被修饰对象，这里也需要采用与例（14）相同的语法手段，改变论元结构，像例（19）这样赋予 A 以 S 的地位，如此才能使其成为被修饰的对象（请参考（19′））。而在宾格型语言英语中，若想把 The bureau collects the fee（办事处收费）这句话，变为用分词修饰名词的结构的话，只能像 the bureau collecting the fee 这样以 A 为被修饰对象，无法将 P 作为被修饰对象。综上所述，迪尔巴尔语中也同样存在作为句子优先参照基准的名词短语，但在该语言中，优先基准是 S 和 P 这样的组合，与宾格型语言中的"主语"（S 和 A）有明显差异。

对于迪尔巴尔语的上述特征，我们可以有几种处理方法。第一种处理方式是，把"主语"的概念进一步抽象提炼，找到一个可以同时分析迪尔巴尔语的"主语"和英语这样的宾格型语言的"主语"的分析维度。另一种处理方式是，既然作格型语言和宾格型语言对语法关系的呈现有如此之大的差异，那就不必把"主语"看作语言普遍性的概念。在具体探讨之前，让我们再来看一些例子。

施动性：亚齐语[†]

从类型学的角度来看，下面举的亚齐语（印度尼西亚，南岛语系）的例子也是很特殊的一类（Durie 1987）。该语言不同于英语和迪尔巴尔语，无论什么样的语法手段，参照基准均为名词短语的语义角色（的施动性）。具体说，不光是（及物动词谓语句）分为 A 和 P，就连不及物动词谓语句的 S 也被分为具有施动性的 S_A 和被施加作用力的 S_P，这种现象被称为分裂不及物性现象（split intransitivity）。从类型学角度看，这样的语言被称为活格型（active type）语言，可表示为图 8.2。

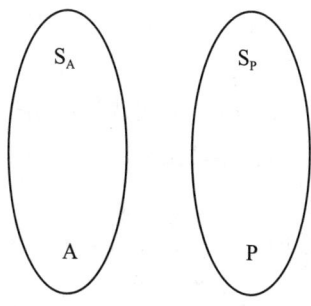

图 8.2 活格型语言

在下面的例子中，只有具有施动性的 A 和 S_A 可以作为不定式中的"主语"被省略。我们用 [ ] 标记不定式的部分（Durie 1987：373）。

(20) geu–tém [φ taguen bu]
　　 3–want　 cook　rice
　　 他（她）想要烧米饭。
(20′) A Vt [φ (=A) Vt P]
(21) gopnyan geu–tém [φ jak]
　　 s/he　　 3–want　 go
　　 他（她）想去。
(21′) A Vt [φ (=S_A) Vi]
(22) *gopnyan geu–tém [φ rhët]
　　 s/he　　 3–want　 fall
　　 他（她）想掉下去。（原文不合法）
(22′) *A Vt [φ (=S_P) Vi]

例（21）—（22）的 [ ] 部分是不定式短语。主句动词需要有与语义角色和人称一致的标记（3 表示第三人称施事，geu 表示敬体），而不定式的动词不需要添加这样的标记。例（20）和例（21）之所以成立，是因为"烧（Vt）"和"去（Vi）"均具有施动性，因而 A 和 S_A 在不定式中可被省略,并与主句的 A 同指(请参考(20′)—(21′))。而例(22)的"掉下去(Vi)"虽然也是不及物动词,但其论元 S_P 不具备施动性,因此,如(22′)所示,S_P 无法被省略,也无法与主句的 A 同指。可见,仅就亚齐语来说,没有必要设立语法关系这样一个独立于语义角色的分析维度。

上面举的亚齐语的例子,从另外的角度对语法关系的语言普遍性提出了质疑。亚齐语中,语义角色直接决定了句中具有优先地位的要素。当然,我们也可以对 S_A 和 S_P 进行不同的语法结构分析,但这样一来又会出现其他的问题,即我们需要对"为什么大多数语言中 S 作为'主语'的表现是一致的,不受语义角色的影响"这一点做出解释。这些问题,都对将语法关系视作语言普遍性概念、认为所有语言都应该用同样的方式界定主语的观点发出了挑战。

语言内的"波动"

如前所述,想要找到具有语言普遍性的语法关系是很难的。而这一点不光体现在比较不同的语言时,也体现在同一语言内部。当我们扩大考察范围时就会发现,"主语"的表现完全一致的语言反而是少数,很多时候"主语"都因语法手段的不同而有不同的表现。

日语在这一点上非常值得参考。比如,从格标记的角度看,下面的例子中主语如何界定是很有争议的。

(23)君にはこの本が分かるか。
　　 你看得懂这本书吗?
(24)ワインは赤が身体によい。
　　 红的葡萄酒对身体好。

像例(23)这样采用「に-が」格标记的句子中,「君」(你)和「この本」(这本书)谁是"主语"?像例(24)这样拥有"双重主语"(「ワイン」(葡

萄酒）和「赤」（红的））的句子，该怎么分析？这些问题在很多研究中都受到了关注。在日语研究中，很早便有研究者对主语的概念提出了批判性观点（比如三上1972）。而柴谷（1985b）则在给出了几种衡量主语的语法标准后指出，其实每一个标准可适用的范围都不太一样。比如，当我们用「お〜になる」这个尊敬形式来衡量与例（23）（24）相同类型的句子后，会得到下面的结果。

（25）<u>先生に</u>この本がお分かりになる。
　　　<u>老师</u>看得懂这本书。
（26）あの子はお母様がコンテストに作品をお出しになる。
　　　那个孩子（的）<u>妈妈</u>把作品拿去参加比赛了。

采用「に-が」格标记的例（25）中，「に」格名词短语（＝老师）是被尊敬的对象（反之，「私に<u>先生が</u>お分かりになる」（我很懂老师）则不成立，即「が」格名词短语不可以是被尊敬的对象）。而另一方面，在例（26）这样的由「は-が」标记的双重主语句中，「が」格名词短语是被尊敬的对象，「は」标记的名词短语不可以是被尊敬的对象。因此，「<u>先生</u>は飼い犬がコンテストにお出になる」（老师（的）宠物狗参加了比赛）这样的句子，除非我们真的对"宠物狗"有敬意，否则句子是不成立的。

然而，当我们从复句结构中可被省略的成分这个角度去考察上面两类句子时，又会得到不一样的结果。

（27）警察に犯人が分かって、φ指名手配した。
　　　警察知道了罪犯是谁，（警察）进行了通缉。
（28）<u>太郎</u>は子供が仕事を見つけて、φ喜んだ。
　　　<u>太郎</u>（的）孩子找到了工作，（太郎）很开心。

例（27）中，通缉罪犯的是「に」格名词短语（＝警察）（这个句子本身可能有些费解，可以想象它用于"警察昨天终于知道了罪犯是谁，于是马

上通缉了他"这样的语境)。与之相对,像下面这样省略「が」格名词短语的句子则很难成立。

(29)?? 警察に犯人が分かって、φ 国外逃亡した。
　　　警察知道了罪犯是谁,(罪犯)逃亡到国外了。

而例(28)中,虽然高兴的人也有可能是孩子,但一般来说都会认为高兴的人是太郎。另外,这里之所以只说它们是"复句结构",而没有说它们是"并列分句",是因为日语的"テ分句"未必一定为并列分句。

通过上述例子可知,在日语的不同构式中,具有优先地位的名词短语有可能是不同的。这个问题,其实在英语中也部分存在。比如,在下面的例子中,there 作为"主语"的典型性就存在差异。

(30) There are spies in this room.
　　　这间屋子里有间谍。
(31) Are there spies in this room?
　　　这间屋子里有间谍吗?
(32) There seem to be spies in this room.
　　　看起来这间屋子里有间谍。

首先,在例(30)中,和动词发生一致的并不是 there(与复数形式 are 发生一致的是后续的 spies)。从这一点上看,there 似乎近似一个表示处所的副词。但在例(31)中,遵循"主语和助动词要颠倒"这一疑问句规则的是 there。然而,在例(32)中,there 虽然相对 seem 处于主语的位置,但和动词 seem 发生一致的却是不定式中的复数名词 spies。

从"主语"到"轴心词"

这里,我们先来整理一下前面的主要论点。首先,从迪尔巴尔语和亚齐语的例子可以看出，语法关系是否具有普遍性这一点还需要商榷。迪尔巴尔语中，虽然存在语法关系，但其内涵和英语等语言差异较大；而在亚齐语中，并不存在独立于语义角色的语法关系。其次，通过日语的例子，我们发现即便在单一语言内部，也很难用统一的标准去界定不同语法手段中作为参照基准的名词短语。事实上，如果我们进一步扩大考察范围就会发现，在同一语言内存在多个具有优先地位的参照基准，这其实应该是一个很普遍的现象。比如，波普提语（墨西哥，玛雅语系）在这方面是一个极端案例。这个语言中的7种语法手段都以不同的名词短语作为参照基准（Van Valin 1981）。

　　语法关系无法用一个单一的标准去界定，这一点也极端体现在同一语言内部的作格型和宾格型的对立上。众所周知，名词短语的类型（代词的人称、普通名词的有生性等）、动词的体（比如完成、未完成）、语气（现实、非现实）等会带来格标记的变化（Silverstein 1976a）。然而，在有的语言中存在更为极端的情况：在同一个句子中，竟然在人称一致方面呈现宾格型特点，而在名词短语的格标记方面呈现作格型特点。比如，万巴亚语（澳大利亚）中的下面的例子（Nordlinger 1998，行间标注部分简化）。这里的主格（NOM）可以认为等同于迪尔巴尔语的通格（ABS）。（Ⅰ和Ⅱ代表名词小类，DU 代表双数，也就是所指对象为两人，PROG 代表进行时，HAB.PST 是表示习惯性过去时）。

（33）naniyawulu　　　nagawulu　　　　baraj–bulu–ø　　　　wurlu–n　　duwa
　　　that.Ⅱ.DU.NOM　that.one.Ⅱ.DU.NOM　old.person–DU–NOM　3DU.S–PROG　get.up
　　　（那）两个老婆婆正准备起来。

（34）bungmaj–buli–ji　ngankawuliji　wurl–aji　　　　daguma　juwarramba–ø
　　　old.person–DU–ERG this.Ⅱ.DU.ERG 3 DU.A–HAB.PST　hit　　　men.Ⅰ–NOM
　　　（那）两个老婆婆当时把男孩子们打死了。

首先，我们来看一下助动词的人称一致。无论在哪一个句子中，助动词 wurl（u）在形式上表示的都是第三人称双数（-u 的有无取决于其后面的音系条件)。也就是说,助动词的一致取决于表示"两个老婆婆"的名词短语。该名词短语在例(33)这个不及物动词谓语句中为 S,在例(34)这个及物动词谓语句中为 A,可见在人称一致方面,该语言呈现出的是宾格型的特点(例(34)的 P(="男孩子们")不是双数,而是三个人以上的复数,因此助动词不是和 P 一致)。与之相对,名词短语的格标记却是完全不同的类型。例(33)是不及物动词谓语句,作为 S 的 baraj-bulu-φ(两个老婆婆)被标记为主格(形态上为零标记)。而例(34)中,作为 A 的 bungmaj-buli-ji(两个老婆婆)被标记为作格(形态上为-ji,原论文将其标注为"处所格"),作为 P 的 juwarramba-φ(男孩子们)被标记为主格(零标记,原论文将其标注为"宾格")。在这两个句子当中,S 和 P 采取了同一标记形式,因此,在格标记方面该语言呈现出了作格型的特点。

从以上的例子可以明显看出,在分析不同的语言时,应该针对不同的构式分别界定什么是被优先参照的名词短语。在这里,我们把某个构式中具有优先地位的名词短语称作**轴心词**(pivot)(Foley & Van Valin 1984、Van Valin 1993、Van Valin & LaPolla 1997)。轴心词是因构式而不同的,因此不存在"某语言 Lx 的轴心词"的说法。从类型学角度看,我们只承认在语言 Lx 中存在"构式 X 的轴心词""构式 Y 的轴心词""构式 Z 的轴心词"……。比如,在前面看到的万巴亚语中,从人称一致的角度看,则 S 和 A 为轴心词;从格标记的角度看,则 S 和 P 是轴心词。而英语和迪尔巴尔语,代表着两套对立的系统,但不可思议的是它们在各自语言内部绝大多数构式的轴心词是一致的,因此,这两种语言(至少对于英语而言)可以较为容易地设定各自的"主语"。鉴于这种语言差异性,想用统一的标准来界定日语的"主语"似乎意义不大。我们所需要做的,是给每个构式设定各自的轴心词,并界定其与相关构式的关系。比如,例(25)(26)中的敬语「お~になる」,例(27)—(29)中的「テ分句」的成分省略等,都需要各自设定不同的轴心词。

以往的语法研究中,虽然有很多深入的考察,但由于过于追求将所有现象归结为一个单一的因素,因此,并没有恰当地捕捉到语言事实。对于"主语"这样的语法关系，我们也应该将其看作是由典型度不同的成员组成的范畴，用原型的观点进行分析。如果不顾个体的差异，片面追求语法关系的抽象化，那么，所提取出的普遍性必然是偏离事实的。综上所述，对语法关系的分析，应该先界定每个构式的轴心词，然后再尝试从中提取普遍性。

8.3 构式和功能域

对于语法关系中"主语"这个概念，我们已经阐明，应该针对各个构式界定其各自的轴心词。那么，由此立场来看，语法的普遍性何在呢？认知语言学认为，构式知识是形式和语义相结合的图式，因而非常注重二者之间的对应关系。我们把相互关联的一系列构式间存在的语义连续统称作**功能域**（functional domain）（Givón 1981）。此处"功能"特指图式性语义。而之所以用"（领）域"这个说法，是关注到这些构式在功能上呈现出彼此分工、又整体上相互关联的特点。在这个意义上，功能域可以说是一个连续统。比如，现实—非现实、施动性—受动性、定指—不定指等，在很多语言中都用语法手段来表示这些功能域。从认知语言学的立场来看，语法结构具有如下的普遍性特征（参见 3.6，其他相关分析请参见 Haiman 1980b、1985a）。

第一，构式知识具有原型效应。构式的原型，指的是对应于某个功能域焦点（focal point）的构式，或者是作为多个功能域交汇点的构式。当某个句子偏离构式的原型时，要么句子变得不够自然，要么只限于用特定的解释来说明。也就是说，通过界定构式的原型，我们可以根据其他成员在功能域中与原型的相对"距离"来预测其合法性。

第二，构式的成员范围并不是任意的，语义偏离原型的成员，形式上也会相应地偏离原型。当某个图式性构式在语义上是其他构式的上位构式时，形式上也会呈现相同的关系。以被动态的功能域之一"受影响性"为例，在"施事＞致效者＞处所＞对象＞主事＞受事"这个层级中，受事是最典型的轴心词。那么，比如当处所成为被动态的轴心词时，要么句子的自然程度会降低，要么需要特殊的使用条件，相应地在形式上也会出现偏离原型的特征。

第三，构式的"适用范围"虽可能有重叠，但使用同一个构式来表达功能域上相距甚远的两个部分的可能性恐怕是很低的。以名词短语在篇章内的话题延续性这个功能域为例（未知信息和已知信息可视作层级的两端），很难想象会有一种语言把话题延续性低的对象（新导入的信息）和话题延续性高的对象（前文中的话题）用同一形式（比如用具体名词）表示，而把处于二者之间的名词短语用其他形式（比如代词）表示。

我们可以把功能域所受到的这种制约表示为图 8.3。

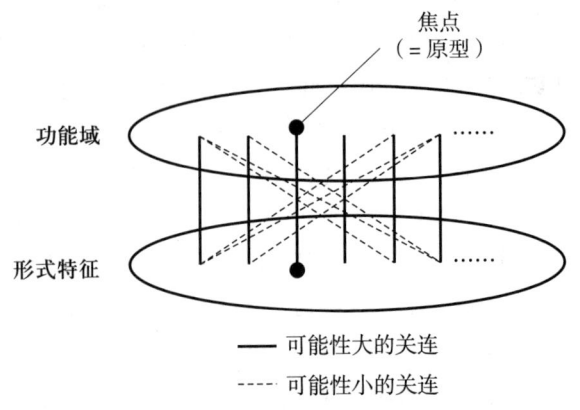

图 8.3　功能域的模式图

也就是说，原型是功能和形式这两个区域的焦点的结合体。偏离原型的其他成员也存在两个区域间的对应关系，我们用实线来表示。离原型越远，受到的制约就越多。另一方面，虚线表示不容易成立的对应关系，出现功能域和形式特征的"跳跃对应"（飞地）的可能性是比较低的。

上述观点可以总结如下：

（35）语法的普遍性特征，存在于构式网络所受到的制约中。

迄今为止，研究者们从类型学角度所进行的语法研究中，提出了各种各样的概念层级，它们均反映了（35）所述的构式网络的某一个方面。

8.4 被动句

被动句的功能域

让我们以被动句的构式网络为例，进行更为具体的考察。首先，我们来看两个简单的例子。

（36）John broke the window.
　　　乔治打碎了窗户。
（37）The window was broken by John.
　　　窗户被乔治打碎了。

在上面的例子中，相对于主动句，被动句需要及物动词变为被动态（=be+过去分词），施事 John 从论元的位置上降格，受事 the window 升格为轴心词。而谓语部分则由突显 John 的意愿和施动性，转为突显 window 的状态变化。

然而，上述特征并非见于所有语言，被动态并不是具有语言普遍性的构式范畴。迄今为止，关于被动句的类型学研究的重要成果之一，就是通过分析其多样性，界定了其基本的功能域（当然，没有或很少使用被动句的语言也不在少数）。具体来说，有如图 8.4 所示的三个功能域：1）状态化；2）施事的去焦点化；3）受事的话题化（Langacker & Munro 1975、Givón 1981、Shibatani 1985a、Haspelmath 1990）。

上述几个功能域的交汇处即为被动句的原型。进一步对这些特征进行抽象的话，可以说，相对于主动句突显动作行为的"する性质"的识解方式，被动句采取的是一种突显受事的变化和结果的"なる性质"的识解方式。而由于不同构式所涵盖的功能域存有差异,因此可以预见,随着构式在功能上偏离原型,形式特征上也会显现出其异于原型之处。

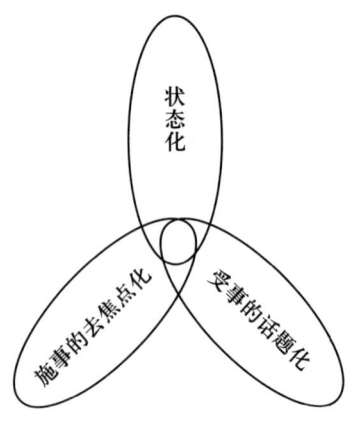

图 8.4　被动句的功能域

非典型被动句

前面我们界定了被动句的三个功能域,然而,在有的被动句中,只有其中一个功能得到了突出的体现。我们来分别看看这样的例子。

首先,状态化这个功能体现得比较突出的是英语的分词。例(37)可用于表示变化,但如果把句中的 was 改为 is,就仅限于表示现在的状态了。因此,像例(38)这样添加 by John,会使句子变得很不自然。

(38)?? The window is broken by John.
　　　窗子被约翰打碎了。

这是因为,现在时突显的是状态而非变化,和表达施加影响力的 by John 不搭配。

除此以外,英语中还存在像 John is drunk(乔治喝醉了)这样,把过去分词 drunk 用作形容词来表示完成状态的情况，此时不存在对应的主动句。而 dead 则已经完全变为了形容词。这个词与 die 同源，在日耳曼语中原本是 *dau- 的分词形式，但在古英语时期就已独立成为了形容词（Terasawa 1997、2002 从历时的观点，指出了英语被动句的基本功能为状态化）。

第二，是施事的去焦点化比较突出的德语例子。(PST 表示过去式，PP 表示过去分词)。

（39）Gestern　　wurde　　　　　hier　viel　 getanzt.
　　　　yesterday　become.3sg.PST　here　much　dance.PP
　　　　昨天这里有很多舞蹈（跳舞跳得很热闹）。

在上面的句子中，与之对应的主动句中的施事（= 非特定的"舞者"）被去焦点化，没有出现。但 getanzt（原形 tanzen）是不及物动词，并不存在可以被升格的宾语（"大家很热闹地跳舞"中无法出现宾语），因而，此句不具备"受事的话题化"的功能。此句中虽然 wurde 在形态上是第三人称单数，但句中并没有与之对应的"主语"，也没有与该动词一致的事件参与者。我们把这样的构式称作非人称被动（impersonal passive）。

第三，是受事的话题化功能体现得比较突出的例子。

（40）These beds were slept in by the Beatles in 1966.
　　　　这些床 1966 年时被披头士乐队睡过。

与上面的句子对应的主动句为 The Beatles slept in these beds in 1966。因此，该句中的"主语"(in) these beds 其实并非论元，而是介词短语中的一部分。此时，these beds 的语义角色是处所，而 sleep 又是不及物动词，因此，此句偏离了典型的被动句。而此句之所以可以成立，是因为它是从床所受到的影响的角度来描述事件的。这也意味着，我们需要在句中明示床受到影响的原因，因此，by the Beatles 这部分不能被省略（the Beatles 虽然从论元的位置上被降格，但做了 by 的宾语，并没有被省略）。也就是说，此句并没有发生施事的去焦点化。与原主动句相比，此被动句更突显了受事的受影响性。

与之相对，下面的句子因为完全读取不出对象受到的影响，因此造不出与主动句对应的被动句。

（41）Monday morning saw another stock market freefall.
　　　星期一早晨又出现了股市暴跌。
（42）*Another stock market freefall was seen by Monday morning.

而这种对受事的关注更进一步，便可用于表示因果链上本不存在的参与者受到的影响。日语中的受害被动（adversative passive）就是很好的例子（最新的成果有坪井 1999、2002）。

（43）一行が雨に降られた。
　　　一行人被雨下了。
（44）乳母が子供に泣かれた。
　　　乳母被孩子哭了。

上面这些句子中的「が」格名词短语，在与之对应的主动句「雨が降る」（下雨）、「子供が泣く」（孩子哭）中并不存在。即便在下雨、孩子哭的时候，「一行」「乳母」确实在场，它们在例（43）（44）中做主语时，也并不是由宾语升格上来的，而是作为受事件影响的新的参与者被突显的，是新的论元。从这个角度来看，「一行」和「乳母」可以说是此类被动句的固有参与者。

除了上述情况外，当我们扩大考察范围后会发现，还存在很多其他的相互关联的功能域。下面我们逐一看一下。

受影响性和责任性：汉语

想要表达受事受到的影响并将其话题化时，汉语也和日语一样会使用被动句——"被"字句。以下是木村（1992：10）给出的例子。(PASS 表示被动，"了"在标注上容易有争议，这里我们将其标注为完成 PERF)

（45）小李　被　老王　打了。
　　　little.Li　PASS　Mr.Wang　hit　PERF
　　　李君が王さんに打たれた。

此处所说的受事受到的影响，包含了在因果链上发生的变化和其结果状态（参见 6.2）。例（45）表示的就是"小李"被打后受到的影响。

在日语中，无论是什么样的影响，只要受事受到了影响，就可以使用被动句；而在汉语中，受事发生的变化是否达成了某个结果是非常重要的。据木村（1992）的考察，"被"字句有倾向于表达结果义的限制。比如例（45）中若没有表完成义的"了"就会显得很不自然。更有趣的是，表达未然事件时，像"我肯定会被他打死"这样使用结果补语（=死）的句子可以成立，但不添加结果补语的"*我会被他杀"就不成立（汉语中的"杀"并不包含结果状态的必然实现）。同样，下面的"让"字被动句，也需要添加"倒"这个结果补语（木村 1992：10）。

（46）椅子　让　小王　拉　倒　了。
　　　chair　PASS　little.Wang　pull　down　PERF
　　　椅子が王君に引き倒された。

基于上述特点，仅仅说汉语被动句在语义上表示受害，显然是不够准确的。汉语的被动句不仅有受事的话题化的功能，还与受事的状态变化及其结果有关。

另一个值得注意的现象是，汉语的某些被动句，不存在与之对应的主动句（木村 1992：12）。

（47）小王　　被　石头　　绊　　倒　　了。
　　　little.Wang　PASS　stone.tip　pull　down　PERF
（48）??石头　　　绊　　倒　　了　　小王。
　　　stone.tip　　pull　down　PERF　little.Wang

上面的例（48）之所以不成立，是因为"石头"作为致使者很不典型，很难认为使人摔倒是石头有意为之的。与之相对，在例（47）中，由"被"标记的"石头"，被看作了造成"小王摔倒"这件事的责任者。从因果链的角度看，"石头"作为该事件因果链的起点，本不具有施动性，但用于被动句时，其作为促成作用力产生原因的那一面被突显。在此意义上，汉语"被"所表示的参与者的功能域，已经由施事、致使者进一步扩展到了"责任者"的领域。综上所述，"被"字句的主要功能，是突显动作对象所受到的影响（包含变化结果），并聚焦作为作用力产生原因的责任者。

受影响性的扩展：越南语

突显受事所受到的影响，不仅见于日语和汉语的被动句，在东南亚的很多语言的被动句中都可看到此特征。而其中有的语言，还会根据对所受影响的评价，区分使用不同的被动句。比如，越南语中会根据所受影响的好坏，区分使用不同的被动标记（f 表示女性）。

（49）Tôi　đã　đự'o'c　cô giáo　dành.
　　　1sg　PERF　PASS　f.teacher　kiss
　　　我被老师亲了一下。（肯定性评价）
（50）Tôi　đã　bị　cô giaó　dành.
　　　1sg　PERF　PASS　f.teacher　kiss

我被老师亲了一下。(否定性评价)

上面这两个句子都属于被动句,它们反映了越南语的一大特点,使用被动句时必须先判断受到了什么样的影响,不存在完全中立的被动句。

而当受影响性这个功能域进一步扩展后,非被动句中也开始使用"被动"标记。比如,像例(50)这样表示受到不好影响的被动句,就可以发生如下扩展(m.tl 是对男性的称呼,关于 SUFFER 我们后面介绍,DEM 表示指示词)。

(51) Tôi bị cảm.
　　 1sg SUFFER cold
　　 我得感冒了。(否定性评价)

(52) Ông ấy bị mua nhiều đồ.
　　 m.tl DEM SUFFER buy many thing
　　 他买了很多东西。(否定性评价)

例(51)表达了对"得感冒"的否定性评价。如行间标注所示,bị 在此句中表示"受害",在句中是处于核心位置的谓语。而例(52)中,即使没有 bị 句子也成立,也可以表达买了很多东西的事实。但加上 bị 后,表达了买东西是有违动作主体意愿的,是被强迫的这样一层意思(近似于"被强迫要求去买东西")。在这个意义上,可以说 bị 具有表达情态的功能。这两个句子已经不能被称为被动句,因此,我们将其标注为 SUFFER(受害)。

有生性:克里语[†]

与施事和受事关系相关的功能域,还有根据名词短语所表示的对象是否有生命而建立的有生性(animacy)层级。比如,在日语中像「好天がわれわれを助けた」(好天气帮助了我们)这样把无生命的"好天

气"作为施事会给人很不自然的感觉。一般来说，日语会使用「（われわれが）好天に助けられた」（我们被好天气帮助了）这样的被动句。此时，正是名词短语的有生性影响了我们对构式的选择。众所周知，名词的有生性存在如下等级：第二人称代词＞第一人称代词＞第三人称代词＞专有名词＞人＞动物＞无生命物（Silverstein 1976a）。与日语相当不同的是，英语的及物动词谓语句对施事的有生性要求比较低，选择主动句-被动句时主要考虑的是其他功能域。

而在有的语言中，有生性和及物性的相互作用是决定构式选择的关键因素。比如克里语（北美，阿尔冈昆语系）就是如此（Wolfart 1973：25，pl 表示复数，sg 表示单数，1 和 3 表示人称，DIR 和 INV 我们稍后介绍）。

（53）ni -sēkih-ā -nān　　atim
　　　1pl-scare-DIR-1pl.3sg　dog
　　　我们把狗吓到了。
（54）ni -sēkih-iko -nān　　atim
　　　1pl-scare-INV -1pl.3sg　dog
　　　我们被狗吓到了。

要想理解上面两个句子，很重要的一点就是要知道克里语中根据名词短语的性质存在如下等级：第二人称＞第一人称＞第三人称-近指（proximate）＞第三人称-远指（obviative）。采取哪一种句子结构，会受到这个等级的制约。

首先，例（53）中，影响力从第一人称"我们"传递至第三人称"狗"。动词 sēkih（让……害怕）的前缀 ni- 和后缀 -nān 都是人称一致的标记，表示有第一人称复数和第三人称单数两个参与者。此句中，由于影响力的传递方向为第一人称＞第三人称，符合有生性等级，因此，动词采用顺行态 -a-（direct voice，用 DIR 标注）。

与之相对，例（54）中影响力是从"狗"传递至"我们"的，与有生性等级相逆，为第三人称＞第一人称。因此，为了表示影响力的传递方向与该语言中默认的方向相逆，动词采用了逆行态 -ekw-（在例(54)中因为音系环境，变为了 -iko-）（inverse voice，用 INV 标注）。需注意的是，此句中的人称标记 ni-…¬nān 与例(53)完全一样，同样表示有第一人称复数和第三人称单数两个参与者。因此，说克里语和英语的被动态一样，发生了谓语论元结构的变化，似乎没有根据。如果谓语动词（如英语被动态那样）近似于一个不及物动词的话，在形式标记上应该只能与"狗"或"我们"中的其中一方参与者发生一致。而例(54)语感上翻译为"狗把我们吓到了"也并无不可。综上所述，克里语对顺行态／逆行态的选择，至少受到了上面所述的有生性和影响力的传递方向的影响（这里先不讨论事件参与者均为第三人称的情况）。因此，有生性对构式选择的制约，也应作为与被动句相关的功能域予以考察。

8.5 功能域的扩展

动词构式和被动句

前面我们看到了多种多样的被动句，但我们对功能域的考察仍然十分有限，只是像图 8.5 这样，对众多构式中的一部分进行了聚焦放大。而当我们以其他功能域为中心重新画这张图的时候，会得到像图 8.6 这样的一张很不一样的图。

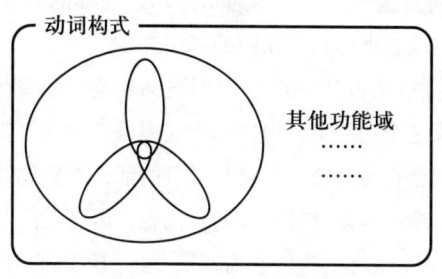

图 8.5　被动句和其他构式（i）

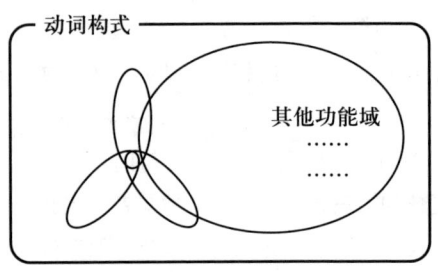

图 8.6 被动句和其他构式（ⅱ）

下面，我们通过一些例子，就被动句和其他构式在功能域上的分工进行分析。

复句结构和同指

受事的话题化这个功能域，与在复句结构中保持对同一个对象的指称，即**同指**（coreference, reference tracking）也有联系。比如，英语的并列分句中，可以被省略并与前句发生同指的只有由 S 和 A 构成的"主语"（参见 8.1）。也就是说，我们若想在语法上让 P 与前句同指，就需要使用被动句来进行轴心词的替换。如前文所述，Chris kissed Pat（克里斯亲吻了帕特）和 Pat smiled（帕特微笑了）这两个句子可以用 and 来连接；若想省略第二句的 Pat，并使其和第一句同指，就需要对第一句的轴心词进行替换，变成 Pat was kissed by Chris and ϕ smiled 才可以。从实现同指这一点看，像迪尔巴尔语这样的以 S 和 P 为轴心词的语言中的反被动态也起到了相同的作用。

但想实现同指是否就一定要使用被动句呢？这其实因语言而异。也就是说，如果这个功能可以由别的构式完成，那么，我们可以预测被动句的使用范围会相对变窄。仅就日语看的话，在复句结构中同指是根据复句结构的类型而得以部分实现的。比如，以「太郎は次郎をひやかした」（太郎戏弄了次郎）这件事为背景，我们可以造出下面的句子。

（55）ひやかして笑った。
（55′）[A P Vt] [S Vi]
（56）ひやかすと笑った。
（56′）[A P Vt] [S Vi]

在上面的例子中，虽然事件的参与者全都没有出现，但根据这两种复句结构功能的不同，我们可以在一定程度上预测同指的对象是谁。比如，一般认为例（55）的"テ分句"中「笑った」（笑了）的是"太郎"；而在例（56）的"ト分句"中则是"次郎"。其理由是，"テ分句"更注重事件之间的统合性，而"ト分句"往往伴随视点的转换，因此，前者更容易保证参与者的前后一致性。当然，日语中并非仅仅依靠复句结构的类型，就可以确定同指对象，它只是判断依据之一，但确实在实现同指方面，其分担了被动句的部分职责（参见 Akiba 1977, Ohori 1994、2002b）。因而，至少可以说，日语为了实现同指功能而使用被动句的必然性是低于英语的。

与之相对，有的语言要求在复句结构中明确标注分句之间是否发生了同指，这种语法标记被称作指示交替（switch reference）标记。哈鲁艾语（巴布亚新几内亚）的例子即如此（Comrie 1998a：422，SS 代表同一主语，DS 代表主语交替，SUFF 代表后缀，PST 代表过去，3sg 代表第三人称单数，DEC 代表陈述句，PERF 代表完成）。

（57）mö   hön   rg   ng   ng-ön köp-a   dw-öŋ-a
     Woman pig stone put put-SS leaf-SUFF go-PST:3sg-DEC
     女人建了一个小猪圈后，去采树叶了。
（58）nöbö mörö wök p-g-mön   glñn   gyogyö r-öŋ-a
     Man garden clear get-PERF-DS bushfowl gyogyö do-PST:3sg-DEC
     男人把院子打扫干净后，森林的小鸟开始叽叽喳喳叫起来。

上面的句子中，指示交替标记已成为动词活用的一部分。前后分句中的事件参与者均为第三人称，前后同指时，用 -ön 标记；发生指示交替时，则用 -mön 标记。例（58）的第二个分句虽然明确出现了"森林的小鸟"，但即便不出现，根据指示交替的标记，我们依然可以判断"叽叽喳喳地叫"的不是前句中的男人。从类型学的角度看，值得注意的是，具有指示交替标记的语言，很少会为了实现同指功能而使用被动句。也就是说，以哈鲁艾语为代表的巴布亚新几内亚的语言，之所以常常看到不用被动句的情况，很大程度上是因为，它们不必为了实现同指功能而去进行轴心词的替换。

控制力的消失

典型的被动句，有将具有两个论元的及物动词变为只有一个论元的不及物动词的功效，因此，它自然与施事控制力的消失——即施事出于自身意愿引发某种影响这个功能域相连。从因果链的角度来看，控制力的消失指的就是不再突显链接中 VOL 或 CAUSE 部分。

然而，这个功能除了被动句以外，还有别的方法可以实现。比如，日语的很多基本动词都存在类似「割る」—「割れる」这样的及物动词和不及物动词的对立。因此，如果想要表达结果状态，可以直接说「窓が割れている」(窗户碎了)，而不必使用被动句。

另一个消除施事控制力的方法，是让做谓语的及物动词在保持自身论元结构不变的基础上变为反身形，添加反身代词。比如，在下面的德语句子中，可通过对及物动词 verändert（原形为 verändern）添加反身形 sich，来表达施事自身发生了变化（3sg 为第三人称单数，PRES 表示现在，REFL 表示反身形，Vt 表示及物动词，PP 表示过去分词）。

（59）Seine　Frau　hat　　　　　　sich　verändert.
　　　his　　wife　have.3sg.PRES　REFL　change（Vt）.PP
　　　他的妻子变了。

直译过来，就是"他的妻子自己改变了自己。"但一般来说，这种改变是自然而然发生的，并不是自己有意改变自己。及物动词通过添加反身形，表达不及物动词的内容，这种现象可见于很多语言（特别是欧洲语言）（Kemmer 1993、Kemmer & Verhagen 1994、坂本 2002）。

由此看来，被动句和致使句之间其实也存在接点，致使表示的是通过对他者施加作用力而使某事发生。这里，我们假设引发的事件还波及了另外一个参与者，那么事件的整体结构就可以抽象为下面的因果链。

(60) X　　　　Y　　　　Z
　　　●――――→●――――→●
　　　　CAUSE　　（谓语）

而致使和被动之间存在接点，是当 X=Z 的时候。也就是 X 对 Y 施加作用力后，导致自身（=X）受到了作用力的影响。可以说，这是一种反身性的事件结构。X 的控制力比较强的情况，指的是 X 强制性地要求 Y 做其不愿意做的事情。比如，"X 让 Y 选择自己（=X）"（设想在会议上通过施加压力，让别人选择自己做主席等情况）。

与之相对，我们来考虑一下致使者 X 的控制力比较弱的情况（比如，英语中不用 make 而用 let 的情况）。此时，X 没有阻止 Y 的动作，从而导致该动作作用到了自己（=X）身上，因此是一种比较消极的致使关系。比如，当因为某些原因"那个人"可能会对"我"产生不好的想法时，可以说：

(61) 私はあの人にそんなふうに思わせたくない。
　　　我不想让那个人那么想我。

此句中，对方自然而然地对"我"产生了不好的想法，这是"我"很难控制的。该事件可以暂且用因果链表示如下。

（61'）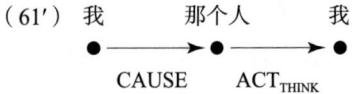

此句中,"我"只是"那个人"产生不好想法的原因,对其影响力非常有限,而 CAUSE 这个链接所表示的致使性已经几乎感觉不到了。

当 CAUSE 这个链接彻底消失后,致使便和被动连接起来了。下面句子中的"主语",正好是例(60)中的 Z(="我")。

（62）私はあの人にそんなふうに思われたくない。

我不想被那个人那样想。

由此可见,在致使者发出的作用力反过来作用于自身的这种反身性事件中,当致使者不具备控制力时,我们会发现致使句和被动句其实拥有相似的因果链。例(61)虽然在形式上采取的是致使句,但致使者的控制力几乎已经完全消失,因此,很容易从被动的角度识解该事件。其结果就是,例(61)(62)两句突显的均为 ACT_{THINK} 的部分;且虽然从因果链的角度看,二者的起点和终点不同,但两句中的"我"均为话题,用同样的形式标记,"那个人"也都用的是「に」格标记,句子在整体形式上有很大的共性。与上述例子类似,(比如体育比赛的实况直播中会听到的)「ここで得点させてはいけません」(不可以这个时候让他们得分)和「ここで得点されてはいけません」(不可以这个时候被他们得分)之间的共性,也可以从施事不具备控制力和事件的反身性角度进行阐释。

一般来说,我们都认为被动句和致使句在究竟是论元减少(=施事的去焦点化)还是增加(=添加致使者)这一点上形成对立。然而,二者之间也存在着连续性,而这种相似性带来了功能扩展和语言变化的契机。

被动句及其扩展

根据前面的讨论，我们将图 8.4 中被动句周边的功能域填充完整后，即可得到图 8.7。在平面图上标示这些功能域之间的关系，是有一定的局限性，但从下图中，我们还是可以大致看出被动句和哪些构式存在关联。对各个构式占据认知地图的哪个部分，各自受到什么样的限制进行分析，将会使我们从新的视角理解语法结构成为可能。

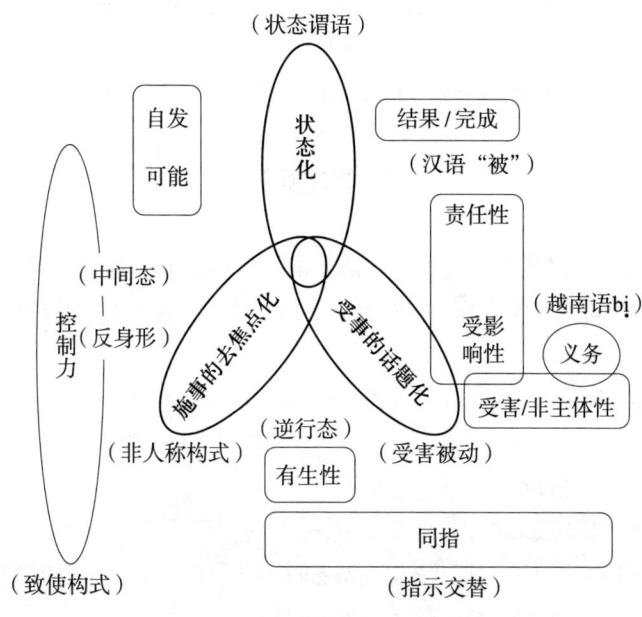

图 8.7 被动句和其周边的功能域

【文献导引】

关于类型学的概论性书籍，可参见 Comrie（1989）[+]、Croft（2002[2]）、角田（1991）。若想了解研究动向的概貌，可参见堀江（1995）。Foley

& Van Valin（1984）、Van Valin（1993）、Van Valin & LaPolla（1997）等研究兼顾了功能类型学的观点和模型建构的严密性。除此以外，十分富有启发意义的语法理论还有 Givón（1983、1989）、Haiman（1985a）、Wierzbicka（1988）、Croft（1991、2001）。此外，Shibatani & Bynon（1995）是一部论集，里面收录了很多有价值的研究方法。

关于主语和被动态的研究也非常多。关于主语，尾上（1985）从国语学的角度对所存在问题进行了概述。另外，尾上 et al.（1998）还从日汉对比的角度，对日语的"双重主语"句进行了考察。关于日语动词的及物动词和不及物动词的对立，可参见仁田（1991）、须贺·早津（1995）了解概貌。对此问题进行深入探讨的还有 Li（1976）、Plank（1979）、Shibatani（1988）、Kemmer（1993）、Givón（1994）等。

【讨论题】

8.1 根据节选自《竹取物语》的下面的例句，探讨一下"古日语的テ分句中，前后分句存在主语同指"这一假说在多大范围内可以成立。

（a）野山にまじりて竹を取りつつ、よろづの事に使ひけり。
（b）あやしがりて寄りて見るに、筒の中光りたり。
（c）三寸ばかりなる人うつくしうてゐたり。
（d）妻の女にあづけて養はす。
（e）節を隔ててよごとに金ある竹を見つくる事かさなりぬ。
（f）すこし光りて、風はなほ疾く吹き。

8.2 日语和英语的被动句，各自占据了图 8.7 的哪些功能域？根据本章的分析及自己的观察进行总结。

8.3[†] 关系从句方面，存在与英语不同类型的语言（比如日语）。从这样的语言中搜集例句，分析一下其与英语在功能方面的差异。详细论述此二者不同的构式各自涵盖了哪些功能域。

第 9 章 语法化

9.1 语言变化和语法化

实例与分析

可以说，在人类语言的历史长河中没有一成不变的东西。语音、语法和词汇等任何一方面，从长远来看都会发生某些变化。在语言变化中，语法形式的退化乃至消失并不少见。那么，当一个新的语法要素（如日语中被称为助词、助动词的词）诞生时，它们来自何处，又是如何演化的？某特定语言要素被吸纳到语法结构中，并实现某些功能域，此过程被称为**语法化**（grammaticalization）（Heine et al. 1991、Hopper & Traugott 2003[2]、Bybee et al. 1994）。语法化构成了历史上绵绵不绝的语言创造力的一个方面。本章主要着眼于语法化的具体事例及背后存在的动因展开论述。

首先，我们参考下列语篇，试分析一下日语中的语法变化究竟是以什么样的形式呈现的。（1）是会话体故事（1999年采集）；（2）是小说（含会话）；（3）是论文。下划线表示需要特别关注的内容。

（1）A：あのアニメ<u>なんだけどー</u>，

　　B：ん，アニメ。

　　A：ネコと，犬，あネコとネズミ，ネコとネズミの対決<u>なわけよ</u>。

　　B：はい。

　　A：<u>そんでー</u>，（…）そうそう，<u>で</u>なんかねーどうやらいつも追いかけられてる<u>ふうなのね</u>，<u>ネズミは</u>。

　　　<u>で</u>，一生懸命，逃げて，

　　　<u>で</u>ネコはーこうオノ…オノ（持って）こんなん<u>やってんのー</u>
　　　はははは。

（2）「これから日本橋の知っ<u>てる</u>クラブ<u>へ</u>行くんだけど，一緒に打ち<u>ませんか</u>。なァに，メンバーは甘い<u>です</u>よ。レートはここより少し大きいけど」

　私はなんとなくうなずいた。新しい仕事場は欲しかったところだ。

　清水は白いオーヴァーコートを羽織り、外へ出るとすぐに輪タクをつかまえた。私たちが行ったのは、小伝馬町の問屋街の中にある焼け残りの一角だった。

（阿佐田哲也『麻雀放浪記（一）青春編』：84）

（3）宣長にとって，抽象観念はすべてひとかけらの生命もない死物にすぎなかった。従って，抽象観念のもとになる普遍者，一般者，としての「本質」のごときものもまた。

（井筒俊彦『意識と本質』：33）

　下面，从语法的几个主要方面，逐一看一下历时演变的若干线索。

　第一，名词短语方面，例（2）中的「私（たち）」从前并不是作为代词使用，开始大量使用是较近期的事情。观察附加在名词短语后边的助词用法，除了「に」和「の」以外，例（2）中表示方向的助词「へ」最初源于名词，与「辺」相通。在例（3）中，同「宣長」和「一般者」一起使用的「にとって」和「として」皆源于动词。这些用法肇始于近代受欧文影响的文体，后来使用范围随之扩大。

　第二，看一下值得关注的助动词。例（1）（2）中的「てる」/「てん」，是从复合动词「（て）いる」演化而来的语法要素，表示进行中的状态（体），此处还可见到约音的现象。例（2）中的「ませ」源于「ま（ゐ）らす」这个动词，主要用于古代和中世。其后经历复合动词阶段，最后演变成今天的礼貌语体标记「ます」。同在例（2）中出现的礼貌用语「です」，据称其前身为「でえす」，但近世以前找不到相同形式的用法。研究认为，现代用法是在20世纪"标准语"的形成过程中才得以确立。此外，例（2）（3）中出现的过去式「た」，起初就是助动词，但与其前身「たり」相比，语法功能有所改变。

　第三，如若把目光转向句末表达，例（1）会话体中能看到诸如「わ

けよ」「ふうなのね」和「の—」等例子（「わけ」和「ふう」源于名词）。不论哪一个，话语功能都是它们的主要用法。例（2）中的「ところだ」也是源于名词，系向完成义扩展的结果，这一点通过上下文就能看出来。例（3）中的「にすぎなかった」来自动词「過ぎる」，此处用于强调。

第四，关于接续表达，例（1）开头部分「(あのアニメ）なんだけど—」是由「なのだけれども」而来（「けれども」是已然形词尾+助词）。例（2）中出现的「けど」也是同一形态的缩略形式，转折义较轻。此外，「外へ出るとすぐに輪タクをつかまえた」（出门就抓辆三轮车）中的「と」的接续用法是近世以后普及开来的。至于出现在句首的接续表达，可以看到有例（1）「そんで—」「で」和例（3）中的「従って」。「そんで—」衔接前文内容，故为包含指示词「そ（れ）」的表达形式，而「で」则是源于指示词被省略的情况。

第五，如果把目光转向构式的形成机制，观察例（1）中的「追いかけられてるふうなのね、ネズミは」（好像正在被追赶着呢吧！老鼠）这句话，话题「ネズミは」被置于动词之后，语序上还具有特殊的语用功能。在例（2）中第二次出现「けど」的句子中，从属分句被后置，可看作是独立的构式。另外，例（2）中的「～のは～だった」具有将特定语句焦点化的功能。因此，在语法化研究领域，我们考虑的不只是单个语素变化的情况，而且，还要将被赋予某特定功能的构式的演变也纳入到讨论范围中来。

问题设定

当然，并非说所有这些例子都具有相同的语法化程度。首先，必须考虑的是如何确定语法化的标准。在此基础上，会出现很多疑问：当某一语法形式产生时，基础要素有哪些可能性？其语法化的动因是什么？从中能否发现具有跨语言普遍性的语言变化模式？

重要的是，当语法结构的构成要素反复交替、发生语法化时，就必然会选择语言中的其他要素（多为有实质性内容的名词或动词等）参与其中，换言之即会发生被"征用"的情况。如果没有语言接触，出现之前从未存在过的新形式几乎是不可能的。

当然，语法化这一说法，虽也用于诸如"英语有单复数这样的语法化"，即指从共时平面看某一功能通过语法形式得以实现的情况，但下面所说的语法化主要是指在历史发展过程中产生新语法形式的过程。

9.2 语法化概貌

语法化的五个标准

如将前面有关构式知识的讨论内容用于此处，我们认为，词汇和语法之间的界限是连续的（参见 7.4）。这一观点，对我们讨论语法化的层级来说十分重要。但与此同时，为了阐明历史推移过程，有必要弄清楚词汇和语法两极所具有的特征。这里，针对语法化的演进方式，我们设立以下几个标准（还可参见 Lehmann 1985、Hopper 1991、Comrie 1998b）。

第一，语义图式性（schematicity）的程度。语法化研究的主要对象是，考察包含具体内容的某词项的语义是如何被图式化、实现某特定功能域的过程。例如，日语中「（て）しまう」失去了具体的"收存"之意，作为表示动作终结的体形式发挥作用。

第二，是否构成封闭性词类。该标准也与语义图式性相关。例如，格、数、时态和语态等是由少量且有限的对立要素构成的集合体（称为聚合关系 paradigm），用于表示抽象度高的语义；相反，所谓开放性词类是指，如普通名词和动词那样，数量多，可比较自由地增减要素。处于中间的日语中有量词。像「本」这样的基础词汇虽然数量有限，但如果甚至把「竿」（用于计数柜子）这样的特殊用法也都算入的话，数量也会增加，就很难说是封闭性词类了。此外，代词通常被认为属于封闭性词类，但在日语中如考虑「僕」「私」「オレ」等用法多样的情况，则需要同英语等区别对待。

第三，标记的强制性（obligatoriness）。在法语中，虽然表示否定用的是 ne...pas 的形式，但 pas 是"「一步」（脚步，步伐）"的意思，原本就用于强调。然而，在现代法语中则必须用 pas 表达否定，即经过由表示具体内容的词发生分化，变成了用于实现表肯否定功能域的语法形式。此外，还有一种观点认为，日语中的格助词（＝后置词）最初主要承担话语功能，之后为了表示语法关系，遂变得不可或缺。假如这种观点正确的话，便可以说其适用于标记的强制性这个标准。

第四，形式的黏着性（boundness）。这意味着从一个独立的词，变成须与其他词结合使用的形态。具体说，包括向屈折（动词活用等）、前后缀和其他非独立词（如指示词、前置词和助动词等）的方向转变。作为语法化进程中的标志，黏着性增强时，有时也会随之出现约音。比如，我们常可看到诸如「(て)しまう」>「ちゃう」或「(て)おく」>「とく」这样的缩略路径。此外，当我们看到英语循着 be going to ＞ be gonna 这一路径缩略时，会发现伴随 go(ing) 独立性降低的同时，gonna 这种简化后的形式失去了表达空间移动的用法（*I'm gonna the station）。

第五，语法内部的定位标准，即在整个语法系统当中，是否存在与其他部分的相互作用（interaction）。如以单复数对立为例，不仅是给名词添加标记，还有给包括冠词在内的整个名词短语加标记的情况，以及要求与动词保持一致的情况。可以说，它们语法化的程度都很高。除此之外，在日语中，敬语之所以属于语法化的范畴，是因为除了助动词之外，还能看到参照语法关系的规则，如尊敬形式「お～になる」等。

总结以上几点，见表9.1。

表9.1 语法化的程度

←低		高→
（a）具体性	语义/功能	图式性
（b）开放性词类	聚合关系的成立	封闭性词类
（c）随意性	标记的强制性	强制性
（d）自由形式	形态的黏着性	黏着形式
（e）无相互作用	语法内部的定位	有相互作用

其中，(a)的语义、功能的扩展以及接下来的图式化，从语法化的早期阶段便能看出；其他特征，特别是（d）的黏着性和（e）的相互作用则是语法化程度更高阶段的产物。

语法化的具体例子：典型案例

在日语中，作为满足（a）—（e）全部标准的纯语法化的例子，有我们前面看到的动词「ま（ゐ）らす」（さし上げる）＞助动词「ます」。例（4）是已完成语法化的现代日语的例子，例（5）（6）是从古日语开始一直单独使用的独立动词的例子，以及虽用作复合动词，但保留了古日语原义的例子。

(4) これから日本橋の知ってるクラブへ行くんだけど，一緒に打ち<u>ません</u>か。(=(2))
(5) 御粥など、いそぎ<u>参らせ</u>たれど、取りつぐ御まかなひ、うち合はず　　　　　　　　　　　　　　　　（『源氏物語』（一）：130）
(6) 身を捨てて、とぶらひ<u>参ら</u>むにも、何のかひかは
　　　　　　　　　　　　　　　　　　（『源氏物語』（二）：31）

即便是到了中世，依然能一直看到这样的例子。以下各举一个独立动词和复合动词的例子。

(7) さらば麻の衣を<u>参らす</u>べし　　　（『御伽草子』上：109）
(8) 御公達をも見せ<u>参らせ</u>たくおぼしめしける
　　　　　　　　　　　　　　　　　　　（『御伽草子』上：84）

另一方面，即使是在中世日语当中，也有我们认为临近近世后从原义转化来的例子。

（9）しからば食した人は必ず露れまらしょうずる

（『天草本伊曾保物語』：412）

（10）お姿を見まらすれば，手足もすっかりと軽げに

（『天草本伊曾保物語』：493）

作为独立动词使用的例（5）和例（7），显然是表示「さし上げる」的意思。复合动词例（6）和例（8）虽有语义扩展，但还只是停留在「(～して)さし上げる」的受益用法上。而例（9）（10）中几乎没有上述语义，尤其是例（9），需要注意的是，说话人明明是述说别人不含意图的事件（「露れ（る）」），却使用了「まらしょう」。这些例子均可看作经过了语法化之后作为补助动词的用法。

这些用法经过一系列的曲折变化，到近世后期才固定成为「ます」。比照表9.1可以发现，在现代日语中，原本表示具体动作的词，经过图式化（=（a）），成为属于普通体—礼貌体这一特定聚合关系的封闭性词类中的一员（=（b））。关于标记的强制性，「φ」—「ます」形成对立，为了表达一定的意义，必须选择其中的一种，有很大的强制性（=（c））。这一点，如与日语中的数的标记做比较，则会很好理解。比如说，名词后面不必加「たち」也可表达复数的意思（「三人の学生」和「三人の学生たち」两者皆可）。在这方面，从「φ」—「たち」中进行选择则没有强制性。接下来，「ます」在形态上经由复合动词的用法变成了黏着形式（=（d）），并且约音也很明显。关于相互作用（=（e）），其被纳入部分活用体系中，动词以外的用法受到限制。总之，受到与使用条件共现的语法范畴的制约。

下面，让我们看一下在例（1）—（3）中所关注到的一些现象。助词「へ」的形成是从一个词项开始，并经历了满足条件（a）—（e）的变化，堪称纯正的语法化。这种从一个独立的词变为语法要素的变化过程，称为**脱词汇化**（delexicalization）。与此大致相当的有复合动词「(て)いる（＞てる）」。由于很多日语动词不能以"ル形"表示状态，因此，用「(て)いる」表示状态的强制性较高。动词"テ形"的「にとって」和「と

して」满足（a）—（d），但不满足（e）标准。此外，因为「によって」在很多情况下也可用「に」来代替，所以，在强制性较弱这一方面有些偏离典型。另一个脱词汇化的例子是「わけ」。虽然满足（a）—（b）中的功能的图式化以及封闭性词类（句末表达）的要求，但因强制性和黏着性不强，所以仍不属于语法化的典型例子。

除此之外，在思考语法形成的机制时，与源于脱词汇化的纯正案例同等重要的是作为更大单位的构式的发展。例如，在例（2）中出现的诸如「～のは～だ（った）」的聚焦化构式的产生即需要纳入我们的考虑范围之内。此外，如语序排列那样，语素不特定构式的形成也被视为是一种语法化。英语语序的固定就是图式化明显的例子。在古英语当中，SVO、SOV 和 VSO 都是可行的，如今却固定于 SVO 语序中，经由语法化，成为了表达句中名词短语作用的一种手段。

语法化的具体例子：边缘案例[†]

这里，我们将视野进一步拓宽。有一种情况，尽管起初不是词项，但因发生变化而出现新的语法要素，如若视之为语法化，那么某语法形式因扩展而承担起新功能的过程，即所谓**多功能性**（polyfunctionality）的发展，也应是我们思考语法化的对象。以例（1）—（3）中看到的情况为例。日语中，算得上一开始就是黏着形态的词，如例（2）「外へ出るとすぐに輪タクをつかまえた」（一出门就抓了辆三轮车）中的用于连接分句的「と」即是。虽然确切的起始时间尚不清楚，但可以肯定的是，较早时期成立的该助词的某项功能发生了扩展。不仅如此，在古日语中，尤其是在上古时期，标记复句结构的手段有限，通过格助词（「ガ、ヲ、ニ」）或系助词「ハ」＞「バ」的转用，由此获得实现复句结构这一功能域的手段。以上案例均清晰地体现了这种多功能性。

此外，关于句末表达，因为与语法中其他部分的相互作用较小，所以也有不把其纳入语法化框架之中的情况。然而，如上例中所见，在会话交际当中，因包含人际功能和话语结构，所以会动用多种手段。其中，句末表达在一定程度上构成封闭性词类，会有约音现象，具有语用功能，这些特征决定了其可包含在广义的语法化中。

作为语法化的边缘例子，我们可以句首接续表达为例。「(そん)で」等形式也发生约音。虽然其作为独立词的资格较弱，但很难找到强制性以及明显的与其他语法体系间的相互作用。并且，如将像「そうは言っても」「それはそうとして」这样的较长词语也包含其中，那么，接续表达就很难说构成一个封闭性词类了。

此外，对于什么样的现象可纳入语法化范畴，学界有各种看法。其中，还存在着这样的观点，即有的未经历脱词汇化，从而成为核心语法结构（尤其是词法）中的一部分，对此有人不主张其为语法化。可是，这样的话，就有可能将在世界各国语言中广泛看到的、依赖上下文承担语法作用的独立词排除在外。本文所持观点是，如果满足了表 9.1 标准中的任何一条，均可成为语法化讨论的对象。

围绕语法要素的发展，在典型案例和边缘案例中均有很多有趣的现象。迄今诸多研究表明，尽管起点和过程不同，但语法化的痕迹及征兆事实上在语言结构中的所有方面均可见到。

9.3　动因与制约

语法化的普遍趋势

通过前面的讨论，就语法化是什么的问题，我们已有了基本答案。下面，通过分析具体例子，思考一下语法化的动因和制约的问题。如从认知角度考量的话，可以说，所谓的语法化就是为了实现某个功能，使语言中的某个既有概念（尤其是具体概念）发生转化的一种手段。也就是说，在不再使用旧形式，或出于话语结构上的理由而谋求新的表达方式时，作为解决此类"问题"的一种方法，会发生既有概念的转用。

迄今为止的前人研究表明，在语法化进行过程中存在一定的趋势。作为整体上的制约之一，就是存在固定的变化方向，即**单向性**（unidirectionality）假说（Lehmann 1985、Heine et al.1991、Hopper & Traugott 1993）。如按照表 9.1 中所示标准，此即意味着语法化程度是朝着更高、更抽象的方向发展的。同时，从语义变化的角度看，意味着语法化的输入（=起点）和输出（=终点）存在一定的模式，从词汇要素到语法要素的变化并不是随机的（有关这方面的精细案例研究，参见 Matisoff 1991）。

此外，就单向性假说理论而言，我们还能看到将语法形式的消失作为反例的观点（例如，日语中"系结"规则的消失等）。但这与语法化并不处于同一层级，称不上是反例。假定语法化本身存在反例，那是指某一要素与一般方向逆向发展，即从形式方面看，本应属于封闭性词类的形式，却开始作为高自由度的单词使用。尽管这样的例子十分少见，但如 That's rather iffy（这个稍微有点假设性（=不切实际））、There are too many if's（假设条件过多）等例所示，英语 if 有时可脱离连词用法单独使用，此或可视为逆语法化现象。

在下面的讨论中，我们将主要就语法化的动因进行分析，重点关注的是与日语诸多方面的语法化关涉较多的动词"テ形"的例子。

从复合动词到补助动词

首先，举已成为补助动词的复合动词为例。这种变化是日语中最常见的语法化模式（参见前面「ます」例）。这里，分析一下它们是如何向体标记转化的。例如，关于「テ+V」的转化，有「いる」>状态/持续、「おく」>完成、「しまう」>完成等；关于"连用形+V"的转化，有「かける」>开始、「きる」>完成、「だす」>开始、「ぬく」>完成等（关于「(て) おく」和「(て) しまう」，参见 Ono 1992）。如前所述，该模式是由〈时间就是空间〉这一常规隐喻获得动因的（参见 5.3），其背后存在着一种基于处所或移动来理解时间或状态的识解方式。处所=状态，这种识解是通过「いる」赋予其向状态进行转化的动因；而移动=变化，则与「始める」和「だす」这样的实现义，以及诸

如「(て) おく」和「(て) しまう」这样的完成义的成立机制密切相关。就「きる」的语法化而言，它是通过〈事件是对象〉的隐喻方式，将操作具体对象的方式映射至时间领域，由此实现处理事件的概念化。含有具体内容的动词，借助隐喻实现图式化，进而完成向补助动词的转换，这种语法化模式十分常见。

这种转化过程，因为是语义由具体变为模糊，有时被称为**漂白**（bleaching）。可是，如果考虑实际上在语义由具体变抽象的同时获得了新的语法功能这一点，说成是图式化和与之相伴的语义转化才更为贴切（Sweetser 1988）。

除体标记外，在日语中还有后接动词的"テ形"表达，如「Vて(も) いい」「Vてはいけない」的情态表达，以及用于请求的言语行为表达「Vて下さい」。现代日语所使用的大多数情态表达形式皆为近世以后语法化的产物（Narrog 2002b，虽非源于动词，但表示推量的「はず」也是由表示具体义的词经由语法化后成为情态表达的例子）。复合动词构成了体标记和各种句末表达形式成立的基础。从这个意义上说，复合动词堪称是孕育日语语言变化的襁褓。

从连动式到附置词

动词语法化有时也会向其他方向发展，其中之一是形成作为在事件中表示参与者角色的附置词的功能。这里所说的附置词，是指如日语中的助词那样、出现在名词后的后置词（格助词）和英语中用于名词前面的前置词（介词），附置词是合并此两者的范畴。

日语中，句中的主要名词短语由诸如「が」和「を」之类的后置词来标记。除此之外，「に」虽然显示出极强的多功能性，但用于表示句子周边要素的助词并不是很多。其结果就是，要通过名词或动词转用的途径，来满足表达多种语义的需求。例（3）中的「にとって」就是其中一例，由此在表示二者关系的动词「とる」的基础上，形成了带有提示相应名词短语作用的语法形式（Matsumoto 1998）。

日语中有很多诸如「にたいして」「におよんで」「によって」「にかけて」「をもって」「について」等形式的复合后置词。如上所示，它们均是从表示行为、操作义动词的"テ形"演变而来。尽管其发展背景受到了翻译的影响，但在日语中十分有特点的是，它们本是见于汉文调的语言表达形式，在明治以后的语言变化中被广泛使用，导致语法化进一步发展。汉文训读文是产生这些表达形式的出发点，下面举唐诗的训读文为例。

（11）對食暫餐還不能（食に対して暫く餐わんとするも還た能わず）（『杜甫』：48）
（12）及歸盡華髮（帰るに及んで尽く華髮［白髮］なり）（『杜甫』：106）
（13）仗鉞奮忠烈（鉞［皇帝から賜った節刀の一種］に仗りて忠烈を奮う）（『杜甫』：122）

每一个例句都是由两个或多个动词连接起来，构成连动式。例（11）中是「對食」+「暫餐」+「還不能」，例（12）中是「及歸」+「盡華髮」，例（13）中是「仗鉞」+「奮忠烈」的结构。在上面的例句中，与其说是第一个动词（例（11）「對」、例（12）「及」、例（13）「仗」）经图式化之后用于表示独立事件，不如说是构成由后续动词所表达事件的一部分。

这种由连动式演化为附置词的用法，尤其在东南亚、非洲语言中十分常见。与日语不同之处有两点。一是，相对于日语的 SOV 语序，这类语言中的大多数主要是 SVO 语序类型。因此，我们发现，在日语中后置词是从动词"テ形"发展而来，而在 SVO 语序类型的语言中，则是由动词演化为前置词。二是，在日语中，因为诸如「を」和「に」之类的形态，其最初表示句子中的核心参与者，所以，源于连动词的后置词只限于表示其他关系。而在其他语言中，即便是像日语中用纯正助词标记的基本关系，也可以用源于连动词的形式来表示。下面所举的例子就是在恩戈尼语（西非，尼日尔-刚果语系）中，从表示"给予"义的动词发展为附置词的情况（此时为表示受益者的前置词）（Lord 1993：

38—39，SEQ 是表示动作承接的一种连词（原文为「接続詞」））。

（14）<u>kye</u>   ì
　　　give(it) him
　　　（把它）给他。

（15）bùbùnà ka   wùru òvìè <u>kye</u> edèì êgba wò
　　　instead SEQ do   good give man enemy your
　　　相反，要对你的敌人好一点。

从连动词向表示受益者的附置词变化，在汉语的"给"和越南语的 chó 的用法中也能看到。

而且，有时还会有这样的情况，即对句子结构来说更为重要的论元是由连动词标记的。汉语是纯粹的 SVO 语序排列，动词"把"在连动式中被用来标记受事（OBJ 是宾语，PERF 表完成）。

（16）我   把   瓶子   打   坏   了。
　　　1sg OBJ bottle hit   break PERF

此外，在日语中有的副词性表达也是源于连动词形式，如「初めて」。由于副词不是封闭性词类，虽然仅凭于此不能说是语法化，但如「決して」和「断じて」这样，若认为其最初用于强调，之后变成须与否定形式搭配使用，那么，就可视其为包含句法照应关系（=9.1（e）中的"和其他要素的交互作用"）的句式的语法化（基于汉语方言比较的案例研究，参见柯理思 2002）。

探讨制约机制 †

就上面分析过的两种源于动词的语法化现象，我们进一步仔细观察后会发现，它们之间具有某种互补性。共同点是，两种都经历了源自表示具体动作的动词的图式化过程。但从句子结构看，两个连接起来的动词短语，"从复合动词到补助动词"的转化发生在后一个动词；而"从连动式到后置词"的转化则发生在前一个动词。基于日语语序，图式化后如下，补助动词用 Aux，后置词用 Po 表示。

（17）SOV1–V2 → SOV–Aux
（18）SOV1–V2 → SOPo–V

那么，在前述语法化过程中，究竟存在着怎样的动因和制约呢？下面我们按顺序看一下各自的变化模式。

第一，如（17）所示，复合动词在向体标记变化时，V1 表示具体的动作，V2 给出概念性框架。也就是说，V2 单独充当独立动词时的语义在向抽象性要素转化。其中，保留了其在时间中的变化或状态的语义，而变化轨迹本身成为了焦点。如若依据泰尔米的理论，就会发现，在事件结构中，路径的概念已从移动扩展到体并被框架化（参见 6.5）。

正如我们已经看到的那样，恒定原则被视为是隐喻扩展的一般性制约（参见 5.4）。依据这一假说，表示具体语义的动词作为体标记实现语法化时，会尽可能保留基础意象图式。即，当输入移动或动作动词时，始源域中的核心要素也将保留在目标域中，被予以突显。例如，「しまう」图式突显了通过某个动作到达某个点，因此，将其转化为完成体标记，而不转化为表示起点或状态的体标记，参见图 9.1。

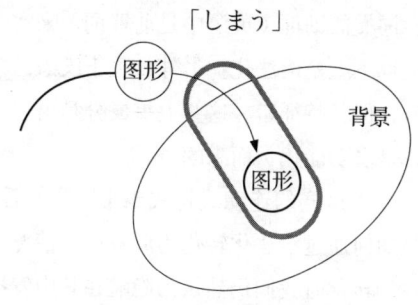

图 9.1 「しまう」意象图式

突显部分用粗线表示,由此我们可以进行以下概括。

(19)路径保存的制约(path-preservation constraint)
　　含有路径的动词在成为体(aspect)标记时,具有保存其原有图式,同时有较强的补助动词化的倾向。

这一点是和以下情况结合在一起的,即不论是具体移动还是抽象的体,在形成事件结构的框架时都具有相同的图式。如前所见,因为日语是动词框架型语言,所以从含有路径的动词向体标记的转化与其类型学意义上的特征是相匹配的,可以将其示意化为图9.2。

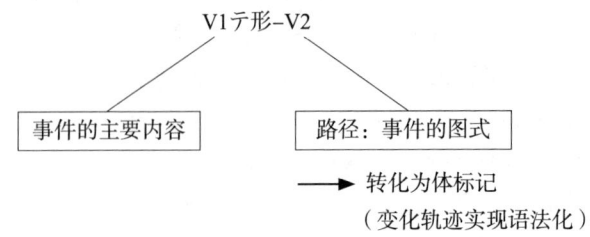

图9.2　从复合动词到补助动词

在日语中,因为具有图式性含义的V2相对于V1,其处于发生框架化的位置上,所以前述的"复合动词>补助动词>助动词"这样的演进模式才得以成立。但是,在诸如英语等的卫星框架型语言当中,该路径最初是由一个封闭性词类的助词(英语中是前置词)来实现,因此,虽存在功能的扩展,但称不上是语法化。另外,关于汉语,泰尔米虽将其视为卫星框架型语言,但其特征是,这些卫星成分是由表达路径的动词语法化(更确切地说是多功能化)而来的。

　　第二,在如(18)这样的连动式句式当中,我们看一下相当于V1的"テ形"动词是如何通过语法化转化为后置词的情况。原动词表示的是操作某具体对象,转化时我们仍然认为隐喻在其中发挥作用,但与上面看到的从动词到体标记的转化不同,这里看不到存在由空间向时间映射的关系。语义的图式化的确发生了,但此类型的语法化的共同点在于,动作行为者与对象之间的交互作用被抽象化;并且,伴随事件进展的时间过程被排除在突显的范围之外。结合扫描原理看,当连动式所表示的关系被次第扫描时,就会被解释为是具体动词。略去时间要素,对其进行总括扫描的话,便可解释为属于附置词(参见2.4)。例如,例(16)"我把瓶子打坏了"是将"手里拿着瓶子(="把"),之后将其击碎"的过程忽略,此时瓶子被当作击打作用的直接对象。

如果从事件结构的角度进一步思考这一过程,从原动词可以看出,因果链的形式保持不变,因某些部分未被时间化,所以可视为发生了附置词化。

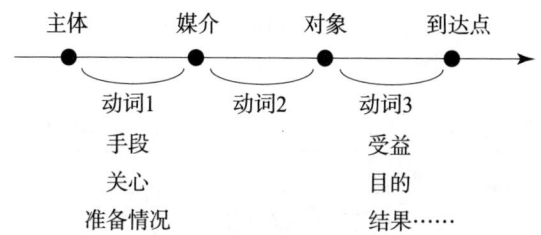

图9.3　因果链和附置词之间的对应关系

假定动词2的部分是句子传达的主要事件,那么动词1表示出现在该动词前的事件,而动词3则表示随后的事件。例如,在例(11)—(13)中动词1的部分(准备情况和手段)和例(15)中动词3的部分(受益)被图式化。在例(16)中,动词1的部分(手段)与动词2的部分(目的)集结在一起,由此对对象的作用被直接前置词化。其共同特征是,无论哪一个例子,因果链上被截取的部分区间皆不带有时间过程,唯有关系被突显了出来。

有趣的是,仅看日语例子,从移动路径向体转化的动词(参见例(17)和图9.1)难以像例(18)那样转换为后置词。其原因是,后置词所表示的功能域不是移动路径自身所具有的图式(=路径),而是因果链上的部分相互作用被去时间化的结果。因此,表示因果链上相互作用的动词,比作为图形的移动路径更适合于语法化,将这一点与框架化类型结合起来,可总结为如下的制约。

(20)路径排除的制约(path-exclusion constraint)
　　当移动动词附置词化时,路径图式不被保存的倾向较强。

换言之,这句话是说,含有操作和样态义而非路径义的动词转化为附置词的倾向较强。尤其是在卫星框架型语言当中,因为移动动词不是路径,而是原因和样态二者合一的类型占主导,所以可以说,其发展为附置词的机会就相对更多。

如果把这些要点用图表示的话,即如图9.4所示。

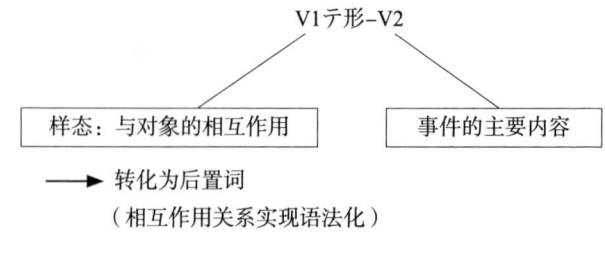

图9.4　从连动式向后置词

由于日语为动词框架型语言,其基本移动动词以包含路径为主,所以向后置词的转化是受限的。图9.4中,位于语法化输入位置的动词,在日语中主要表示因果链的部分活动样态。当然,(19)(20)为假说,自不待言,今后还需做进一步的详细分析。

语用强化

作为不同于隐喻和图式化的语法化动因,有的功能扩展源于在某语境内的固定解释。日语中的「決して」和法语中的"pas"一词之所以与否定句联系在一起,是因为这一形式最初具有强调的功能,形成构式后可谓将其中的否定义继承了下来。如此一来,上下文中起初没有必然性的联系被固化下来，进而承担起语法功能，这种作用称为**语用强化**（pragmatic strengthening）(Geis & Zwicky 1971、Traugott 1989、Traugott & König 1991)。我们经常看到，用作强调的形式通过与其他语法要素相结合，于是便有了强制性和黏着性。

语用强化作用，在探讨诸如与推理关联紧密的情态句、条件句等构式形成发展方面，还是很有价值的。日语中的中断句规约化，就可看作是语用强化作用的例子。我们认为，如解释「私もいい歳ですし」这样的中断句所表达的理由义，就是来自（21）所示过程（参见 7.1）。

（21）P-シ，Q (P—并列—Q) → P-シ，Q (P—并列 / 理由—Q) → P-シ，ϕ (P—理由—ϕ)

也就是说，在省略了后续从句时，因不能得到"并列"的含义，作为一种可能性，仅保留了"理由"的语义，这是其在实际使用中不断强化的结果。

同样，如「まあまあ，こんなに大きくなって」中所见，由「テ」接续的中断句构式也是如此，本为"承接 / 原因"的语义关系，但"承接"的语义消失，"原因"和由此产生并默认的"结论（进一步可为评价）"成为了主要的意思。其结果是，这种含义在传达上起到最主要的作用。从更广的角度看，语用强化过程可以概括为以下这样的变化倾向（参见 Traugott 1982）。

（22）客观状况＞主观态度＞言语行为的妥当性

所谓言语行为的妥当性，是指源于说话人的信息表达，也就是关于某事件的叙述符合当下交流的目的。我们看到的例（1）中「わけ」等词语就具有这样的功能。

英语的情态发展也可以说是遵循这一趋势的。例如，从根情态（root modality）到认知情态（epistemic modality）的发展见于各个时代，即便是像 have to 和 ought to 这些乍一看主要用来表达义务义的例子，其认知性用法也固定了下来（此时是判断"应该……"）。同样，关于 may 和 can，如果效仿（22）来表示变化的方向，那么从客观状况向主观态度的扩展进程，可总结为"有能力＞有实行的可能性＞承认实现的可能性"（参见 Bybee et al. 1994）。Langacker（1990b）进一步使用主观化（subjectification）的概念，明确了该过程所蕴含的认知性规定方向。

在语法化的讨论中，隐喻和语用强化作用，作为促成变化动因的两股力量，常常是矛盾的。然而，Heine et al.（1991）从宏观视角出发，通过对隐喻间断的历史时期进行比较后发现，与视野所及的显著变化相比，支撑语用强化作用的语境内推理则是从微观角度看到的"细微摇摆"。如果光看变化的起点和终点，其语义会有很大差异，即使在必须考虑不同概念域之间由隐喻带来的映射关系时，如果仔细研究一下中间阶段，就会发现认知侧面的转移在一点点地发生，这种转移是由语境内推理来补充完整的。例如，我们都知道，关于情态发展的研究，有以隐喻为中心的 Sweetser（1990）和以语用强化为中心的 Traugott（1989）。但是，我们认为，通过宏观–微观的观点重新审视的话，就能得到更准确的理解。

9.4 语法化和认知地图

认知语言学所主要关心的是，我们人类所掌握的概念在各种语言中是如何被系统化的，有哪些共同点以及能够解释这些倾向的结构原理是什么等问题。对此，语法化研究的最大贡献之一是，明确了功能发展模式及其产生动因的可能性，并实现了类型学方面具有普遍意义的概括。单向性假说在这里非常重要，因为它阐明了变化的方向，从而有力地支撑了我们对功能域扩展的分析。

上述研究所采取的方法是，以历时数据为基础，绘制出认知地图（cognitive map）。我们认为，在很多语言中普遍可见的语法化路径，对于认知来说，都是基本的范畴扩展类型。同时，即便是在界定语法功能的原型方面，将扩展的路径纳入视野也是很有意义的。这里，就被动句语法化扩展方面，我们看一下 Haspelmath（1990）中表示被动句的形态是如何实现语法化的研究。该项研究基于 79 种语言中的数据，呈现出如图 9.5 所示的发展方向（Haspelmath 1990：54，有部分修改，各个方向皆标注了序号）。我们将其与在 8.4—8.5 中所看到的被动句功能域进行一下比较，其中的基本功能是状态化、施事的去焦点化和受事的话题化（图 8.4）。

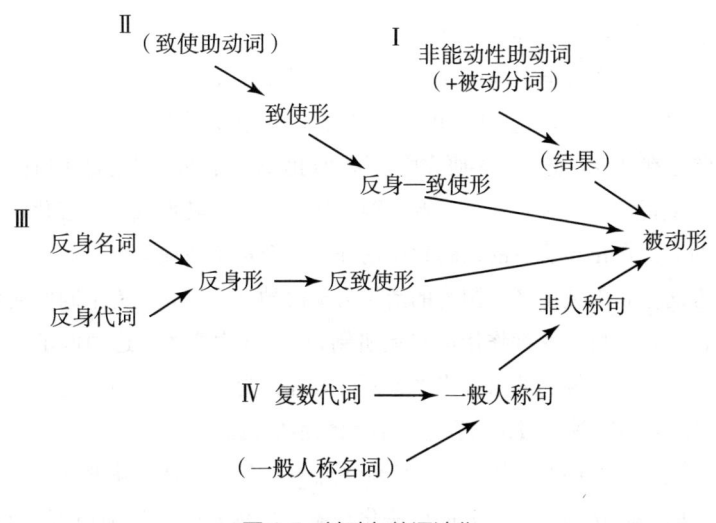

图 9.5　被动句的语法化

第一，Ⅰ中的非能动性助动词对应于状态化。换言之，受事是句子的中心，其结果状态受到突显。具体地说，其中包含从"X 正受到某种作用"图式起，经过诸如"接受">"成为（动作的）对象"或"去/落下">"陷入（状况）"等的变化，最后实现动词的被动句语法化。除了汉语的"被"和东南亚的语言（越南语 bi、đu'o'c，泰语 thûuk，柬埔寨语 trəw）以外，这一类型中还包括泰米尔语 -pat（南印度，达罗毗荼语系）和班图语支的 -w-。

第二，以Ⅲ反身形为起始点的语法化与施事的去焦点化相关。图中的"反致使形"是一种表示自然发生而没有致使作用参与的事件生成形式。日语中的很多基本动词（如「割る」—「割れる」等）都是通过这种自他交替使用来实现此功能域的。而很多欧洲语言则使用反身形（如德语 sich、法语 se、丹麦语后缀 -s 等），表示未指定施事的非能动性事件。如果进行图式化，即为"X 作用于自身"＞"X 自发成为作用的中心"形式的扩展。

第三，来自Ⅳ的一般人称句的发展是施事的去焦点化最明显的例子。例如，姆班杜语（中非，尼日尔-刚果语系）的 a-，阿伊努语（北海道和库页岛）的 -an、a- 等（Haspelmath 1990：49—50）。作为其扩展机制，从"不特定主体对 X 发挥作用"的识解出发，施事从事件突显场景中被剥离，X 作为事件的唯一参与者，被解释为被动句，它们的发展路径都是沿着迄今众多研究中就被动句所提出的基本功能域进行的。

值得注意的是，Ⅱ这一源自致使的被动句，其形成与状态化、施事的去焦点化和受事的话题化中的任何一个都不对应。倒不如说，Ⅱ的方向性是以致使者控制力的消失为动因的，应将其视为不同的演化路径。在这里，发挥作用的扩展机制正如 8.5 中所述。这种例子在东亚地区黏着性较高的语言当中也同样存在，为大家所熟知的是韩语中的 -li、-i、-hi 等词缀，其表达被动和致使两方面含义。

同时，在图 9.5 中，我们必须注意的一个事实是，并没有发生以受事的话题化为主要来源的语法化现象。虽然Ⅰ的非能动性助动词确实含有对受事的关注，但让人强烈感觉到的是其产生于突显施事作用的结果状态。像与受害被动相关、带有很强的受影响性的受事，其话题化之所以难以成为语法化的起点，其理由在于，很多语言当中的焦点化/话题化的构式另有其他发展路径。同时，还有一个应考虑到的因素是，明确影响力与状态化这一功能域原本就不相匹配。这样看来，基于语法化方向性的认知地图是促进我们重新思考迄今为止所讨论内容的重要工具。我们认为，如果将被动句的功能域从类型学出发、以妥当度更高的形式重新界定的话，那么，状态化、施事的去焦点化和控制力的消失将是三个主要的核心支柱。受事的话题化，是通过状态化的功能即通过非能动性的识解方式、突显结果状态的功能而派生出来的。

9.5　共时态与历时态 †

若要从更为普遍的观点思考语法化意义的话，那么则需要对迄今为止的语言学中使用的共时态（synchrony）和历时态（diachrony）的区分形式重新进行探讨。所谓共时态，是指某一特定时代语言要素所处的状态，而历时态是指某语言要素在历史过程中的演进变化。一般来说，作为共时态的语言，多论述的是其完整均衡的系统。然而，在现实生活中，语言的形式和功能并非一一对应，会出现来源不同的要素同属于一个范畴，或同一个词因多功能化作用而具有了其他功能等情况，对一种语言来说，莫如说这才是常态。结果是，共时态是由处于不同发展阶段的要素构成的集合体。从这个意义上来说，语言并不是"完整均衡的系统"，其内部总是存在不均衡，同时，也一直处在重复局部变化和调整的过程中。进行语法化分析的最大意义在于，可以弄清各个形态的发展阶段，又能以一种全新的方式阐明共时态。

这样的思维方式同样适用于依托构式网络的语法观。就整个语言变化而言，包括语音和词汇在内，是以范畴化中的再调整为契机而发生的。说话人所说的信息与听者所形成的解释二者并不完全相同。在传递信息的现场，听者对来自说话人的信息进行补充修正也总是在发生。在此过程中，借助推理读取意义以及重新解释范畴，此二者反复进行，语言变化就是此过程的继续。如将语法视为同词汇一样，属于可进行部分更新的知识的话，那么，语法变化便可被定义为通过解释行为之反复，由此完成网络的重组，很多事实由此便可得到解释。其结果是，共时态和历时态的区分可通过认知语言学的方法被重新把握，且十分能产。

【文献导引】

在 Traugott（1985）的条件句标记研究中，体现了其试图从原型及其扩展在语法化方面也有所反映的观点出发，来绘制认知地图的思想。而 Haspelmath（2003）则概括了应用认知地图进行研究在方法论上的重要性。作为收录语法化研究方面具有代表性作品的成果，除了 Traugott & Heine（1991）、Pagliuca（1994）、Ramat & Hopper（1998）、Rissanen et al.（1997）和秋元（2001）以外，*BLS* 14 还出版了专刊。此外，日语相关方面研究，以 Ohori（1998）为代表也成果颇丰，如 Onodera（1993、1995）探讨了接续词的语法化；Dasher（1982、1995）探讨了敬语的发达；R. Suzuki（1998、1999）探讨了句末表达的发达。考虑到日本的日语史研究有着积淀十分丰富的传统，加之，即便在世界范围内拥有跨越千年的语料积累的语言也十分少见这一点，语法化（乃至扩及语言变化各方面的）研究将是一个可期待"来自日语的贡献"、前景甚好的方向。

【讨论题】

9.1 下文所展示的是泰语句子中 thǔŋ 形式的多功能表达（来自 Kessakul & Ohori 2003，例句未加解释）。试考查一下，历史上哪一种用法是基本用法，哪几种用法是后来发展起来的，建立自己的假设，并探究形成动因。

(a) khun luŋ   kháp maa   thǔŋ thaaŋ   yêɛk
    HON uncle drive come —   way   separate
    大伯开（车）到岔路口。

(b) mûɯa thorasàp paj thǔŋ bâan lɛ̂ɛw…
    when telephone go —   house finish

刚往家里打完电话……

(c) kháw kròot   mâak thǔŋkàp   phûut   mâj   ɔ̀ɔk
s/he be.angry much — speak   NEG   come   out
他（她）气得说不出话来。

(d) kháw thǔŋ bâan   lǎŋ nûŋ
s/he — house CLF one
他（她）到了一户人家。

(e) lɔ́ɔn ùthaan   jàaŋ khît mâj thǔŋ
she exclaim like think NEG —
她惊愕地叫了起来。

(f) thǔŋ pen khon kɛ̀ɛ kháw kɔ̂ʔ mâj   lúk   haj nan
— be person old s/he CONJ NEG get.up give sit
即使是老人，他（她）也不起来让座。

(g) thǔŋ jaŋ dèk   kháw kɔ̂ʔ mii   khwaam rápphìtchɔ̂ɔp
— still child s/he CONJ have NML   responsibility
尽管还是个孩子，但他（她）责任感很强。

9.2† 举出一个语义被图式化的复合动词，然后收集各个历史时期的实际用例，分析其变化过程。若是基础性分析，可从《日本国语大辞典》（小学馆）等资料中搜集例子。

9.3† 将语序视为是一种构式，选择若干现代日语会话数据（或自己收集，或借助电视等收集二手资料）中反复出现的语序类型，探讨它们的话语功能。

第 10 章　语篇、认知、文化

10.1 文化研究

前面谈到了人在把握事态、将其进行语言编码时需要参照什么样的知识。这里再拓宽视野，探讨一下我们在通过语言思考文化、社会时，从认知语言学的立场出发能够做什么样的研究。

首先，我们在社会上生存需要赋予世界以意义、相互关涉，所谓文化就是为此目的而必须具有的知识或思维方法。在认知语言学看来，人不是通过语言将客观事实原原本本地摹写下来，而是基于某种识解，构筑局部世界。通过分析语言，阐明因文化不同，对世界的把握方式也是不同的。可以说，上述立场是适合明确这一道理的。

更具体说，在对范畴化以及作为背景的知识结构进行分析时，方法上十分有赖于文化人类学方面所取得的进展。如前述泽塔尔语的植物分类，这种在特定文化中有意义的区分反映在了词汇结构的特征上（参见 4.2）。此外，构式知识也常常包含实际场景中有助于促进对话双方间相互作用的信息。特别是，通过审视构式的语篇功能，很多时候可以使我们明确某一文化、社会中所受重视的特定方面。

10.2 隐喻和文化模型

识解的比较

通过语言活动赋予日常经验以意义，其中有一个方法便是使用隐喻。将某事件或经验比照其他概念进行理解，在此意义上，隐喻可以看作是认知的一种模型。如前所述，因所选择的隐喻及突显的方法不同，本应是相同的经验，看待方式却不同。在这种认知模型中，每一种文化特有的模型称作**文化模型**（cultural model）。如能阐明在某一个语言群体中，人们更倾向于使用什么样的隐喻进行识解，那么就有望成为理解某一特定文化的扎实研究。

日英比较：交际隐喻

在此，作为日英语比较研究的案例，我们以交际隐喻为例进行分析。在此领域中，广泛采用〈信息是位移的主体〉这一隐喻。用图表示，如图 10.1。

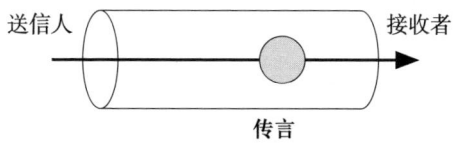

图 10.1　管道隐喻

因为传言是以通过管道传达的形式被概念化的，所以被称为**管道隐喻**（conduit metaphor）（Reddy 1979）。下面举几个英语和日语的例子：

（1）I've got to get this message through.
　　我必须把这个传言送到。
　　私はこのメッセージを届けなくてはならない。
（2）Please give me your opinion.
　　请给出你的意见。
　　あなたの意見を下さい。
（3）She didn't accept my words.
　　她不接受我的话。
　　彼女は私の言葉を受け入れなかった。

不论是哪个例子，信息都是作为人与人之间"被传递"的物件被予以把握的。

　　这种识解方式在很多文化中都是共通的。例（1）—（3）的日语译文看上去也没有什么不自然之处。可是，如再仔细比较一下日英语则可以发现，事实上二者之间采用不同的认知模型，区别十分微妙。野村（2002）认为，在以下例句中，可以看到日语独特的隐喻表达。

（4）不満を漏らす。
　　　吐露不满。
（5）辛辣な言葉を浴びせる。
　　　纷纷加以指责。
（6）賞賛の言葉がこぼれる。
　　　赞美之词溢于言表。
（7）噂を流す。
　　　流布传言。
（8）淀みなく話す。
　　　流畅地说。

这些例句姑且可看作是一种管道隐喻，但例（4）—（8）相通的是将信息作为"液体"来把握的理解方式。除此之外，还有很多类似的例子，如「言い淀む」（吞吞吐吐）、「言葉を濁す」（含糊其辞）、「意を汲む」（体谅人意）。这类例子是以液体为始源域的交际隐喻，被称作"液体隐喻"。

管道隐喻

　　管道隐喻，不仅存在于我们对日常事物的认识（＝民俗知识）的背后，也制约着我们对语言活动的学术见解（＝专业知识），这一点极为重要。理由在于，不仅是语言学，在哲学、心理学、人类学、信息处理等领域，所传达的语义皆是以传言的方式，且事先具备确定的形式，如若按照一定的规则"解读"，就能保证其能获得确定的语义。语言学理论即是来自这样的思想。这一观点至今仍是很多研究的默认前提。然而，最近越来越多的研究者采用以下所谓的解释模型，即认为语言表达的意义是由参与者作为主体构成的。

这种表达方式在日常的日语里被自然接受，然而，在其他语言里就未必能普遍见到了。当然，这种差异不是绝对的，涉及的是偏好（preference）的问题，即代表了相对更愿意使用的某种倾向。然而，正如理解一种文化，我们可以从衣食住的习惯上去考察一样，不仅是生存条件，对偏好的关注也是我们需要进行比较的重要一环。

那么，英语当中一般偏爱的交际模式是怎样的呢？下面举几个例子。

（9）Try to pack more thoughts into fewer words.
尝试把更多的思想纳入到较少的语辞中。
少ない言葉により多くの考えを詰め込むように。

（10）The sentence was filled with emotion.
这句话充满了感情。
その文は感情で満たされていた。

（11）Can you actually pick up any ideas from that prose?
实际上你能从那篇文章当中发现什么点子吗？
その文章から何か考えを本当に拾い出せるか？

即在英语中，所传达的内容被盛入"容器"，以有形物的形式移动。英语以这种把握方式为主，被称为"容器隐喻"。例（1）—（3）也都有这种倾向，但例（9）—（11）更清晰，明确将信息看作是有形物，情感、思考"搭乘"它移动。日语使用液体隐喻，信息没有明确的有形意识，而在英语的容器隐喻中，固体印象占有主导地位。看了译文就能明白，日语表达也并非那么不自然，但作为日常性的日语来说，采取液体隐喻的表达更像地道圆熟的日语。在例（11）中，表达的是从给人以固体印象的"文章"中"捡拾"内容，但在日语中，把握方式是从液体中"汲取"内容——至少从传统上说——这种形式应该更受欢迎。

总结以上分析，可以说，日英语为了以具体形式将交际内容概念化,均使用了管道隐喻。在这一点上,二者别无二致,但在具体采用何种类型的模型方面,则存在偏好的问题。有意思的是,两种语言存在如下差异。

(12) この気持ちは言葉にならない。
这份心情难以言表。
(13) I can't put this feeling into words.

这两句话没有任何特殊之处,但日语的脚本是,「気持ち」是以流动的形式改换成「言葉」;而英语中,feeling 本身作为物体的形状没有改变,只是被放入 words 这个容器当中,偏好之差在这里也有呈现。

鉴于这样的事实,野村(2002)指出,连续体图式与个体图式的对立有可能出现于隐喻中(也可参见 Ikegami 1993)。即认为,在日语中占优势的、将交际视为液体流动的隐喻,反映了连续体图式;而在英语中占优势的、赋予所传达的信息以轮廓,将其纳入容器的这个隐喻,反映了个体图式。

日语的这种连续体图式的优势,在远离所谓交际的概念领域处也能见到。下例中,人际关系就是通过液体来把握的。

(14) 早くみんなに溶け込みたい。
我想快点融入集体。

这句话当中,有界的个体人被作为无界的液体来把握。由此让人感到,存在这样一种文化模型,即人与人之间的相互连接,需要通过打破束缚自己的个人界限而成立。但是,在英语中也有类似 brain drain(等于日语"頭脳流出",即人才流失意)的说法,这也是作为偏爱度问题考虑比较恰当。但是,连续体图式构成日语背后的文化模型,这一认识十分具有洞察力。

10.3 构式的语篇功能

构式与语境化

之所以要研究构式问题，如前所述，有一个理由是，理解句子时需要有阐明语义"源自何处"的单位。此处所说的语义包含对事件的各种把握方式。说话人和听者在同一个具体场景中，做出如何调整彼此关系、展开语篇的选择的行为，与之也有关系。在通常的语言使用中，抛开一切"羁绊"——地位、性别、年龄、状况——产出完全中立的句子之所以很难，就是因为要做出选择。

举一个例子，下面这句话该如何解释呢？

（15）X 先生、後を賴みます。
　　　X 先生，余下的事情拜托了。

一般认为，「先生」这个词是包含敬意、用于招呼对方的词语。可是，这是"敬意"事先已经固定、为了自动表示这一敬意而使用的吗？从通过语言建构世界这一立场出发，可以解释为「先生」这个词用于表明说话人发出以下积极信号：对于听者，自己是如此把握这个场面而与之对话的。例如，对一个平时不称呼其为「先生」的某同事说例（15），说话人其实是想将杂事推给对方，自己开溜。此时存在一个可能性，即说话人通过与 X 拉开距离，将其作为足可尊敬的人物对待，以此来创造某个特定的语境。

如此考虑的话，围绕交际双方的语境，不是从一开始就全都被固定下来的形式，而是需要根据话语进行的状况展开动态调整。语言具备可为之运用的丰富手段，这叫**语境化提示**（contextualization cue）。至今引起关注的多是有关句调、语速、强调、停顿、音色等特征，但词汇、构式的选择也包含在语境化提示当中。也就是说，在传达某方面内容时，假定有几种可能的说法,根据所选择的不同,构成语境的方法自然也不同。话语在进行过程中,需要有众多的文化、社会方面的知识做背景。并且,应参照什么样的知识参与交际,这要从语境化提示中得到启发(参见 Silverstein 1976b,Gumperz 1982)。

格标记的社会功能[†]

构式的文化、社会功能在句子基本结构的选择上也有所显现。拜托他人做事时要涉及人际关系,与此相关的构式选择自不待言。在一些语言中,如格标记那样被认为是表示语法关系的语言形式,与社会语境也是密切相关的。下面,看一下萨摩亚语(萨摩亚群岛,南岛语系)中的施事标识。

萨摩亚语的句子结构有一个特征,本应该用带两个论元的及物动词句表示的内容,实际上常常用只带一个论元的不及物动词句来表示。这种构式以施动性低的形式呈现。施事用属格标记 a(行间标注为 of)(Duranti & Ochs 1990:4,语序是 VSO,ART 表示冠词,PRED 是谓语,此处表示同位格)。

(16) pu'upu'u le   laauga a le   kamaaloa o   Pua
     Short   ART speech of ART man   PRED Pua
     叫 Pua 的那个男人的演说很短。

这句话中,pu'upu'u(短)是整个句子的谓语,论元是意为"叫 Pua 的那个男人的演说"这一名词短语。然而,所传达的事件却是"叫 Pua 的那个男人做了很短的演说"这一带有施动性的内容。此处的施事没有成为论元。当然,例(16)的内容也不是不能用及物动词构式表达。下面的例子显示了两种构式。萨摩亚语具有作格型的格标记。相当于施事 A 的作格是 e,相当于受事 P 的通格是零形式(Duranti & Ochs 1990:13,ERG 是作格,TA 表示时或体)。

（17） e lelei le　laauga a Lua
　　　TA good ART　speech of Lua
　　　Lua 的演说很好。

（17'）谓语动词（好）—论元［主名词（演说）—领属名词（Lua）］
　　　〈不及物动词〉　〈主事：通格〉

（18） e fai e Lua　le　laauga lelei
　　　TA do ERG Lua　ART speech good
　　　Lua 做了很好的演说。

（18'）谓语动词（做）—论元［名词（Lua）］—论元［名词（很好的演说）］
　　　〈及物动词〉　　〈施事：作格〉　　　〈受事：通格〉

在例（17）（18）中，把握方式迥然不同。Duranti & Ochs（1990）认为，领有属格的参与者表示的不仅是施事，而是表示广义上的语义角色。例（17）的不及物动词构式中，可行的一种解释是，Lua 是演说人；但如在例（18）那样的及物动词构式中，领有作格的参与者其语义角色只能限定为施事。

　　从社会文化功能的观点看，这些构式的重要性更是表现在，事实上它与更大的社会语境相结合，以对人们的生存现实做一个建构。有一个让我们显然看出含有这种顾及他人用意的场面。Duranti（1990）对萨摩亚社会特有的一种协商方式（fono，以下称为"立法大会"）进行了分析。召集立法大会的目的多数是，当群体出现问题时用于解决问题。此处所说的解决，不是死板地按照法律解决，重要的反而是为了保持群体内部"和谐"，互相理解问题之所在，以带有与对方地位相符的敬意，与之通过协商来解决。在这种场合，明确施事具有十分重要的意义。因为当发生某件大事时，即便现实中存在带来这件事的"力量"，但是否予以承认并用语言说出来则要进行选择，选择后的社会意义会有很大的不同。在社会中拥有并能发挥这种"力量"的人，要受人际关系的制约。比如，发生了不好的事件，用作格标示施事予以承认,这其实就是明确已发挥"力量"的该主体的社会责任。参加立法大会的人,有时采用不标明施事的构式,有时则用作格标明施事,如此切换把握方式。下面要举的是对同一个事件从不同的角度予以把握的例子。背景是,某人做了一番在社会上引发问题的发言,大家协商对其问责(Duranti 1990:654—657,PRO 表示代词,PST 表示过去,NEG 表示否定)。

(19) 'ua'e faga mea leaga ai e'oe le gu'u
TA you feed thing bad PRO ERG you ART village
你把坏消息传播到了村子里。

(20) e augapiu ma sa'u'upu ga fai
TA absent with my word PST say
我没这样的话。

(21) e leai se 'upu a A... ga faia
TA NEG ART word of A... PST say
A……没(说)这样的话。

例(19)是站在追究闯祸的那个人的责任的立场上说的话。如下划线处所示,第二人称用作格标示,是施事。句首有 'e 这个第二人称代词,e'oe 这个形式是作格 e 加上表示强调的代词 'oe 组成的(动词部分直译的话,就是"喂(坏消息)")。而例(20)是出问题的那个人自己回避责任的发言。例(21)是为了拥护持同一立场的人(用 A……表示)说的话。二者都采用不及物动词构式,表示"没(说过)这样的话"的意思。原来的施事用属格表示,这与例(19)的突显不同,被置于背景的位置。假如例(20)(21)皆采用带作格的及物动词构式说的话,那么即便否定,也暗示其存在持有积极的"力量"的可能性,这与语篇的目的不吻合。在这里,由于使用了不同的构式,对参加人的把握角度就有所不同,由此才能实现政治上的应变周旋。社会地位也关乎其中，地位越高，对他人的施动性即社会责任进行评说的余地就越大。

由此看来，萨摩亚语这种乍一看十分陌生的语言的构式，与我们所体验的各种对他人的顾及态度也不无关系。就某人的行为、信念选择不同的把握方式，不仅反映已存在的力量关系，而且也会动态地构建这种关系。通过构式的选择，将某事件放入特定的突显侧面下予以语言编码，适当地调整运作社会关系，这不论在哪一个语言群体中都没有例外。所谓语言知识，在此意义上就是用于维护权力及社会结构，并对其做进一步调整的一种"技术"（Duranti 1990：661）。

10.4 语言与思维

萨丕尔-沃尔夫假说

与文化并列的，还有一个重要的问题，就是语言与思维的关系问题。迄今的讨论常常集中在语言决定思维这一命题是否成立。阐发这一观点时，总是将萨丕尔（Sapir 1921、1949）和沃尔夫（Benjamin L. Whorf 1956）这两位语言学家联系在一起进行讨论，所以，也被称为**萨丕尔-沃尔夫假说**（Sapir-Whorf hypothese）。

尽管没有所谓的萨丕尔-沃尔夫的确定版解释，但将一般认为的看法归纳一下，如下所示（参见 Kay & Kempton 1984，Lucy 1996）。

（22）说话人母语的语言结构，决定了独立于语言的人的思维方式。

对于这一假说，"强烈支持"的观点是，语言完全决定思维，对此我们不做深入讨论。这一观点大多数时候是出于讨论的方便提出来的，几乎没有人支持。要是语言完全决定思维的话，就不可能提出"独立于语言的人的思维方式"的观点，其作为假说是不完备的。

与此相对，"部分支持"的观点是语言对思维会产生某些影响的立场。此时重要的是，语言的哪一个方面，影响思维的哪一个方面？首先，就知觉或记忆的基本机制而言，很难认为是由语言决定的。因为眼里看到的、手里接触到的，这些自身的感觉大家都是相同的，每个人的记忆容量等也没有差别。

另一方面，就植根于文化的思维而言，很多是通过语言获得与继承的。民俗分类自不待言，诸如「いき」（漂亮）这样的审美、「義理」（人情）这样的道德观便是如此。在此意义上，语言对思维有影响，是显而易见的。另一方面，也有人认为，文化性词汇太流于表面，仅限于个别领域，与更一般性思维的"本质"不相干。

萨丕尔-沃尔夫假说

所谓萨丕尔-沃尔夫假说是后人起的名字。沃尔夫是萨丕尔的弟子，但二人未曾联名发表过论文，也没有发表过冠以自己名字的假说。萨丕尔出现的 20 世纪初叶正是美国语言学草创期，其主要的关注点在于美洲原住民语言的多样性和文化背后的思维习惯。其与印欧语的结构迥异，研究者们在分析无文字语言时，很多时候必须打破的一个偏见是：美洲原住民的语言文化"低人一等"。为此，不能用印欧语的视点妄下结论，发现原住民语言其独有的体系和逻辑才是学者们的关注焦点。其后的美国语言学界认为，语言与思维的问题缺少客观性，不成为"科学"研究的对象，遂遭到冷落。但是，吸收萨丕尔、沃尔夫以及这一流派见解的学者们一直没有放弃将语言学作为"科学"来看待，他们的目标是构筑具有独特人学观和方法论的崭新的语言学。现在，萨丕尔-沃尔夫假说所具有的潜在解释力，在我们重新审视语言在整个认知行为中的作用的时候极为重要。

从现代人的观点看，更有意思的是，即便在所谓的"思考"行为的过程中,参与其中的也是人的高层次的认知能力,即与把握和判断对象相关的能力。例如,记忆的容量或其基本构造,不论是谁都是一样的,但什么东西容易残留于记忆中,或容易在记忆中与其他事物连接起来,不同的群体之间就会出现差异。特别值得注意的是,对所获取的信息是如何范畴化的,需要经过什么样的推理等问题。由此,重新归纳一下(22)的话,如下所示。

(23)说话人母语的语言结构,对独立于语言的思维中的、与识解相关的认知能力(特别是范畴化及推理)有影响。

这个假说获得支持的力度有多大呢?下面看一下。

可数性与对对象的认知

为了验证语言的差异对认知有影响,有必要对各自独立规定的特征进行一下比较。具体说,它一方面决定了语言结构的特征,另一方面决定了不依赖语言的认知过程。下面,讨论一下个别语言中的名词范畴的标示方法,以及其与在对对象的认知过程中所关注的特征(形状、素材等)之间的对应关系。这里提出一个假说。

(24)说话人母语中的名词范畴的标示方法上的差异,会影响对对象的分类标准。

这里特别要思考一下,某种语言是否有单复数的标示,其与对对象的认知有何关联。这方面研究知名的有 Lucy(1992b)、Imai & Gentner(1997)。

概念的演化中,有一个被认为属于基本区分的环节,即是否是有明确界限的个体,或是否是形状清晰的素材。这被称为个体—素材的对立。在英语中,这一对立被纳入到语法中,以可数名词(count noun)

和不可数物质名词（mass noun）的形式呈现。众所周知，与作为个体把握的如 book 这样的可数名词不同，作为素材把握的如 water、mud、meat 这样的物质名词不标单复数（参见 2.3）。与之相对，在日语中，数的标示不是强制的，即便是可数的对象，也不必标出单数或复数。就名词的标示而言，重要的是用量词表示的对象是何种类型。因此，如果承认名词范畴标示方面的差异会影响到作为认知能力的范畴化的话，那么，在对对象进行分类时，可以预测的是，对日语话者来说，对个体—素材对立的注意度较之英语话者要低。相反，可以认为，日语话者对素材本身的注意程度较之英语话者要更高。

为了证明此假说，Imai & Gentner（1997）以日语话者和英语话者（2 岁前半、2 岁后半、4 岁、成人共 4 个组）为对象做了几个实验。基本方法如下：(i) 如图 10.2（Imai & Gentner 1997：180）所示，除了作为基准的物件（各有 3 件成套的物品中位于上方的那一个）外，还准备了形状不同、个体性低和素材不同的其他物件（位于下方）。(ii) 给被试者看作为基准的对象，说："这个是 X。"X 是被试者第一次听说的新造词（该语言中没有）。(iii) 给被试者看形状不同和素材不同的物件，问："哪一个里面有 X？"若选形状不同但素材一样的东西，那么素材本身受到关注；若选形状一样但素材不一样的东西，那么当然作为个体受到关注。(iv) 用于实验的物件，有形状复杂、形状单纯和由无边界素材做成的物品这三种。

实验结果，形状复杂的物品（=a），与语言差异无关，个体—素材的对立反映在了范畴化上，日英语话者都对其形状倾注关注，进行了分类（两种语言各年龄组的人都在 75% 以上）。但无边界的素材（=b），除了最小的 2 岁前半组外，在其他各组中，英语话者看不出明显的倾向，但日语话者以形状为基准的人在 20% 以下，明显是以素材为基准分类的。接下来，形状单纯的物品（=c），英语话者各年龄组都是 65% 以上以形状为基准进行分类，而日语话者就幼儿来说，没有可称为基准的东西（成人组，关注形状的人在 30% 至 40% 上下，因此不如说关注素材的倾向十分明显）。

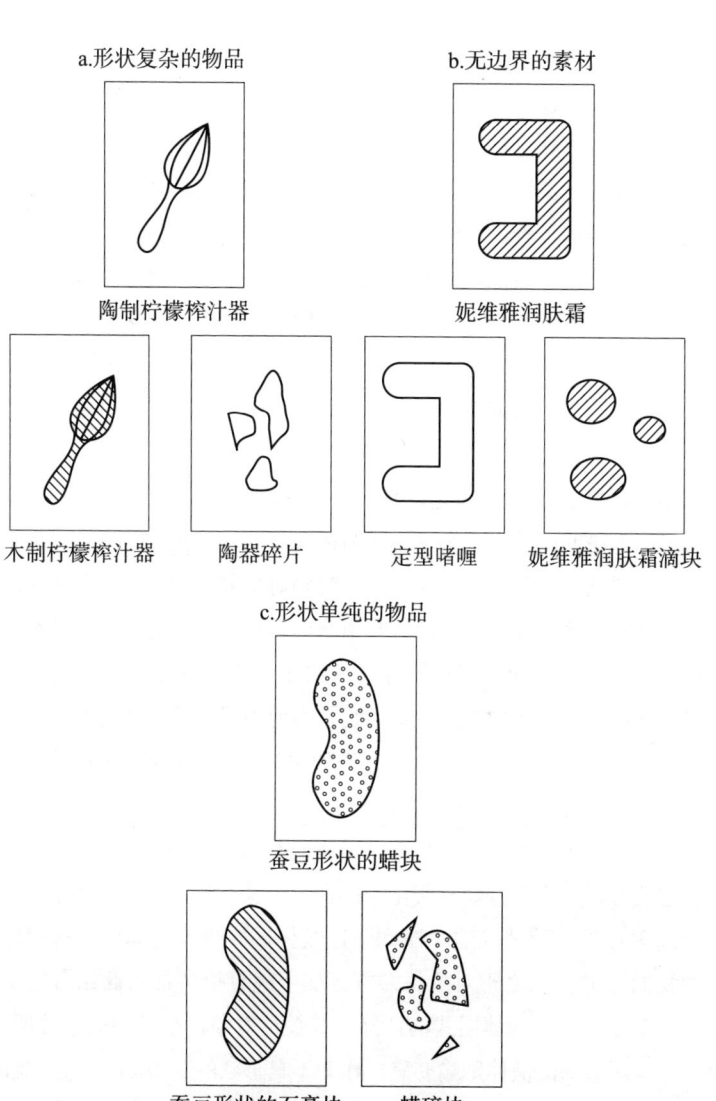

图10.2 可数性与认知实验

总结一下调查结果。第一,不论哪一种语言的话者,都具备区分个体—素材的能力,可以说,个体化这种认知过程是具有普遍性的。

另外，在认知形状复杂的对象方面，两种语言没有差别。由此可知，形状（以及与此相连的功能、用途）在拥有众多信息量的时候，说话人的注意力会偏向于此。这一倾向与个别语言的特征无关。第二，关于无边界的素材和形状单纯的物品，在分类上日语和英语话者之间的基准是有差异的。从倾向上看，日语话者关注素材，英语话者关注作为个体的形状。假定这不是偶然或误差的话，那么就有必要做出说明。操这两种语言的人天生的大脑及感官等应该没有差别。在进行范畴化时所受关注的特征互有差异，作为根据其对语言习得的影响是最有说服力的。即在习得母语的过程中，名词范畴标示的差异，可以说决定了对对象把握方式上的偏好。

语言的特征给予范畴化以影响。Imai & Gentner（1997）对影响机制做了如下说明。首先，个体—素材的对立是作为独立于语言（恐怕与生俱来）的认知上的区分而存在的。辨别对象的轮廓、赋以个体化，这一过程是具有普遍性的。然而，在语言习得早期，此时母语的特征——这里是通过可数不可数等的对立——决定了个体—素材的对立对于词汇习得来说重要与否的程度。结果是，即使当眼前看到新的对象，对于个体-素材这一特征究竟倾之于怎样的关注，这个程度也因语言而异。日语和英语在很早时期就有差异，如果在习得可数这个语法区分的时期，和在独立于语言的范畴化方面出现偏差的时期具有相关性的话，那么，这便可以成为支持概念演化受语言影响这一观点的有力证据。

前面在论述液体隐喻时谈到了连续体图式优先的问题。有意思的是，我们可见将见之于对象认知方面的上述日语特征与此结合起来思考。即基于这种连续体图式的认知，其关注对象素材的倾向十分明显，而作为显现形式的液体隐喻亦然，作为不具形状的对象（＝信息）流淌，通过改变形状进行交流。而另一方面，以个体图式为背景的认知模式，关注的是对象作为个体其应有的轮廓。英语话者较之素材，更关注形状的倾向十分明显，这一事实与他们通过容器隐喻赋予对象以形状，以此实现概念化这一偏好是一致的。

空间认知的相对性

有关萨丕尔-沃尔夫假说的另一个重要的实证研究，可以举空间认知的比较为例，这方面研究非常多。此处所举研究的背景是基于以下事实（Perderson et al. 1998，井上 1998、2002。早期的研究还可参见市川 1984，Herskovitz 1986）。首先，表示空间水平方向的词汇，可以看出它们因语言而有差异。这方面，日语和英语属于同一类型，至少看现代东京方言，是说"前后左右"的。然而，世界上有不少语言是没有"右""左"这样的词汇手段的。那么，说这种语言的人，是如何把握空间的呢？

在开始讨论之前，有一件事情值得注意。对很多人来说，"左右"轴是基本的，但事实上，较之"前后""上下"，其作为理解其他概念领域的基础的事例十分有限。例如，与"前后""上下"相关的隐喻非常多见。有的语言通过向时间领域的映射，甚至到了被语法化、成为时体标记的地步了。但"左右"的隐喻事实上并不多见，在日语中，有「右から左へ」（过路财神）这样的熟语，也有诸如「左前」（左襟在上；衰败）、「左翼」（左翼）这样的表达形式，但不见有被语法化的事例。而且，仔细想来，「左前」来自传统寿衣的转喻（〈衣服＞状态〉），「左翼」也是来自某个时代议会座席的转喻（〈场所＞主义／政党〉）。说「会社の経営が左前」（公司经营状态恶化），是基于〈社会组织是人〉这种隐喻，「左」的解释本身不是来自隐喻。

那么，「右大臣」和「左大臣」二者中，后者地位高是为何呢？事实上，是因为其背后存在"坐北朝南思想"这一文化模型。也就是说，面朝南时，左手边是东，右手边是西。因为东边是太阳初升的地方，所以理应成为"主"或"光亮"范畴。与之相对，西边是"从"或"阴影"范畴。采用这种文化类型的文化，传统上是面向我们时有男性站在左、女性站在右的习惯。第二次世界大战后，天皇在与美国占领军司令麦克阿瑟并排时，面对我们站在右侧不是偶然（尽管之前正相反），左右区分，是日出处和日没处的转喻。

话题回到空间认知上来。我们知道,"左右"区分,即便是就空间范畴而言,其与"前后""上下"相比基础也是不同的。就算考虑了与身体的对应,"左右"也是接近于对称型(脏器位置另当别论),而"前后""上下"均构成明显的非对称,差别很大。在不含有"左右"词汇的很多文化类型里,构成方向基础的是东西南北以及海一侧、山一侧等根据自然环境产生的区分。前述"坐北朝南思想"亦然,要注意的是其"左右"的语义也是由"东西"派生来的。关于水平方向的空间认知,像"左右"这样的把握方式,称为**相对参照框架**(ralative frame of reference),像"东西"这样的把握方式称为**绝对参照框架**(absolute frame of reference)(Pederson et al.1998、井上1998)。用图示意如下。

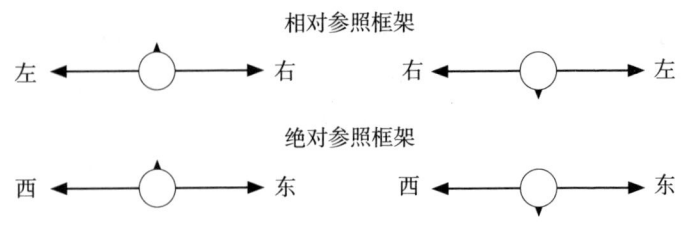

图10.3 空间认知的参照框架

按照相对参照框架,发生180度转身,用"右"表示的方向就成了"左"。但采用绝对参照框架,说话人的方向即便发生改变,"东"还是"东"。由此产生如下的假说。

(25)说话人母语中的空间参照方法上的差异,给予独立于语言的空间认知以影响。

Pederson et al.(1998)中报告的几个实验包含数个阶段。首先,用语言对对象在所处空间内部的位置进行描述。由此,便可搞清楚其母语所采用的参照框架。接下来,分析一下不用语言便可解决问题的方法。实验步骤大致如下：（i）准备几个动物玩偶，将它们在被试者前的桌子上横着排成一列（玩偶的颜色形状都不一样）；（ii）告知被试者需记住玩偶的排法"如此这般"；（iii）隔开一段时间，如图 10.4（Pederson et al. 1998）那样，移步至对面的桌子前。（iv）将动物玩偶交给被试者，指示他"同刚才一样"排列。

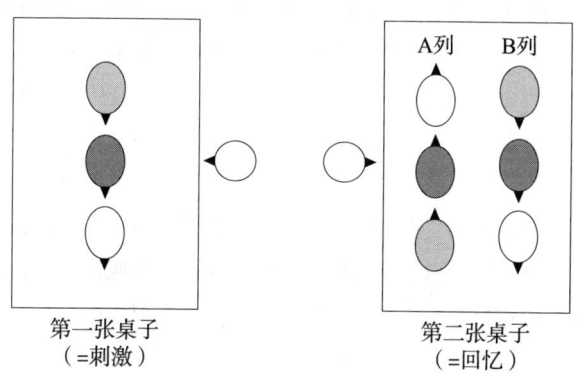

第一张桌子　　　　　　　　第二张桌子
（=刺激）　　　　　　　　（=回忆）

图 10.4　空间参照框架的实验

在实验中，指示时用的是"这个""那个"这样的指示词，如此就避免了使用表示具体方向的词语。通过（25）可预测的是，语言采用相对参照框架的人，在对"同刚才一样"排列做出自己的判断时，是以从自己视角出发的相对位置为基准的；而语言采取绝对参照框架的人，是以当地固有的方位为基准，与自己的方向方位无关。即，基于相对参照框架的话，就采取 A 列形式排列；基于绝对参照框架的话，就采取 B 列。

实验的结果，明确地支持了这个预测。作为相对参照框架的语言的代表，有日语、荷兰语，在回忆时明显偏向于 A 列，而采取 B 列的被试者极少。另一方面，具有绝对参照框架的语言代表有泽塔尔语、阿兰达语（澳大利亚，帕马-恩永甘语系）、朗古语（所罗门群岛，南岛语系），大多数被试者倾向于 B 列。

由此我们可知，空间参照框架的不同反映了语言范畴相异，说明语言使用者对水平方向上（即日语的"左右"轴上的）的配列方式所采用的识解是不同的,这在实际操作上也有反映。前述名词可数性与对个体—素材区分的关注度之间有关联。此亦然,可用于解释通过实验了解到的以上明显差异的最有说服力的原因是,母语的范畴化存在差异。即,通过语言习得空间参照框架,它对独立于语言的玩偶操作也有影响。

此外,就此问题还有很多可论述的地方。在世界各语言当中,还可以观察到除相对参照框架和绝对参照框架之外的类型。Pederson et al.(1998)认为,日语话者采取相对参照框架,但也有的地区采用绝对参照框架(我本人就有这样的体验,曾感到十分困惑)。高知县的若干地区采用绝对参照框架,井上(2002)对这几个地区进行了调查。在那里,用"东西"代替"左右"的话者中,可以看出使用范围上有一定之差。报告指出,按照"地理空间>身边>身体部位"的顺序,使用人逐次递减。并且,显示出有这样的可能性,即两个参照框架中,绝对参照框架正处于向相对参照框架进行历史性推移的过程当中。

相对性再考

通过前面的讨论,明确了从现代视点重新把握萨丕尔-沃尔夫假说对于我们理解认知机制具有非常重要的意义。如上所述,就语言与思维的关系而言,不存在完全的相对性,也没有彻底的普遍性。迄今为止的研究就文化词汇方面的探讨很多,视野多受局限。但是,名词可数性以及空间认知方面的研究,为我们展示了迄今被认为具有普遍性的认知机制实际上因语言而异的事实,特别值得瞩目。

站在更广阔的视野上看这个问题,下面两点很重要。首先,就语言或思维的差异而言,应作为主要兴趣对象的是把握现实时被优先关注的范畴。对某一类型语言的话者而言,兼有彼此对立的两个类型的认知方法并非不可能。例如,在日语中,表示单复数,只需加词便可实现。同样,指示日语话者分类时以形状为基准而不是以素材为基准,这理应不难做到。重要的是,某一种语言要求采用某一个识解,重复之后便成了习惯,结果在思考的倾向上也被注入了方向。常有人对萨丕尔-沃尔夫的假说采用习惯性思考（habitual thought）的说法，可以认为这种思考与日常行为密切相关。第二，与之有关联的是，不论语言还是思维，采取动态性的观点十分重要。也就是说，从主要分析词汇结构这样比较稳定的知识对象，向在具体话语中如何使用语言、对初次遇到的对象如何范畴化以及解决新问题具有什么样的倾向等方面的分析模式转变。如若扩展"思维"所涵盖的范围，将社会现实建构方面的操作纳入视野的话，那么，认为与语言行为相关的习惯对文化、社会性认知带来影响也是情理之中的事情。

从 Slobin（1996）打出的"语言与思维"到"为了言语行为进行的认知活动"，这种变化与视点的转换有关。人的高层次认知活动，与将各种事件——不仅是现实的经验，也包括想象中的事件——通过语言把握、传达的行为密不可分。这么想来，语言对于形成话语时的思维模式、结构等给予影响的余地还很大。可将这一认识置于符号学（semiotics）中的有关文化模型构想的延长线上（参见 Eco 1976、池上 1983）。在日常活动中，并非可述说的全部都说，而是在适应母语结构的前提下，容易说的、应该说的才被语言编码，即可以认为，由语言特征所决定的范畴化、话语结构的偏好，制约了对对象的规约化的把握方式。

【文献导引】

在论述语言与文化关系的问题上，如何充分运用认知语言学的成果，这方面 Palmer（1996）给出了颇有说服力的说明。就作为文化模型的情感隐喻，可参见 Kövecses（1986、1990）、Matsuki（1995）、楠见（1996）的论述。

关于萨丕尔-沃尔夫假说的文献极多。关于文化人类学与语言学的相关性，池上（1970b）里收入了重要的原典。作为收入早期成果的文献，有 Hook（1969）[+]、Penn（1972）[+]，更新的研究有 Luck（1992a）、Gumperz & Levinson（1996）、池上（2000）、有马（2001）。采用认知心理学观点研究的成果，可参见今井（2002a）。此外，语言相对论，同围绕科学认识的 Kuhn（1970）[+]的范式论有相通之处。该著谈到了沃尔夫的名字，说明二者立场接近。

【讨论题】

10.1　英语中有 home 这个词，而日语中没有可单独与之对应的词，考察一下什么样的词与之对应，有没有用这些词无法完全表达出来的语感。

10.2　「切れる」这个词除了表示物理性事件外，还扩展出其他各种用法。调查一下这些用法，考察其背后的认知模型（隐喻、意象图式等）。

10.3[†]　寻找一下可认为存在连续性图式与个体图式相对立的语言或认知领域进行论述。有可能的话，设计一个能够验证萨丕尔-沃尔夫假说的实验。备齐被试者和器具可能会有困难，做思考实验即可。

第 11 章 语言的发展

11.1 关注语言习得

在设定语言研究的问题时，对很多研究者来说，语言习得是极为重要的一个方面。其理由是，在探索人所固有的语言能力的本质时，语言发展的过程为我们提供了强有力的线索。

关于这一点，再稍微详细展开说一下。当人在新生儿阶段，只能发挥非常有限的能力，处于未成熟状态。语言发展早期所能见到的认知能力与其他灵长类动物相差无几。但到了出生后 1 岁时，便出现很大的差异。人是通过语言发展才成为人的。这种关注是作为个体发生（ontogeny）的问题，为大家所熟知。同时，为了进一步了解人作为一个物种的生物特征，可通过与近亲灵长类动物做比较，从进化的观点出发探索人的认知能力，这也是十分重要的。该问题的设定属于系统发生（philogeny）层面的问题。不论哪一类关注，只要关注发展过程，探索语言，就能得到深刻的理解。

11.2 先天性再探讨

问题所在

研究语言习得，有几个不同的立场，首先整理一下。在习得理论中，占优势的是生成语法理论。拥护此立场的人众多，论争的阵容也超强，仔细看可分为若干种主张。第一种主张的核心在于，语言能力是人所特有的，作为人谁都有这种与生俱来的特征，这便是**先天性**（innateness）。然而，只要采用这种不甚严谨的解释，那么它就不是生成语法的独有主张，不论哪一种理论都可以接受。故此，与认知语言学相比，它不成为与其对立的观点。问题在于第二种主张，即将语言能力独立于认知整体之外，作为无法还原为其他能力的一种能力研究。具体如下。

生成语法中，在讨论语言能力的特征时，常常举例（1）—（6）句。首先，作为被观察到的事实，英语话者可以就这些句子是否正确做出一定的判断。

（1）Pat believes that Chris bought a Rolls Royce.
帕特相信克里斯买了辆劳斯莱斯汽车。
（2）What dose Pat believe that Chris bought ϕ?
帕特相信克里斯买了什么？
（3）Pat believes the rumor that Chris bought a Rolls Royce.
帕特相信克里斯买了辆劳斯莱斯汽车这个传闻。
（4）*What dose Pat believe the rumor that Chris bought ϕ?
帕特相信克里斯买了什么这个传闻吗？
（5）Pat talked to the customer who bought a Rolls Royce.
帕特和买了辆劳斯莱斯汽车的顾客说话。
（6）*What did Pat talk to the customer who bought ϕ?
帕特和买了什么的顾客说话了吗？

由此可知，就句子复杂结构内的要素而言，在产出 wh 疑问句时会受到某种制约。具言之，从后续例（3）the rumor that... 这样的结构，或从后续例（5）the customer who... 这样的结构，无法转换成含 wh 要素的"移动"。这种制约在自然语言中普遍存在。简略地说，"词项位于主句中（此处是 rumor 和 customer），不允许从与此相关的句子结构中将内部要素抽出到结构之外。"

生成语法看重的是，在语言习得中，这种制约并非来自父母的教育这一事实。此外，也不会亲耳听到诸如例（4）、例（6）这样的不正确的句子，所以也很难认为，这种制约的发现是建立在语言发展环境中的数据（=发话）的基础上的（关于这类问题，有一个专门的说法叫"刺激贫乏论"（poverty of stimulus），即这种知识不可能通过学习来获取。如果是这样，这种制约就不能不认为是天生的。同时，因为制约 wh 移动的知识是语法结构所固有的,所以有必要考虑,这是与其他认知能力独立开来的语言能力。这一主张被称为模块论(modularity)。对生成语法来说,作为其固有支柱的、语言最"重要"的特征,就是针对语法结构的这种抽象性制约(详细讨论参见 Pinker 1994)。

在生成语法看来,标准的观点是,后天学习的作用极其有限。所谓的语言习得,其过程就好比是计算机的环境设置一般,设定好系统中的几个数值(称为参数 parameter),语法便完成了。

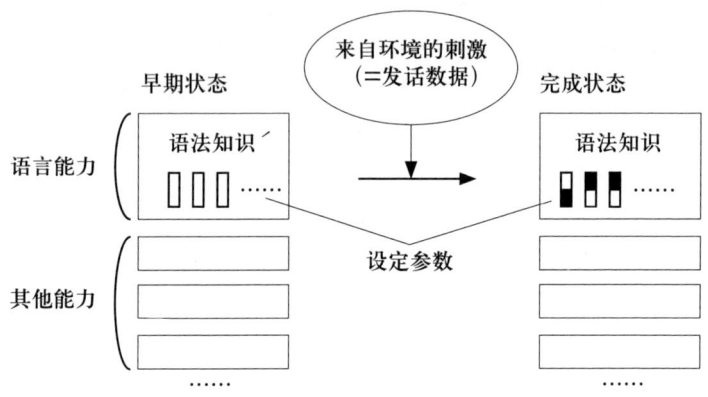

图 11.1 生成语法的习得模式

如此便可以认为,新生儿的天生知识与成人的语法相当接近,完成度很高。也就是说,语法从一开始就是完备的,之后只要设定好参数即可。

认知语言学的立场

就语言习得而言,认知语言学还没有提出已被广泛接受认可的模型。有一个原因是,与生成语法有异,以莱考夫、兰盖克等为首的核心人物对此问题持慎重态度。但纵观认知科学的发展,已出现了几个有说服力的模型,我们可以以此为基础,描绘出语言习得的新框架。

这里重新思考一下,说某种能力是天生就有的,这到底是指什么?

(正规严格的讨论参见 Elman et al. 1996)。导致产生被认为是先天性能力的机制，事实上都各不相同，下面分三个方面：(i)这一能力作为一种信息被写入了人体某处，具体来说，就是这一与生俱来的信息被写入了人脑的某个部位。(ii)人体具有将这一能力变为可能的设计上的特征，即语言能力是因人脑或其他器官所具有的某种特殊结构而产生的。(iii)这一能力在人体发育的某种契机下成为可能，即语言能力的发展取决于人体各部分在什么阶段开始发育、什么时候停止这一条件。

那么，所谓语言能力的先天性到底指什么呢？生成语法认为，新生儿早期已经具有了较为完备的语言知识。而认知语言学则强调人是在出生后伴随着身体的发育，逐渐形成创造语言结构的能力。早期的能力即便包含丰富的内容，也多为未分化的状态，只有在后期的发育过程中，才会逐渐演化为各种各样的能力。如图11.2所示。

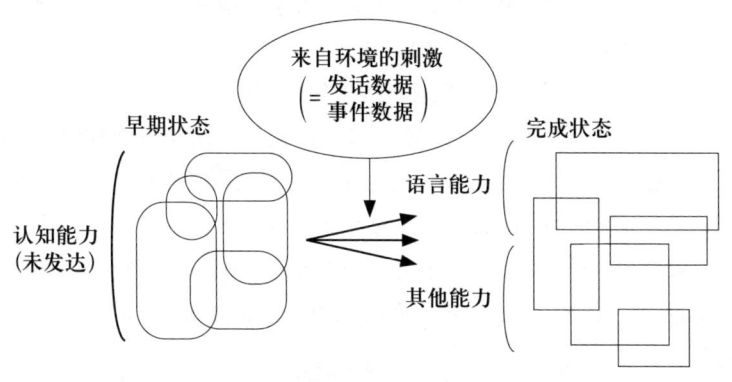

图 11.2　认知语言学的习得模式

这一观点一方面承认先天能力，但又认为涉及语言的很多能力是出生后通过与环境间的相互作用习得的。这一立场与生成语法在以下几方面有异。

首先，认知语言学不认为在人脑的特定部位事先被写入了一定的信息，即不认可具有脑内显示层面上的先天性。认知语言学认为，语言能力是几种能力相互作用的结果，不是新生儿大脑里与生俱来、被写入的。在此一点上，认知语言学与先天性和模块论的想法不同。

　　有意思的是，据观察，人脑各部位的功能分担（称为定位 localization）在新生儿阶段非常不发达。例如，有出生后不久因血液循环障碍导致一部分脑损伤的事例，但即便如此，语言习得不受影响。这种脑的功能分担在出生后发生变化的事例，以成人大脑为例，甚至还发生于分担语言功能的那部分人脑受损伤之后。假如语言能力被写入脑的特定部位的话，那么，随着血液循环受阻会被"抹去"，在这个时点语言习得理应不可能进行。大脑皮层有高度的可塑性（plasticity），这一点还可以得到以下事实的支撑，即受损伤的时期越早，语言发展方面的问题就越少。莫如说，这种定位是成人认知的特征（Stiles & Tal 1993），这是值得关注的悖论。因为尽管是先天能力，但在早期状态并不具有已被定位的显现。

　　加之，在谈到脑内定位的时候，也并不能精确定位某部位。例如，即便能大致锁定某部位与人的语音、语义能力相关，但未发现有与音位 /p/ 和「おばあちゃん」概念直接相关的脑神经。同样，就例（1）—（6）来看，也无法确认写入制约 wh "移动"的某特定脑神经。实际上，大脑在设计上，具有由多向连接的脑神经网络进行平行分散处理（parallel distributed processing）的特征。考虑到这一点的话，认为大脑中被写入了模块化的语言能力这一先天性的观点就很难得到支持了。简单说，当然就没有必要设定有与人的语言能力相对应的单独的"器官"了。

　　第二，将讨论限定在语法结构上的话，在应如何把握习得的结果即成人的语法方面，认知语言学与生成语法显示出明显的对立。如前面所展示，认知语言学提出语法结构是由构式图式形成的网络这一主张（参见 7.4）。由此观点出发，可以说语言的习得是在各种认知能力支持下的对构式的习得。所谓构式，是语义和形式的结合体。可以假设，在具体的使用场景下，语义（包含说话人的意图）与语言表达相结合，在这些具体事例的基础之上进行图式化，逐渐习得语法。将此过程用图表示，如图 11.3 所示。

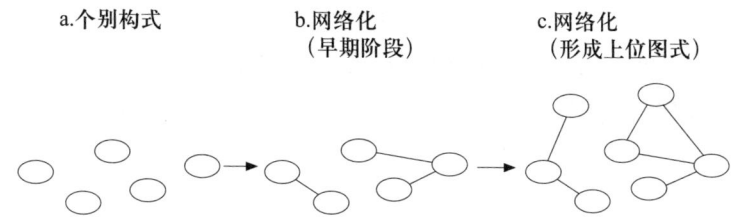

图11.3 构式网络的形成

结果就会得出下面这样的结论：语法知识不是与生俱来的，而是有可能通过后天学习获得的。当然，这里所说的学习不是既往研究理解的通过刺激-反应形成的条件反射，而是基于现在的认知理论。即便是在解释制约wh"移动"的因素时，也不诉诸某个独立的语法模块，而是认为这种制约是与记忆的激活层面相互作用而产生的（参见Dean 1992，Van Valin 1995，Shimojo 1995、2002）。由此观点看，Langaker（2000）提出的基于用法的动态模型可以成为语言习得的有说服力的模型（参见Tomasello 2000 a、b）。立足于此观点看的话，语言能力的先天性是设计上的特征（如图式化的能力）和发展契机此二者的产物（更详细内容参见11.4）。

举个具体例子，以短语习得为例。生成语法认为，就名词（N）、动词（V）、形容词（A）、附置词（P）以及功能范畴（如时态等）而言，短语的中心语在结构内的位置是一致的。基本型是以下类型中的某一个。这里用X表示范畴，用破折号表示结构展开的样貌。

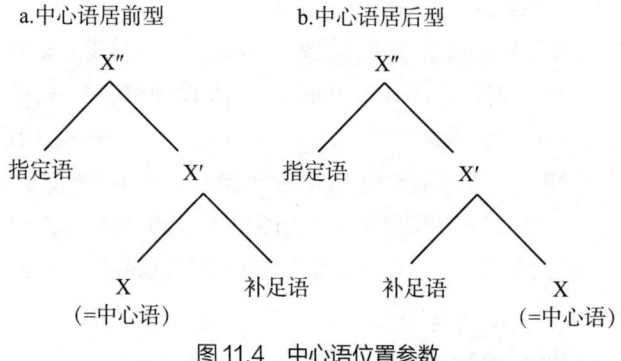

图11.4 中心语位置参数

中心语位于补足语之前的语言，称为**中心语居前型**（head-initial type），位于之后的语言，称为**中心语居后型**（head-final type）。英语是前者，日语是后者，基本语序如下所示，两者正相反。（NP=名词短语，REL=关系从句，AUX=助动词，[ ]内标示例句中画＿部分的结构特征，＿表示中心语）。

（7）a. She <u>opened</u> the door.[V–NP]
　　　b. I <u>shall</u> go. [AUX–V]
　　　c. a <u>book</u> which he read[N–REL]
　　　d. <u>from</u> the bureau[P–NP]
　　　a′. 彼女はドアを <u>開けた</u> [NP–V]
　　　b′. 私は出かけ <u>よう</u> [V–AUX]
　　　c′. 彼が読んだ <u>本</u> [REL–N]
　　　d′. <u>事務所</u> から [NP–P]

生成语法认为，位于中心语之前还是之后，是由参数决定的。以上差异的产生，来自于图11.4到底选择哪一个基本型。

　　这个理论看上去很有道理，但世界上既有语序非常自由的语言，也有语序虽然固定，但很难说是中心语居前型还是中心语居后型的语言。前者的例子有拉丁语、瓦尔皮里语（澳大利亚，帕马-恩永甘语系）等，数量很多。后者的例子可以举汉语。句子的基本语序是SVO（=<u>V</u>–NP），属于中心语居前型，但名词短语的构造是中心语居后型，即REL–<u>N</u>。助动词方面，<u>AUX</u>–V和V–<u>AUX</u>两种类型都有，分为居前和居后。并且，采用SOV（=NP–<u>V</u>）语序时，违反带后置词这样的普遍性，即NP–<u>P</u>，而用前置词（如"我把瓶子打坏了"中，S="我"，P="把"，O="瓶子"，V="打（坏）"，P–NP）。要想找出见之于所有这些语言中的共通的普遍性，即便像汉语这样的情况也需要在确定其为中心语居前型的基础上再进行参数操作，这样处理非常不自然（相关重要讨论，参见Hawkins 1994、Mazuka 1996）。

基于以上理由，根据图 11.4 的基本型原理决定语法结构的主张不合实际，无法作为先天性的问题予以讨论。然而，与此同时，语序作为语法重要的一个方面也是确定无疑的。在认知语言学看来，基本语序的习得需要作为图式化的问题重新思考。像英语、日语这样的语序一贯的语言，图式化的发生遍及整个语法结构，除此之外的语言则是各个构式的图式化在某个阶段就戛然而止了。在这个意义上，基本语序是可以学习的知识，不用假定为特定的先天性知识。基于同样的观点，迄今被提出的普遍性以及参数等需要重新考虑，这是今后的课题（有从功能类型学角度进行研究的成果，参见 Van Valin 1991、1998）。

11.3　认知发展与语言

空间词汇的习得

接下来，从认知语言学的观点出发，看几个有意思的事例。首先要举的是空间词汇的习得。关于认知发展，一般空间范畴是通过人的经验获得的。与习得相关的，有下面已成为定论的这个假说（例如，可参见 Clark 1973）。

（8）空间词汇的习得是通过嵌入语言使用前所得到的普遍性空间范畴，而逐步形成的。

众所周知，空间认知本身是出生后马上发展的，空间内部的图形-背景以及内部-外部这样的区分，是在语言使用之前就已习得的。空间词汇（如英语的 in、on、under 等）的习得很早，而且它们所表示的意象图式（in 表示"包含"，on 表示"接触/支撑"）表示的是普遍性的概念，所以（8）的观点在之后也获得了很多人的支持。

但据最新研究，成人语言所表示的空间范畴存在因语言不同而产生的耐人寻味的差异（Bowerman 1996a、1996b）。就空间的参照框架而言，如前所示（参见 10.4）。不仅如此，英语的 in、on 等所表示的意象图式并非是作为词汇所带有的普遍性的范畴，这一点从以下例子便可看出，只要是会说日语的人，都能明白。

（9）a. a cup on the table　　　　桌子上的杯子
　　　b. a bandaid on her leg　　　她腿上的创可贴
　　　c. a picture on the wall　　　墙上的画
　　　d. a handle on the door　　　门上的把手
　　　e. an apple on the twig　　　树枝上的苹果
　　　a′. テーブルの上のカップ
　　　b′.* 足の上のバンドエイド
　　　c′.* 壁の上の絵
　　　d′.* ドアの上の取っ手
　　　e′.* 枝の上のリンゴ

换言之，日语中没有诸如英语 on 那样的表示"接触/支撑"的空间范畴。多数时候，表示这种关系，日语是用不包含位置关系的「の」表示的，如「壁の絵」（否则就用「壁にかかった絵」这样的说法）。

同样，不仅是位置关系，就连空间移动，语言间的差异也是十分明显的。英语的 put on 包含了将作为图形的对象与背景紧密相接（但不包含诸如东西放入容器内这样的包含关系）的意思，但日语与之对应的词有好几个（Bowerman & Choi 2000，书里面举到了英语和韩语对照的例子，这里使用了日语）。

（10）a. put a cup on the table　　　　把杯子放到桌上
　　　 b. put a magnet on the fridge　　把磁铁贴到冰箱上
　　　 c. put a hat on her head　　　　她头上戴一顶帽子
　　　 d. put a ring on her finger　　　她手指上戴一枚戒指
　　　 e. put the top on the pen　　　　把钢笔帽套上

f. put another piece of Lego on 　　把另一块乐高砖块插到垒起来
　　　　the Lego stack 　　　　　　　　的乐高砖块里
　　a′. カップをテーブルに置く / のせる
　　b′. マグネットを冷蔵庫につける
　　c′. 帽子を頭にかぶる
　　d′. 指輪を指にはめる / つける
　　e′. キャップをペンにはめる
　　f′. レゴブロックを重ねたブロックにはめる

其他例子还有很多。以穿衣服为例，上半身用「着る」，下半身用「穿く」，要是围巾的话，则用「卷く」，各不相同。这一差异与前面看到的位移事件的框架化类型相关（参见 6.5）。在日语中，表示例（10）这样的移动时，没有与 put on 对应的放之四海而皆准的表达形式，只能采用将统合个别概念的动词分别归并到各个具体事例中的方法。上面的日语例子中，还要加上路径，图形和背景的信息也被组合揉入到动词的语义里，用法特别丰富。

　　如上所示，成人语言所表示的空间范畴因语言不同而有差异。比照这个事实，那么建立在普遍性认识基础之上的（8）这个假说则不成立。取而代之的是，要问"说得像母语"是什么阶段获得的。Bowerman（1996a、1996b）认为，由语言类型带来的差异在习得早期就能看出来，早在出生后 18—24 个月就会发生诸如例（10）那样的不同的空间范畴的固化。值得注意的是，这个时期的语言偏误很少发生，被视为原型的用法此时已被精确习得。如果像（8）那样，空间词汇是在普遍性空间范畴的基础之上被习得的话，那么与此结构不同的语言作为母语被习得的时候，在早期阶段理应发生冲突，出现很多偏误例。例如，如果 in、on 所表示的概念是普遍性的话，那么根据预测，习得日语、韩语的孩子会经历混乱状态，但现实中并未发生。当然，会看到偏误发生，但这些偏误不是因为与语言形成之前的范畴发生抵触而导致的，反而是反映了母语的特征。例如，韩语的 kkita（和日语的「はめる」几乎对应）表示紧密

相接的关系，特别是"紧密相接"的特征尤其显著，所以在诸如「フォークをリンゴに刺す」（用叉子叉苹果）的场面也用这个词。Bowerman & Choi（2000）提到了这个例子。

通过以上讨论，关于空间词汇的习得，产生出下面的观点。

(11) 空间词汇的习得，从早期阶段开始就是随着母语的空间范畴演进的。

这一观点并不是要否定语言形成前的空间认知，但母语结构在空间范畴的习得上所发挥的作用超出想象，我们恐怕需要重新考虑迄今所认为的普遍性的内容。

动词与构式的习得

下面考察作为连接词汇习得与句子结构层面的论元结构的发达。过了所谓"独词句"时期（出生后 12 个月），到了"双词句"时期（出生后 18 个月）后，就产生了事件与参与者共现的句子基本结构（参见 Braine 1963），如「これたべる」「ワンワンこっち」、Cookie bite、Doogie gone。由此出现了两个关键问题。第一，幼儿的语法是从这个阶段开始发达的吗？第二，其程序多大程度上是天生的？

对此问题，托马塞洛（Michael Tomasello）进行的一系列研究带来了饶有趣味的成果（Tomasello 1992、2000a、2002b）。追寻早期习得阶段发现，首先是独词句时期，没有诸如"单词""语素"这样的单位。比照成人语法，相当于单句的表达形式（例：Come here）也是作为一个整体来使用的。在此阶段，广义的"状况"（包含需求等内在状态）在整体上与语言表达相接。接下来，到了双词句时期，则改为分割状况来进行认知了。如在 More juice 这个表达式中，是由 more 这个"操作"（此处是"再给一点"的意思）与 juice 这个"对象"组合而成的。然而，该阶段只停留在单词组合阶段上，所谓的论元结构还不发达。

重要的是下一个阶段。从出生之后 24 个月，幼儿开始能够生成多样化类型的表达形式。不及物动词、及物动词皆能大量使用。由此产生一个假说：关于语义角色、语法关系的范畴是作为先天性知识而存在的（例如"施事"与"主语"相连）。这一发现，促生了这样一个认识，就是事件的参与者是在一定的模式下被表达的，由此形成了论元结构，很多研究采用了这一论点（Pinker 1989）。

然而，根据托马塞洛的研究，幼儿的实际习得不支持这种脚本。重要的是，在双词句时期之后的语言发展中，诸如语义角色、语法关系等一般性概念也不是作为确定的东西被习得的。事实上，各动词对应各论元分别被习得。具体说，有以下几点：

第一，这个时期幼儿所使用的 162 个谓语词当中，有近一半只是在一个构式中使用，三分之二以上仅在不超过两个构式当中出现。也就是说，即便可以有多种用法（不及物动词/及物动词，主动态/被动态等）的动词，有很多却只用于一个构式。

第二，即便在成人语言中语义用法相近的动词，有的很早时候起就可见到复杂的用法（不及物动词与及物动词的交替、前置词短语），有的用法却十分有限。例如，出生 23 个月后，会用表示施事和受事（有时候是前置词短语）的及物动词句，但被认为是典型及物动词的 cut 只用于 Cut__构式（不明示施事的祈使句）。可见，从构式这个单位看，语言发展不整齐，看不到整体上的倾向性。

第三，动词的形态方面，在被习得的全部单词当中，各种标记没有同时扩展，全部动词中有三分之二没有时标记，六分之一只有过去式，六分之一只有现在进行式。唯有剩下的 2%，所有的用例都能见到。幼儿的构式在此意义上也是十分具有个别性的，不仅是不及物动词/及物动词这种论元结构，即便就时态等来说，也是随动词而不同（相关研究，参见白井 2002）。

第四，另一方面，具体看每一个动词，发展的阶段十分平稳。所使用的构式及动词形态等的多样化，就个别动词来说并非是不连续的，而是按照一定的顺序发展的。换一个角度说，论元结构的习得不是产生于语法知识整体的层面上,而是落实在每一个具体动词的发展进程中。

基于以上事实,遂产生这样的观点:双词句之后的语言发展规律是,每一个动词从它们所出现的构式中独立出来,同词汇习得一样,随每一个词项分别进行,这被称为**动词岛假说**(verb island hypothesis, Tomasello 1992)。而且,关于事件结构,句中的参与者是依据以下层级被范畴化的(参见 6.3)。

(12)个别事件>谓语语义>语义角色>语法关系

成人也好,幼儿也罢,都能从个别事件最终获得每一个动词的谓语语义。二者的差异在于,幼儿不具有更高层级。例如,下面这个句子。

(13)Mommy break cup.
妈咪打碎了杯子。

成人的语言中,对于 break 这个动词,不仅在谓语语义层面上,mommy 是"打碎者",cup 是"被打碎者";在语义角色上,二者是"施事"和"受事"。进一步说,在语法关系上,是"主语"和"宾语"。但是,对于处在动词岛阶段的幼儿,不会超越 break 这个动词谓语所固有的语义,进一步向语义角色和语法关系发生一般化转移。换言之,及物动词〈主语=施事,宾语=受事〉的论元结构不是所有动词成体系被习得的,而是以个别动词有限的形式逐一被习得的。此外,英语的 break 还有诸如 The cup broke 这样的不及物动词〈主语=受事〉结构,这种可与物动词交替的知识,幼儿也是没有的。

这个时期一直持续到出生后 36 个月,其后语义角色以及基于此的论元结构作为一般性图式一点点被习得。套用图 11.3 来说的话,处于动词岛阶段的幼儿相当于 a "个别构式"的习得;而向语义角色、语法关系的一般化扩展,则相当于 b–c 的"形成网络"。

动词岛阶段结束,图式化进一步向前发展,这时候就能看到,本不适用某图式的词,此时也套用该图式了。例如,"不及物动词>及物动词"的这种致使化（例：The cup broke ＞ I broke the cup）一旦固定下来，开始会出现以下这种因创造性使用而导致的偏误。

（14）*Don't giggle me.
　　　 不要咯咯地笑我。

英语 giggle 只有不及物动词用法，但在这里（误）向及物动词构式扩展。这种因类推导致的偏误在此后将持续一段时期，直到学龄前，其间需要花费时间进行多次调整，最终才形成成人语法。

由以上事例可见，动词岛阶段从出生后 18 个月开始直到 36 个月前后，占据了语言习得的重要时期。论元结构习得在此之后开始常态化。而且直到学龄前，习得前进的速度一直是比较慢的。考虑到这一点，则很难认为这种知识是与生俱来，从习得早期开始"启动"，在短时间内完成。观察成人的语言使用可知，在造句时的确是参照了语义角色、语法关系，但实际数据显示，假定习得早期便已拥有了相同的语言知识则是不妥当的。语言习得是分阶段，经由与成人不同的"语法"一步一步向前推进的。若想恰当把握这个发展过程，有可能的框架是，建构将语法知识与词汇知识的关系看作是连续的、以构式和构式的图式化为核心内容的语法观。打个比方，随着语言的发达，在"岛"之间，架起了"桥"（＝形成网络），最终形成成人语法。这样的变化，岩立（1997）称之为是从地方规则走向全球规则的发达。就论元结构的产生问题，迄今学界已积累了很多研究成果，得出有意义的见解，这一点确定无疑。然而，这些知识都不是与生俱来的，可看作是图式化发展的阶段性产物。

11.4　从进化角度看语言

语言的基因

通过以上讨论，大家对语言发展，特别是语法知识的习得，从认知语言学角度是如何看的，已有了清楚的了解。下面，拓宽视野，试从人这一生物物种的独特性的视点把握语言，思考一下处于其根本位置的认知能力。对此问题最有说服力的是从生物进化的角度所做的研究。在关于先天性的讨论中，我们已经看到，没有必要设定新生儿大脑里有显示层面的有关语言的信息是自立的前提。那么，基因的显示层面能否看到语言里的固有信息呢？换言之，是否存在"语言的基因"呢？

甚为奇妙的是，生成语法的主流学派多将进化问题排除在理论核心以外。进化论的基本观点是，面对来自环境的选择压力（selection pressure），适者生存，子孙繁衍。如果将语言看作是进化的产物，那么就必须讨论一下语言为什么产生。据此观点，语言的功能本应自动进入研究者的思考范围。然而，多数生成语法学家采取的是语言的"本质"与它在环境中的功能不相干的观点。人的语言能力只是存在，不追求其目的。

这种思维容易导向基因层面的语言自立这个方向。关于"语言的基因"，生成语法学家的立场是这样的：在人进化的某个时点，部分基因负载了过剩信息。这部分基因遂停止了负载与生存相关的信息，走向"独立"，经过变异，遂变成了产生语言能力的基因（Berwick 1998：337—338）。正因为如此，这个基因属于自立的"模块"。按照这个观点，利于生存的优点是之后产生的一种附加值。这个观点是违反生物学常识的。

最新的研究"发现"了语言固有的基因，这是基于分析某家族带有遗传性的语言功能特定障得出的结论。然而，与此相关的事实原委十分复杂，不能成为明确的论据（对这一案例的批判，可参见 Elman et al. 1996）。虽说是自立的，但基因配列信息（= 基因型 genotype）和作为生物呈现的形式（= 表现型 phenotype）的关系并不单纯。不能因为一点不同就简单地预测某种差异，产生这样的差异反而才是基因信息的特征。并不存在可与生物的能力、行为等一一对应的基因。在此意义上，"人的设计图"这种通俗说法会招致误解。例如，"直立行走"是人所特有的能力，但它是骨骼肌肉、运动中枢，甚至空间认知等要素在趋于发达的过程中相互作用的结果。比较恰当的观点是，遗传基因里没有专门用于"直立行走"的配列。

与此相对，认知语言学采取广义上的功能主义立场。此处所谓的功能主义，是指生物的基本特征在进化的某个阶段带有适应环境的目的的观点。使语言变为可能的遗传特征不是"语言的基因"，而是使之显现下一节所述各种认知能力的遗传程序。

人与类人猿之间

假定语言能力是作为通常意义上的进化的结果所得到的，那么作为其基础的人所特有的认知能力是什么呢？这个问题，我们结合Tomasello（1999）思考一下。首先，无法绕开的事实是，人与大猩猩的基因相似度接近99%。并且，据托马塞洛的研究，由感觉运动系构成的世界，人也好，类人猿也好，都几乎是一样的。对他者存在的感知、社会中的上下关系、对有目的行为等的认知能力也有相当大的共同之处。

这一事实，同时还提出了进化所需时间跨度的问题。众所周知，生物进化在基因层面实际上是非常"保守"的。变异、进化不是创造全新的结构，而是以堪称循环使用固有遗传素材的方式发生。和其他的灵长类分道扬镳，直到诞生现在的人类，其间花费了数百万年。数百万年在地质学家看来不过是匆匆一瞬间。这个差距，用其他生物进化做比喻，不过是虎与狮子、马与斑马间的程度之差。假如按照持模块论立场的研究者所认为的那样，"语言的基因"以及其他认知能力的模块分别是由不相干基因的变异产生的话，那么则需要花费很长很长的时间。如果每一个模块分别变异，在时间上合不上。

另一方面，经观察，人和类人猿作为生物的存在方式有几个很大的差异。为了理解这个鸿沟，有必要思考尽管早期条件相差不大，作为结果却导致整个认知和行为产生差异的主要原因。

简要说来，产生人的各种各样的特征的根本原因是，人拥有认知他人是一个有意图的主体的能力，并可以根据其言行读取手段、目的，并予以再现。下面，展开说明一下。

第一，人能够认定他人的需求和关注，与其所意图的事情保持同步协调。出生后大概 9 个月，乳儿可以与养育人紧盯同一个东西（玩具游戏等），12 个月前后紧追养育人的视线。这种超越两人关系、分享注意力的行为叫**共同注意**（joint attention）。对他者的存在，其他动物也能认知，但与他人的注意、意图真正保持同步，这是人所特有的。所谓认知带有意图的主体的他人，就是指这一点。

第二，一旦达成共同注意，对他人的言行就不只是作为单纯的事件来感知，而是有可能对包含意图、行为、达成目的等内在动向的因果链进行分析。即可以理解为通过与对方的关心保持同步，试图在一定意图的导引下，通过其行为给外界带来变化。基于这种认识的再现称为模拟能力。有趣的是，研究发现，人可以看到对方有意图的动作，通过重构中间过程并予以再现，但类人猿只谋求重现结果而行动。也即是说，类人猿即便看到对方的行动，也无法重构其内在过程。

第三，这些能力与下面的认识相通，即在理解自己内在状态的基础上，认识到他人行为的目的（包含发话）与自己有异。这是因为他们知道，在与自己不同的内在层面，某现象被赋予另外一种意义。人的模拟能力来自于此。结果，语言使用超越了单纯表达需求层面，一边与对方分享对对象的注意，一边进行现实建构。于是，我们生存的世界——即认知领域——不断扩展，产生了跨越个体、作为共有知识的文化。

第四，由此产生的文化不是为个体，而是为社会所共有、予以继承的知识。个人从零起点获得知识或思维点子的情况极为有限。新生儿在作为个体成长的过程中，要学习千秋万代积累下来的文化知识。说话有些跳跃，我认为不断成长的堪称"外脑"的庞大知识、思维点子的"贮水池"即文化才是支撑人的认知的根本要素。这之所以可能，是因为我们知道多样的智慧在他人的心中，乃至社会当中存在，而且可以参照。包含语言在内的人所特有的认知能力是通过**文化学习**（cultural learning）得到的，而支撑后者的便是共同注意。

的确，有观点认为，一部分类人猿有"文化"，事实上也能看到"文化"的代际传承。但是，与人类文化的重要差别在于，类人猿的"文化"是从个体到个体的继承，没有证据可以判定，存在为整个社会所共有的知识。如果有作为文化累积起来的、堪称是获得认可的知识的话，那么学习理应会进行得很迅速。可是，类人猿的学习以重现前人（前猿？）发现的形式进行。这是因为，共同注意是人才具有的，读取他人行为的意图并予以重现，这种能力是类人猿所欠缺的。在此意义上，知识分工也是人所特有的（参见 3.4）。"不懂可以问别人"的行为只发生在人身上，而不会发生在类人猿身上。正为此缘故，在类人猿社会，传承习惯是以固定的速度缓慢向集团扩展开来的，不可能加速。

上述讨论符合进化所需时间跨度条件，即些许变异会导致巨大的差别。这种变异——共同注意及作为结果的文化学习同时也会给生存带来明确利好。就拿使用工具为例，我们可以继承前人知识，以此为出发点而创新。即便个体所具有的能力无甚差别，但出发点不同，显然结果也会发生偏离。生物学有共同进化（coevolution）这个概念。可以认为，现在人类的脑容量，特别是大脑皮质的迅速扩大，是与文化学习的不断发展同步的。

由此立场出发，语言的产生根植于人从某现象（如他人的身体动作或语音等）中发现意图，在自己内部重新建构促成此行为过程的能力（常被称为象征化（symbolization））。一般认为，人和类人猿在感知、操作对象、范畴化、解决问题等能力方面差别不大，但诸如范畴的动态建构和扩展、认知侧面的转移、事件结构认知方法的可调整设定等，这些具有灵活性的能力是唯独人类才具有。建构世界时，通过与他人分享注意，形成互动作用，最终发展为对于同一件事情可以采用不同的识解。此外，人可以根据需要，通过语言的中介，迅速准确地链接起文化知识宝库。语言创造的意义世界之所以如此丰富，根本上就是出自这样的原因。

总结一下，所谓语言的先天性，根本之处在于人的模拟能力具有先天性。语言习得的可能性就是建立在人拥有这种能力，以及与其他诸如图式化等各种认知能力相互作用的基础之上。应该从文化的观点看待语言的本质，哲学、人类学等也是如此主张的。不过，建立在进化论的基础之上，从灵长类学以及发展心理学的角度也提出了相同的主张，这一点耐人寻味。

复杂性的发生 †

前面展示了作为语言发展基础的认知能力和语言发展的脚本。然而,生成语法论述的语法其所具有的抽象复杂的结构来自何处,这个疑问或许尚未解决。当然,也有人认为,这种结构是由特定的标记产生的、不具实体的虚构物。但是,人的语言的复杂性究竟是如何实现的呢?这是一个重要的问题。

那么,从数理意义上思考语言结构的复杂性,该如何把握这种产生机理呢?对此,计算机的人工语言实验可以给予我们启示。关键点是,语法是在某种条件下靠世代相承,由单纯到复杂发生进化,由此我们看出语言的创发性(emergence)。例如,金子、池上(1998)就做了这样的实验,让使用带有一定复杂性的人工语言(专业术语是"有限状态型语法")的假想主体之间做"语言游戏"。程序设计上,让主体间相互交流,配合能制作更高信息量的一方,变更和学习规则。重复这个过程,就会产生水平高出一大截的语言(专业术语是"语境自由型语法")。可以认为,人的语言行为也是如此。因为是互相间反复进行,所以这种创发过程才有可能成立。若是这样的话,就没有必要设定在进化过程中会突然产生复杂结构的可能了。由此观点出发,克里奥尔语的产生也可以看作是这样的案例,是由仅在有限场合使用的皮钦语发展而来。因为文化环境完备,"语言游戏"得以更高水平进行,其结果便是获得复杂性。

【文献导引】

关于语言发展的文献非常多,但收入新见解,同时能获得十足平衡感的概说类书很少。其中,小林、佐佐木(1997)是总结得十分简洁的好书。Fletcher & MacWhinney(1995)对语言习得的各个领域进行了全面的概述。Bowerman & Levinson(2000)是归纳总结了有关认知与语言发展最新成果的书。

关于先天性和语言发展，除了 Elman et al.（1996[+]）以外，今井（2000b）也是十分有用的一部论集。该论集尝试从动物行为学的角度对人的语言进行思考。因为该领域广为人知的时期正好与生成语法流行时期重叠，所以在语言学界内部，没有得到广泛关注。在日本，唯一的例外是铃木孝夫（例如铃木 1996）。从进化角度看语言，这方面重要的论集有 Hurford et al.（1998）。此外，研究猿猴、人的语音交流的发达的正高（1991）读起来很有意思。

【讨论题】

11.1 据 Erbaugh（1996），在汉语（台湾话）量词的习得中，除了普遍使用的"个"之外，还观察到以下事实。

（a）调查出生 22—34 个月的幼儿发现，60 个量词的分布如下："朵"（花或云）9 例，"本"（书）12 例，"只"（动物）10 例（其中 2 例偏误），"件"（衣服或事件）5 例（其中 1 例偏误），"条"（细长物）3 例，"支"（棒状物）5 例，"片"（碎块）3 例，"张"（扁平物）8 例，"根"（线状物）、"颗"（固体粒状物）、"粒"（小粒状物）各 1 例（"颗"和"粒"为偏误），"把"（能抓物）2 例（其中 1 例偏误）。

（b）调查出生 34—46 个月的其他幼儿发现，68 个量词的分布如下："本" 8 例，"只" 3 例，"件" 2 例（其中 1 例偏误），"间"（房间）2 例，"朵"、"匹"（马）、"顶"（帽子）、"句"（语言）各 1 例，"条" 9 例（其中 7 例偏误），"支" 13 例，"根" 5 例（其中 2 例偏误），"块"（平面区块）4 例，"张" 12 例，"颗" 4 例，"件"（事件）和"回"（事情）各 1 例。

基于（a）（b）事实，说一说习得过程中可能具有怎样的倾向。

11.2 横山（1997）认为，助词习得中出现偏误最多的是格助词，其中如下所示，宾语用ガ格标记的例子最多。

（a）オトーサン、タバコガ、カッタンデショウ？

（b）ショーボーシャガ　ミタ

（c）ウンコガ　フイテ

思考一下幼儿拥有什么样的语言知识，为何出现这样的偏误。

11.3† 调查助动词类的习得，就会发现习得有一定的顺序。思考一下，表示可能的「(ら)れる」和表示时态的「た」哪一个优先被习得。设定一个假说，在语言资料可参照的情况下验证这个假说。

第 12 章　面向今后的探究

12.1 维柯派语言学

前面我们通过众多事例，分析考察了认知语言学的基本观点。其中，作为思考的原点，我们所设定的问题——人是如何通过语言建构世界的——以及用于探究的理论工具，诸位读者或许已经明了。这里，我想从科学思想史的角度，简要地重新认识一下作为学科分支的认知语言学。

关于语言的思考，可以追溯到很久以前，这里姑且以近代欧洲为参照点。当然，可以考察其与日本乃至与东方思想的联系，而且，这么做也是十分必要的。但是，此时此刻的我们既然与"古道"相隔甚远，选择近代也属于不得已为之的事情。

作为近代欧洲思想的一个源流，这里试举笛卡尔（René Descartes）为代表，读者恐怕没有异议吧。在语言学中，乔姆斯基将自己定位于正统位置，作为语言研究的范式，他创造了生成语法。把语言说成是笛卡尔所说的"万人皆有"的能力，如此思考语言并视之为语言的本质予以探究，这一态度十分有意义。然而，其背后是基于心身二元论的观点认识人，很有局限性。不能否认的是，其与人的认知活动带有灵活性及来自身体基础的认识存有隔阂。

对此，领先认知语言学观点一步的思想在近代欧洲是否存在呢？有一个可能性是意大利思想家维柯（Giambattista Vico）。笛卡尔用的是"几何学的方法"，而维柯对"认知层面的真实性"的探究也一样十分重要。维柯提出的构想是要对人生存不可或缺的认知能力进行研究，虽然其真实性无法验证。维柯曾用过"诗一样的睿智"的说法，而"诗"这个词的起源与"创造"（poiesis）相通。考虑到这一点的话，关心人如何赋予世界以意义、如何重新建构世界，则是其研究的必然归结了吧。

尽管这一思路没有被作为主流继承下来，但我们有可能发现各个不同时代相通的思想。例如，威廉·冯·洪堡（Wilhelm von Humboldt）试图发现语言的创造性，这与认知语言学的关注点是相通的。洪堡构想的是对作为文化历史产物的语言，以及作为人为了认知外部世界而创造出来的"中间世界"的语言进行探究。因此，作为其关心焦点的语言的创造性，不仅指遵循规则、理论上可能有的数量上的无限性，而且指可改变规则、创造出新的语言结构的能力。

随着20世纪语言学的发展，通过语言来研究认知世界，这种姿态一边改以更为实证的方式在继续推进，一边被美国的博厄斯及萨丕尔所继承。之后，尽管经过各种曲折，在吸收了各领域成果的基础之上，终于诞生了认知语言学，其研究已如我们以上所见。如果给一门学科赋予思想史上的基础，作为其正统性保证的话，那么认知语言学在这方面不难做到，因为虽说我们正在经历语言研究范式的转换，从狭义上看是处于与各种既有研究对立的位置上，但从大的方向看，这正体现了我们具有一心想要努力实现语言科学本来应有姿态的坚定意志。

12.2 结语

关于认知语言学的介绍至此告一段落。希望今后每一位读者根据自己的兴趣推进研究，积极思考。下面记下几点，作为研究的基本姿态。

首先，理解一般性的框架或思维模式固然重要，但同时要尽可能接触实例。掌握具体的分析方法至关重要。与人的认知特征相关的重要主张，必须来自于对具体案例的研究。用于分析的概念到了实际当中要知道应如何使用，接触这方面的机会越多越好。

其次，不止是对狭义上的认知语言学，对相关其他领域也要尽可能抱有兴趣、培养自己在这方面的兴趣，这一点也很有意义。面对广阔的世界，有时或许可能退缩，但为了认知科学的发展，更有必要树立起这是一门可充分发挥语言学长处的交叉学科的视点。

最后，自不待言，最重要的是在研究姿态上，每位读者都要抱有各自的问题意识，在可能的范围内钻研精进，而不是采取诸如更新主页界面那样不停地寻找新信息的态度。不是想着"下面是哪一个呢?",而是自己站在智慧的舞台上提出自己的见解。认知语言学不是由某一个领袖人物决定前进方向的领域。期待今后在多个方面不断有令人感兴趣的卓见诞生。

The closer you get to the meaning,
The sooner you know that you're dreaming.
——*Ronnie James Dio*

【文献导引】

专业学术杂志方面,综合性的有 *Cognition*、*Cognitive science*,认知语言学方面有 *Cognitive Linguistics*。*Metaphor and Symbolic Activity* 是隐喻方面的主要学术杂志。穆顿出版社出版的 Cognitive Linguistics Research 是重要的丛书。日本国内的综合杂志『認知科学』(《认知科学》) 保持着很高的水准。此外,日本 2000 年成立了日本认知语言学会,每年都有论文集出版。

讨论题答案

各章末尾的讨论题当中，不带标记†的属于基础性问题。下面给出的主要是这些题的答案。未给出最终答案的题，读者只需循着本书指出的大方向，找出类似的事例进行思考即可。

第 2 章　认知能力与语言

2.1　在「大統領が XYZ ホテルに滞在している」（总统在 XYZ 宾馆逗留）这句话中，主语"大統領"是图形，处所短语"XYZ ホテル"是背景。如果将"XYZ ホテル"放在主语的位置，可以造出「XYZ ホテルが大統領を迎えている」（XYZ 宾馆迎接总统）（此外，也可造出诸如「?滞在させている／泊めている」等句子，但极不自然）。但是，无论上述哪一个句子，"大統領"均并非处所短语，也无法成为背景，很难说图形-背景关系由此实现了完全反转。

2.2　例如，描述棒球比赛结束时的场景，若用低颗粒度方式，说一句「キャッチャーフライで試合終了」（高飞球被捕手接杀，比赛结束）就可以了。但若提高颗粒度，就会说成「最後の打者が打った打球は、ホームベース上に高々と舞い上がり、大観衆の声援の中、キャッチャーの構えるミットの中にゆっくりと吸い込まれていき、審判が高々とアウトを告げた」（最后一名击球手击出的球，先是在本垒上方腾空而起，接着在现场观众的一片欢呼声中，缓缓落入捕手的手套里。与此同时，裁判右手握拳高举过肩，宣告出局）。

2.3†　略。

第 3 章 范畴化（1）——原型

3.1 建议以自然界中的生物"杂草"或"虫子"、人工制品中的"交通工具"或"武器"为对象，进行调查。关于原型效应是如何产生的，可参见本章 3.4。

3.2 例如，「約束する」（约定）、「働く」（工作）、「戦う」（战斗）等的情况如何呢？考虑一下这三个词各自的典型事例和边缘事例。「ハンガーストライキ」（绝食）是否可说成是「戦い」呢？

3.3† 略。

第 4 章 范畴化（2）——基本层次

4.1 参考前一章讨论题 3.1—3.2。可预测到的结果和问题是，会出现不同的说话人所假设的基本层次有所不同，以及未形成合理有序的层次结构的可能性。

4.2 相对于 B 所持有的（单个事例），A 所说的"这种文字处理机"是指属于其上位层次的某一特定机型 RX–78。假定如果 A 所持有的文字处理机和 B 的机型不同的话，就自然会参照比 RX–78 更高一级的层次，如包含 RX–78 和 RX–80 的 S 公司生产的文字处理机。无论哪一种情况，句中"这种文字处理机"这个形式，都要参照比较单个事例层级更高的层次，然后再一次提出其他事例，以降低层级，由此实现顺畅对话。

4.3† 略

第 5 章 隐喻

5.1 〈心理活动是物理接触〉的隐喻用法有很多，如日语「要点をつかむ」（抓住要点）或英语 grasp the idea 等。此外，还有将思考比拟

为饮食的例子，如「事情を飲み込む」（理解情况）。

5.2　当我们说「友好関係を結ぶ／断ち切る」（结成／断绝友好关系）时，实际上是将人际关系比作（丝带一样的）具体的链接，即借助这一始源域来理解和把握人际关系。此外，日语还说「ぶつかり合う」（相互碰撞）、「摩擦を避ける」（回避摩擦）等。这时用于理解人际关系的始源域与其说是一种链接，不如说是一种物理接触（还可参见如「角が取れる」（通达世故，圆通）这样的说法）。

5.3† 比如，我们除了可以分析日语的量词以及英语的介词外，还可以分析一些拥有具体语义的基本动词（如日语的「かける」「とる」或英语的 run、take 等）。

5.4† 略

第 6 章　事件结构

6.1　例句中（a）（b）比较容易判断。其中（b）的「下さい」，如果单纯认为它表示请求，那么可以不添加因果链；如认为它还具有「私のために」（为了我）这一层意思，则可在谓语「消す」后添加表示受益的链条。例（c）中，若为「変化球を」，则可将其作为一般宾语，标记在「待つ」这一链条的终点位置。但由于例句中实际为「変化球で」，因此，在绘制因果链时需要做一些调整。例（d）（e）的因果链大体相同，只是对事件的切分方式不同。具体来说，例（d）的谓语切分事件后的链条终点为 engine，而例（e）为 oil。

6.2　英语的路径表达翻译成日语后，多数需要使用动词，比如 over 翻译为「越えて」，along 则翻译为「沿って」，均为动词。但像 sing along 这样的事件，一般不说「沿って歌う」，而是译为「一緒に歌う」，因此，日语中路径表达的使用范围相对有限。along 的其他用法，请自己查阅词典。

6.3† 略。需要注意的是，有的位移事件，只有其中一种语言可以将其表达出来，另一种语言有可能不具备表达该事件的条件。

第 7 章 构式知识（1）——基本框架

7.1 作为与「X は Y に必殺の一撃を与えた」（X 给了 Y 致命一击）对应的句子，我们可以说「Y は X に必殺の一撃を喰らった」，但不可以说「*Y は X に必殺の一撃を食べた」。从这个意义上讲，「食べる」和「喰う（喰らう）」不只在语体上有差异，在可用的构式上也存在不同。

7.2 「みだりに」（随意，轻率）一般只能出现在像「みだりに大声を上げてはいけません」（不可以肆意大声喧哗）这样的句子中，能使用的环境相当有限。比如「*みだりに静かにしなさい」（请尽管安静）这个句子就不成立，可见「みだりに」对应的是否定性内容。而又由于「私はみだりに大声を上げませんでした」（我没有肆意大声喧哗）这个句子也有些不自然，可见它更适合表命令的句子。但「みだりに大声を上げては人に迷惑をかけます」（肆意大声喧哗会打扰到别人）这个句子并没有那么不自然。由此可见，「みだりに」属于语言学中极性项（polarity item）的一种——类似于英语的 any 和 ever 这样的成分，常和否定句及条件句搭配。

7.3 Kiss your past good-by 这个句子，首先，由于 kiss 的对象原本应是具体事物（比如 your mom），而此句中为 your past，因此，这里发生了由具体事物向抽象事物的隐喻性扩展。此外，kiss 这个动作本身虽然需要移动嘴唇，十分具体，但并不传达语言内容。在这个意义上，上面的例句也发生了扩展，可以说，它其实是仿照 tell 这样的以"听话人+传达内容"为语义结构的动词而造的句子。需要注意的是，kiss 传达的内容必须符合框架性知识（比如，父母在孩子睡前一边亲吻孩子，一边说话这样的场景）。

7.4† 略。

第 8 章 构式知识（2）——"主语"与"被动态"

8.1 仅就例（a）而言，可以说当主语为动作的致效者的时候，假说成立。但例（b）的「見る」的主语为经验者，而例（c）中的「うつくしう」「ゐたり」的主语是主事，因此，我们需要设法整合这些语义角色。这里我们可以考虑把不及物动词谓语句的 S 和及物动词谓语句中的（相对于 P 施动性更高的）A，即 S+A 作为轴心词。这样一来，比如，例（d）的谓语虽然包含致使形，但动作的致效者做主语这一点和例（a）是共通的。然而，这在分析例（e）—（f）时仍存在问题。比如例（e）中很难讲「節を隔てて」的轴心词（即主语）是什么。例（f）是描述气候的句子，然而发光的东西（天？）和风显然不是同一个东西。对这些例子，还需要进一步斟酌。

8.2 首先，日语的被动句从"受事的话题化"进一步发展为所谓的"受害被动"。其次，在实际的交际过程中，句首的「が」格事件参与者多具备有生性。因此，日语的被动句中无生命物做"主语"的情况非常少。而英语的被动句，虽在"受事的话题化"和"施事的去焦点化"这两个功能域上，与日语在某种程度上重合，但在"状态化"这个功能域上表现得比日语明显得多。两种语言中均不存在使用反身代词的中动态。当然，此处的考察比较有限，还需要进一步思考。

8.3[†] 略。

第 9 章 语法化

9.1 首先，具有语义从具体到抽象的倾向。另外，若是从单独作为句子的主要成分，还是与其他词语相结合起到辅助作用的角度来看，我们认为发挥基本作用的是前一种。语义具体且作为句子主要成分的是例（d）"他（她）到了一户人家"中的"到了"，将其设定为语义扩展的原点。在其他例子当中，无论哪一个都是通过与其他动词结合来发挥辅助作用。其中，具体程度较高的语义，可从例（a）"开到岔路口"这句话看出来，堪称是由"到了"这一动作向表示"归结"某地的词扩展。另外，因为例（b）中有"往家里打电话"，所以是从空间归结点向打电话对象扩展（译成"打给家里"也没关系）。若考虑由此进一步向表示"原因-结果"这一因果关系的归结点扩展，同例（c）或例（e）的关系也就能迎刃而解了。最后，例（f）和例（g）如果从译文的角度看，似乎还能归结为某个义项，但为什么会出现这种表"让步"的语义关系，仅靠具有从具体到抽象扩展的倾向这一点是解释不通的。从归结点向有可能发生某事态的边界扩展，这其中究竟是什么在发挥推理作用，恐怕还是应该从语用学原因方面来考虑。

9.2† 略

9.3† 略

第 10 章　语篇、认知、文化

10.1　对于英语的 home，日语中有很多词可以与之对应，如「家」「故乡」「家庭」「本场」等。此外，还有其他语义。不仅如此，英语还有各种熟语。想了解的人，建议查阅 *Oxford English Dictionary*，追踪其历史性语义扩展。

10.2　「切れる」这个词也可以用于心理意义。特别是在最近，已经不止诸如「緊張（の糸）が切れる」之类的用法了，还用于表达突然发飙（多写作「キレる」）。提供大家做参考的是，日语传统的"愤怒"情感表达来自于这个文化模型：由「腹」开始（「腹が立つ」），继而向「胸」扩展（「腹／胸がむかつく」），到达「頭」（「頭に来る」），最后「爆发」（Matsuki 1995）。与之不同，「キレる」这个词背后包含这样的识解，即在自我世界的连续性被阻断的一瞬间，愤怒情绪突然爆发出来，而不是指"愤怒"的情感一点点积聚起来的意思。之所以有很多时候局外人不理解当事人为何「キレる」，恐怕也是出于这个原因。

10.3† 略。

第 11 章　语言的发展

11.1　(a)阶段（22—34 个月）的幼儿，用于表示对象受限定的量词比较多，占一半以上。而到了(b)阶段（34—46 个月），与其说拘泥于特定对象，不如说是根据形状的不同区分使用量词的情况增多。即由此可知，这一趋势显示出以个别事例为核心的时期（与"动词岛"也十分相似）开始向着大量基于图式化使用量词的时期推移的过程。此外，一般性图式被习得后，会出现因过度扩展而导致的偏误。(b)阶段出现很多偏误例就是指这样的例子。

11.2　有几个可能的理由，其中一个是，幼儿的规则是给句中第一次出现的主要名词短语（套用成人语法即是"论元"）赋予「ガ」格。尽管比照成人语法，这是错误的。此外，例(a)中的「オトーサン」是打招呼，这在幼儿语法中亦非论元。或许存在这样的背景，即日语中即便是及物动词构式，也可以不表示一方论元，而是多用"名词短语＋动词"的形式，从表层上看貌似不及物动词句一般。

11.3[†]　略。几乎没有机会看到现实数据，可以考察一下有可能建立怎样的假说。

参考文献

采用以下省略记号

BLS = Berkeley Linguistic Society
CLS = Chicago Linguistic Society
JB = John Benjamins
LEA = Lawrence Erlbaum Associates
MG = Mouton de Gruyter
U = University
UP = University Press

Akiba, K. (1977) "Switch reference in Old Japanese". *BLS* 3.610-619.
秋元実治 (ed.) (2001)『文法化:研究と課題』. 英潮社.
尼ケ崎彬 (1988)『日本のレトリック』. 筑摩書房.
Anderson, J. M. (1971) *The grammar of case: towards a localist theory*. Cambridge: Cambridge UP.
───── (1977) *On case grammar: prolegomena to a theory of grammatical relations*. London: Groom Helm.
有馬道子 (2001)『パースの思想:記号論と認知言語学』. 岩波書店.
Barlow, M. & Kemmer, S. (eds.) (2000) *Usage-based models of language*. Stanford: CSLI.
Barcelona, A. (ed.) (2000) *Metaphor and metonymy at the crossroads: a cognitive perspective*. Berlin: MG.
Barsalou, L. W. (1983) "Ad-hoc categories". *Memory and cognition* 11.211-227.
Bechtel, W. & Graham, G. (ed.) (1998) *A Companion to cognitive science*. Oxford: Blackwell.
Berlin, B., Breedlove, D. E.& Raven, P. (1974). *Principles of Tzeltal plant classification: an introduction to the botanical ethnography of a Mayan-speaking people of highland Chiapas*. NY: Academic Press.
───── & Kay, P. (1969) *Basic color terms: their universality and evolution*. Berkeley: U. of California Press.
Berwick, R. C. (1998) "Language evolution and the minimalist program: the origins of syntax". In: Hurford et.al.320-340.

Bloom, P., Peterson, M. A., Nadel, L.& Garrett, M. F. (eds.) (1996) *Language and space.* Cambridge, MA: MIT Press.

Bolinger, D. (1977) *Meaning and form.* London: Longman. (『意味と形』こびあん書房)

─────(1992) "About furniture and birds". *Cognitive linguistics* 3.111-117.

Bowerman, M. (1996a) "Learning how to structure space for language: a crosslinguistic perspective". In: Bloom et.al.385-436.

─────(1996b) "The origins of children's spatial semantic categories: cognitive vs. linguistic determinations". In: Gumperz & Levinson.145-176.

───── & Choi, S. (2000) "Shaping meanings for language: universal and language specific in the acquisition of spatial semantic categories". In: Bowerman & Levinson.475-511.

───── & Levinson, S. C. (eds.) (2000) *Language acquisition and conceptual development.* Cambridge: Cambridge UP.

Braine, M. D. S. (1963) "The ontogeny of English phrase structure". *Language* 39.1-14.

Brugman, C. (1981) *The story of OVER.* UC Berkeley 修士論文 .(Indiana U. Linguistics Club, Linguistic Agency of U. of Duisburg, 由 Garland 再版，又収入 Lakoff 1987)

Butt, M. & Geuder, W. (eds.) (1998) *The projection of arguments: lexical and compositional factors.* Stanford: CSLI.

Bybee, J. L., Perkins, R. & Pagliuca, W. (1994) *The evolution of grammar: tense, aspect and modality in the languages of the world.* Chicago: U. of Chicago Press.

Casad, E.(ed.) (1995) *Cognitive linguistics in the Redwoods: the expansion of a new paradigm in linguistics.* Berlin: MG.

Chomsky, N. (1968) *Language and mind.* NY: HBJ. (『言語と精神』河出書房新社)

─────(1975) *Reflections on language.* NY: Pantheon Books. (『言語論』大修館書店)

─────(1988) *Language and the problems of knowledge.* Cambridge, MA: MIT Press. (『言語と知識』産業図書)

Cienki, A., Luka, B. J., & Smith, M. B. (eds.) (2001) *Conceptual and discourse factors in linguistic structure.* Stanford: CSLI.

Clark, H. H. (1973) "Space, time, semantics and the child". In: Moore, T. E. (ed.) *Cognitive development and the acquisition of language.* NY: Academic Press.27-63.

Coleman, L.& Kay, P. (1981) "Prototype semantics: the English verb *lie*". *Language* 57.26-44.

Comrie, B. (1981, 1989^2) *Language universals and linguistic typology: morphology and syntax.* Oxford: Blackwell. (『言語普遍性と言語類型論』ひつじ書房)

─────(1998a) "Switch reference in Haruai: grammar and discourse". In: Janse, M.& Verlinden, A.(eds.) *Productivity and creativity: studies in general and descriptive linguistics in honor of E. M. Uhlenbeck.* Berlin: MG.421-432.

─────(1998b) "Perspectives on grammaticalization". In: Ohori.7-24.

Corbett, G. (1978) "Universals in the syntax of cardinal numerals". *Lingua* 46.355-368.

Craig, C. G. (ed.) (1986) *Noun classes and categorization.* Amsterdam: JB.
Croft, W. (1990, 2002²) *Typology and universals.* Cambridge: Cambridge UP.
────── (1991) *Syntactic categories and grammatical relations: the cognitive organization of information.* Chicago: U. of Chicago Press.
────── (1993) "The role of domains in the interpretation of metaphors and metonymies". *Cognitive linguistics* 4.335-370.
────── (1998) "Event structure in argument linking". In: Butt & Geuder.1-43.
────── (2001) *Radical construction grammar: syntactic theory in typological perspective.* Oxford: Oxford UP.
Dasher, R. B. (1982) "The semantic development of honorific expressions in Japanese". *Papers in linguistics* 15.217-228.
────── (1995) *Grammaticalization in the system of Japanese predicate honorifics.* Stanford U. 博士論文.
Dean, P. D. (1992) *Grammar in mind and brain: explorations in cognitive syntax.* Berlin: MG.
DeLancey, S. (1985) "Agentivity and syntax". *CLS 21 Parasession on causatives and agentivity.*1-12.
────── (1987) "Transitivity in grammar and cognition". In: Tomlin. 53-68.
Dirven, R. & Verspoor, M. (eds.) (1998) *Cognitive exploration of language and linguistics.* Amsterdam: JB.
Dixon, R. M. W. (1972) *The Dyirbal language of North Queensland.* Cambridge: Cambridge UP.
────── (1977) "Where have all the adjectives gone?" *Studies in language* 1.19-80. (*Where have all the adjectives gone? and other essays in semantics and syntax.* 又收入 The Hague: Mouton)
Downing, P. (1996) *Numeral classifier systems: the case of Japanese.* Amsterdam: JB.
Dowty, D. (1991) "Thematic proto-roles and argument selection". *Language* 67.547-619.
Dryer, M. (1997) "Are grammatical relations universal?" In: Bybee, J. L., Haiman, J.& Thompson, S. A. (eds.) *Essays on language function and language type: dedicated to T. Givón.* Amsterdam: JB.115-143.
Duranti, A. (1990) "Politics and grammar: agency in Samoan political discourse". *American ethnologist* 17.646-666.
────── & Ochs, E. (1990) "Genitive constructions and agency in Samoan Discourse". *Studies in language* 14.1-23.
Durie, M. (1987) "Grammatical relations in Acehnese". *Studies in language* 11.365-399.
Eco, U. (1976) *A theory of semiotics.* Bloomington: Indiana UP. (『記号論』岩波書店)
Elman, J. L., Bates, E. A., Johnson, M. H., Karmiloff-Smith, A., Parisi, D. & Plunkett, K. (1996) *Rethinking innateness: a connectionist perspective on development.* Cambridge,

MA: MIT Press. (『認知発達と生得性』共立出版)

Erbaugh, M. S. (1986) "Taking stock: the development of Chinese noun classifiers historically and in young children". In: Craig.399-436.

Fauconnier, G. (1985, 1994²) *Mental spaces: aspects of meaning construction in natural language.* Cambridge: Cambridge UP. (『メンタル・スペース』白水社)

――――(1997) *Mappings in thought and language.* Cambridge: Cambridge UP. (『思考と言語におけるマッピング』岩波書店)

―――― & Sweetser, E. (eds.) (1996) *Spaces, worlds and grammar.* Chicago: U. of Chicago Press.

―――― & Turner, M. (2002) *The way we think: conceptual blending and the mind's hidden complexities.* NY: Basic Books.

Fillmore, C. J. (1968) "The case for case". In: Bach, E. & Harms, R. T. (eds.) *Universals in linguistic theory.* NY: Holt. 1-88. (収入『格文法の原理』三省堂)

――――(1975) "An alternative to checklist theories of meaning", *BLS* 1.123-131.

――――(1977) "The case for case reopened". In: Cole, P. & Sadock, J. (eds.) *Syntax and semantics 8: grammatical relations.* NY: Academic Press.59-81.

――――(1982) "Frame semantics". In: Linguistic Society of Korea (ed.) *Linguistics in the morning calm.* Seoul: Hanshin.111-137.

――――(1985) "Frames and semantics of understanding". *Quaderni disemantica* 6.222-253.

――――(1988) "The mechanisms of 'Construction Grammar'". *BLS* 14.35-55.

―――― & Atkins, B. T. (1992) "Towards a frame-based lexicon: the case of RISK". In: Lehrer, A. & Kittay, E. F. (eds.) *Frames, fields and contrasts.* Hillsdale: LEA.75-102.

―――― & ――――(1994) "Starting where the dictionaries stop: the challenge for computational lexicography". In: Atkins, B. T. S. & Zampolli, A. (eds.) *Computational approach to the lexicon.* Oxford: Oxford UP.349-393.

――――, Kay, P.& O'Connor, M. C. (1988) "Regularity and idiomaticity in grammatical constructions: the case of *let alone*". *Language* 64.501-538. (又収入 Kay1997)

Fletcher, P.& MacWhinney, B.(eds.) (1995) *The handbook of child language.* Oxford: Blackwell.

Foley, W.& Van Valin, R. D., Jr. (1984) *Functional syntax and universal grammar.* Cambridge: Cambridge UP.

Fox, B., Jurafsky, D. & Michaelis, L. (eds.) (1999) *Cognition and function in language.* Stanford: Stanford UP.

深谷昌弘・田中茂範 (1996)『コトバの＜意味づけ＞論：日常言語の生の営み』. 紀伊國屋書店.

Geeraerts, D. (ed.) (1996) "Cognitive linguistics and Jackendoff's cognitive approach". Special issue. *Cognitive linguistics* 7. Issue 1.

Geiger, R. A. & Rudzka-Ostyn, B. (eds.) (1993) *Conceptualizations and mental processing in language.* Berlin: MG.

Geis, M. L. & Zwicky, A. M. (1971) "On invited inferences". *Linguistic inquiry* 2.561-566.

Gibbs, R. W. (1994) *The poetics of mind: figurative thought, language and understanding.* Cambridge: Cambridge UP.

———— & Steen, G. J. (eds.) (1999) *Metaphor in cognitive linguistics.* Amsterdam: JB.

Givón, T. (1979) *On understanding grammar.* NY: Academic Press.

————(1981) "Typology and functional domains". *Studies in language* 5.163-193.

————(1983) *Syntax: a functional-typological introduction 1.* Amsterdam: JB.

————(1989) *Syntax: a functional-typological introduction 2.* Amsterdam: JB.

————(ed.) (1994) *Voice and inversion.* Amsterdam: JB.

Goldberg, A. (1995) *Constructions: a construction grammar approach to argument structure.* Chicago: U. of Chicago Press. (『構文文法論』研究社)

————(ed.) (1996) *Conceptual structure, discourse and language.* Stanford: CSLI.

————(1999) "The emergence of the semantics of argument structure constructions". In: MacWhinney, B. (ed.) *The emergence of language.* Mahwah: LEA.197-212.

Goral, D. (1986) *Verb concatenation in southeast Asian languages: a crosslinguistic study.* UC Berkeley 博士論文.

Grice, H. P. (1975) "Logic and conversation". In: Cole, P. & Morgan, J. (eds.) *Syntax and semantics 3: speech acts.* NY: Academic Press.41-58. (*Studies in the way of words.* 又収入 Cambridge, MA: Harvard UP, 収入『論理と会話』勁草書房)

Gruber, J. (1976) *Lexical structure in syntax and semantics.* Amsterdam: North-Holland.

Gumperz, J. J. (1982) *Discourse strategies.* Cambridge: Cambridge UP.

———— & Levinson, S. C. (eds.) (1996) *Rethinking linguistic relativity.* Cambridge: Cambridge UP.

Haiman, J. (1980a) "Dictionaries and encyclopedias". *Lingua* 50.329-357.

————(1980b) "The iconicity of grammar: isomorphism and motivation". *Language* 56.515-540.

————(1985a) *Natural syntax: iconicity and erosion.* Cambridge: Cambridge UP.

————(ed.) (1985b) *Iconicity in syntax.* Amsterdam: JB.

Harris, R. A. (1993) *The linguistics wars.* Oxford: Oxford UP.

Haspelmath, M. (1990) "The grammaticization of passive morphology". *Studies in language* 14.25-72.

————(2003) "The geometry of grammatical meaning: semantic maps and cross-linguistic comparison". In: Tomasello, M. (ed.) *The new psychology of language* 2. Mahwah: LEA.211-242.

Hawkins, J. A. (1994) *A performance theory of order and constituency.* Cambridge: Cambridge UP.

Hayase, N. (早瀬尚子) (1993) "Prototypical meaning vs. semantic constraints in the analysis of English possessive genitives". *English linguistics* 10.133-159.

――――(2002)「英語の所有格表現の諸相：プロトタイプ理論とスキーマ理論の接点」. In：西村. 161-186.

Heine, B. (1997) *Cognitive foundations of grammar.* Oxford: Oxford UP.

――――, Claudi, U. & Hünnemeyer, F. (1991) *Grammaticalization: a conceptual framework.* Chicago: U. of Chicago Press.

Herskovitz, A. (1986) *Language and spatial cognition: an interdisciplinary study of the prepositions in English.* Cambridge: Cambridge UP. (『空間認知と言語理解』オーム社)

Hiraga, M., Sinha, C. & Wilcox, S. (eds.) (1999) *Cultural, typological and psychological issues in cognitive linguistics.* Amsterdam: JB.

廣瀬幸生 (1998)「構文間の継承関係：because 節主語構文の構文文法的分析」.『英語青年』12 月号. 7-10.

Holland, D. & Quinn, N. (eds.) (1987) *Cultural models in language and thought.* Cambridge: Cambridge UP.

Holyoak, K. J.& Thagard, P. (1995) *Mental leaps: analogy in creative thought.* Cambridge, MA: MIT Press. (『アナロジーの力』新曜社)

Honda, A. (本多啓) (1994) *Linguistic manifestations of spatial perception.* 東京大学博士論文.

――――(2002)「英語中間構文とその周辺：生態心理学の観点から」. In：西村. 11-36.

Hook, S. (ed.) (1969) *Language and philosophy.* NY: New York UP. (『言語と思想』研究社)

Hopper, P. J. (1987) "Emergent grammar". *BLS* 13.139-157.

――――(1991) "On some principles of grammaticization". In: Traugott & Heine. Vol. 1. 17-35.

―――― & Thompson, S. A. (1980) "Transitivity in grammar and discourse". *Language* 56.251-299.

―――― & ―――― (1984) "The discourse basis for lexical categories in universal grammar". *Language* 60.703-752.

―――― & ―――― (1985) "The iconicity of the universal categories 'noun' and 'verb'". In: Haiman.151-183.

―――― & Traugott, E. C. (1993, 2003^2) *Grammaticalization.* Cambridge: Cambridge UP. (『文法化』九州大学出版会)

Horie, K. (堀江薫) (1995)「言語類型論 (I)」. In：森岡ハインツ・加藤泰彦 (eds.)『海外言語学情報』8. 大修館書店. 75-92.

――――(ed.) (2000a) *Complementation: cognitive and functional perspectives.* Amsterdam: JB.

———(2000b) "Core-oblique distinction and nominalizer choice in Japanese and Korean". *Studies in language* 24.77-102.

———(2002)「日韓両語の補文構造の認知的基盤」. In: 大堀. 255-276.

Hurford, J. R., Studdert-Kennedy, M. & Knight, C.(eds.) (1998) *Approaches to the evolution of language.* Cambridge: Cambridge UP.

市川浩 (1984)『＜身＞の構造：身体論を超えて』. 青士社. (由讲谈社再版)

Ikegami, Y. (池上嘉彦) (1970a) *The semological structure of the English verbs of motion: a stratificational approach.* Tokyo: Sanseido.

———(ed.) (1970b)『文化人類学と言語学』. 弘文堂.

———(1973) "A set of patterns for the semantic structure of the verb". *Linguistics* 117.15-58.

———(1975)『意味論：意味構造の分析と記述』. 大修館書店.

———(1981)『「する」と「なる」の言語学：言語と文化のタイポロジーへの試論』, 大修館書店.

———(1983)『詩学と文化記号論』. 筑摩書房. (由讲谈社再版)

———(1985) "'Activity'- 'Accomplishment'- 'Achievement': a language that can't say 'I burned it, but it didn't burn' and one that can". In: Makkai, A. & Melby A. K. (eds.) *Linguistics and philosophy: essays in honor of Rulon S. Wells.* Amsterdam: JB.265-304.

———(1987) "'Source' vs. 'goal': a case of linguistic dissymmetry". In: Dirven, R.& Radden, R. (eds.) *Concepts of case.* Tübingen: Gunter Narr.122-146.

———(1993) "What does it mean for a language to have no singular-plural distinction? Noun-verb homology and its typological implication". In: Geiger & Rudzka-Ostyn.801-814.

———(2000)『「日本語論」への招待』. 講談社.

——— & Kawakami, S. (eds.) (1996) "New developments in the study of Metaphor". Special issue. *Poetica* 46.

Imai, M. (今井むつみ) (2000 a)「サピア・ワーフ仮説再考：思考形成における言語の役割，その相対性と普遍性」.『心理学研究』71.415-433.

———(2000b) (ed.)『心の生得性：言語・概念獲得に生得的制約は必要か』. 共立出版.

——— & Gentner, D.(1997) "A cross-linguistic study of early word meaning: universal ontology and linguistic influence". *Cognition* 62.169-200.

井上京子 (1998)『もし「右」や「左」がなかったら：言語人類学への招待』. 大修館書店.

———(2002)「絶対と相対の狭間で：空間指示枠によるコミュニケーション」. In: 大堀. 11-35.

岩立志津夫 (1997)「文法の獲得＜１＞動詞を中心に」In: 小林・佐々木. 111-130.

Iwata, S. (岩田彩志) (1995) "Invariance again: what is preserved in a metaphorical mapping?" *English linguistics* 12.173-196.

———(1998)「Invariance Principle の帰結」.『英語青年』12 月号. 15-18.

Jackendoff, R. (1972) *Semantic interpretation in generative grammar.* Cambridge, MA: MIT Press.

―――― (1976) "Toward an explanatory semantic representation". *Linguistic inquiry* 7. 89-150.

―――― (1983) *Semantics and cognition.* Cambridge, MA: MIT Press.

―――― (1990) *Semantic structures.* Cambridge, MA: MIT Press.

Jacobsen, W. M. (1992) *The transitive structure of events in Japanese.* Tokyo: Kurosio.

Jakobson, R. (1960) "Closing statement: linguistics and poetics". In: Sebeok, T. A. (ed.) *Style in language.* Cambridge, MA: MIT Press. 350-377.(収入『一般言語学』みすず書房)

Johnson, M. (1987) *The body in the mind: the bodily basis of meaning, imagination and reason.* Chicago: U. of Chicago Press. (『心の中の身体』紀伊國屋書店)

Johnson-Laird, P. N. (1983) *Mental models: towards a cognitive science of language, inference and consciousness.* Cambridge: Cambridge UP. (『メンタルモデル』産業図書)

Kageyama, T. (影山太郎) (1996)『動詞意味論：言語と認知の接点』. くろしお出版.

―――― (ed.) (1997) *Verb semantics and syntactic structure.* Tokyo: Kurosio.

―――― (ed.) (2001)『日英対照・動詞の意味と構文』. 大修館書店.

Kajita, M. (1977) "Towards a dynamic model of syntax". *Studies in English linguistics* 5. 44-66.

金子邦彦・池上高志 (1998)『複雑系の進化的シナリオ：生命の発展様式』朝倉書店.

河上誓作 (ed.) (1996)『認知言語学の基礎』. 研究社出版.

Kay, P. (1983) "Linguistic competence and folk theories of language: two English hedges". *BLS* 9.128-137. (又収入 Holland & Quinn 1987, Kay 1997 に再録)

―――― (1997) *Words and the grammar of context.* Stanford: CSLI.

―――― & Fillmore, C. J. (1999) "Grammatical constructions and linguistic generalizations: the *What's X doing Y* construction". *Language* 75.1-33.

―――― & Kempton, W. (1984) "What is the Sapir-Whorf Hypothesis?". *American anthropologist* 86.65-79.

Keenan, E. L. (1976) "Toward a universal definition of subject". In: Li.305-333.

―――― & Comrie, B. (1977) "Noun phrase accessibility and universal grammar". *Linguistic inquiry* 8.63-100.

Kemmer, S. (1993) *The middle voice.* Amsterdam: JB.

―――― & Verhagen, A. (1994) "The grammar of causatives and the conceptual structure of events". *Cognitive linguistics* 5.115-156.

Kessakul, R. & Ohori, T. (近刊) "Grammaticalization of deverbal markers: toward a cross-linguistic study in semantic extension of motion events". *South-east Asian linguistics society* 8.

Kibrik, A. E. (1979) "Canonical ergativity and Daghestan languages". In: Plank. 61-78.
木村英樹 (1992)「BEI 受動文の意味と構造」.『中国語』6 月号. 10-15.
金田一春彦 (ed.)(1976)『日本語動詞のアスペクト』. むぎ書房.
小林春美・佐々木正人 (eds.)(1997)『子どもたちの言語獲得』. 大修館書店.
Koenig, J.-P. (ed.) (1998) *Discourse and cognition: bridging the gap.* Stanford: CSLI.
Kövecses, Z. (1986) *Metaphors of anger, pride and love.* Amsterdam: JB.
────(1990) *Emotion concepts.* NY: Springer.
────(2001) *Metaphor: a practical introduction.* Oxford: Oxford UP.
Kuhn, T. (1962, 1970²) *The structure of scientific revolutions.* Chicago: U. of Chicago Press. (『科学革命の構造』みすず書房)
楠見孝 (1992)「比喩の生成・理解と意味構造」.In：箱田祐司 (ed.)『認知科学のフロンティア II』. サイエンス社. 39-64.
────(1995)『比喩の処理過程と意味構造』. 風間書房.
────(1996)「感情概念と認知モデルの構造」.In：土田昭司・竹村和久 (eds.)『感情と行動・認知・生理：感情の社会心理学』. 誠信書房. 29-54.
Labov, W. (1973) "The boundaries of words and their meanings". In: Bailey, C. J.& Shuy, R. W. (eds.) *New ways of analyzing variation in English.* Washington D. C.: Georgetown U.340-373.
Lakoff, G. (1977) "Linguistic gestalts". *CLS* 13.236-287.
────(1986) "Frame semantic control of the coordinate structure constraint". *CLS 22 Parasession on pragmatics and grammatical theory.*152-167.
────(1987) *Women, fire and dangerous things: what categories reveal about mind.* Chicago: U. of Chicago Press. (『認知意味論』紀伊國屋書店)
────(1990) "The invariance hypothesis: is abstract reason based on image schemas?". *Cognitive linguistics* 1.39-74. (収入坂原 2000)
────(1993) "The contemporary theory of metaphor". In: Ortony (ed.).202-251.
────(1996) *Moral politics: what conservatives know that liberals don't.* Chicago: U. of Chicago Press. (『比喩によるモラルと政治』木鐸社)
──── & Johnson, M.(1980) *Metaphors we live by.* Chicago: U. of Chicago Press. (『レトリックと人生』大修館書店)
──── & ────(1998) *Philosophy in the flesh: the embodied mind and its challenge to western thought.* NY: Basic Books. (『肉中の哲学』哲学書房)
──── & Núñez, R. E. (2001) *Where mathematics comes from: how the embodied mind brings mathematics into being.* NY: Basic Books.
──── & Turner, M. (1989) *More than cool reason: a field guide to poetic metaphors.* Chicago: U. of Chicago Press. (『詩と認知』紀伊國屋書店)
Lakoff, R. T. (1989) "The way we were: or the real actual truth about generative semantics", *Journal of pragmatics* 13.939-988.

ラマール , C. (2002)「助詞への道：漢語の "了", "得", "倒" の諸機能をめぐって」. In：大堀. 185-215.

Langacker, R. W. (1987a) *Foundations of cognitive grammar 1: theoretical prerequisites*. Stanford: Stanford UP.

———(1987b) "Nouns and verbs", *Language* 63.53-94. (又收入 Langacker1990a)

———(1990a) *Concept, image and symbol: the cognitive basis of grammar*. Berlin: MG.

———(1990b) "Subjectification". *Cognitive linguistics* 1.5-38. (又收入 Langacker 1990a)

———(1991) *Foundations of cognitive grammar 2: descriptive applications*. Stanford: Stanford UP.

———(1993) "Reference-point constructions". *Cognitive linguistics* 4.1-38. (又收入 Langacker1999)

———(1995) "Raising and transparency". *Language* 71.1-62. (又收入 Langacker1999)

———(1999) *Grammar and conceptualization.* Berlin: MG.

———(2000) "A dynamic usage-based model". In: Barlow & Kemmer.1-63. (收入坂原 2000)

——— & Munro, P. (1975) "Passives and their meaning". *Language* 51.789-830.

Lee, D. (2001) *Cognitive linguistics: an introduction.* Oxford: Oxford UP.

Lehmann, C. (1985) "Grammaticalization: synchronic variation and diachronic change". *Lingua e stile* 20.303-318.

Leisi, E. (1953) *Der Wortinhalt: seine Struktur im Deutschen und Englischen.* Heidelberg: Quelle & Meyer. (『意味と構造』研究社出版, 讲谈社再版)

Levin, B. (1993) *English verb classes and alternations.* Chicago: U. of Chicago Press.

Li, C. N. (ed.) (1976) *Subject and topic.* NY: Academic Press.

Lord, C. (1993) *Historical change in serial verb constructions.* Amsterdam: JB.

Lucy, J. A. (1992a) *Language diversity and thought: a reformulation of the linguistic relativity hypothesis.* Cambridge: Cambridge UP.

———(1992b) *Grammatical categories and cognition: a case study of the linguistic relativity hypothesis.* Cambridge: Cambridge UP.

———(1996) "The scope of linguistic relativity: an analysis and review of empirical research". In: Gumperz & Levinson.37-69.

Lyons, J. (1977) *Semantics.* 2 vols. Cambridge: Cambridge UP.

正高信男 (1991)『ことばの誕生：行動学からみた言語起源論』. 紀伊國屋書店.

Matisoff, J. A. (1969) "Verb concatenation in Lahu: the syntax and semantics of 'simple' juxtaposition". *Acta linguistica hafniensia* 12.69-120.

———(1991) "Areal and universal dimensions of grammaticalization in Lahu". In: Traugott & Heine. Vol 2.383-453.

Matlin, M. W. (1997^4) *Cognition.* NY: HBJ.

Matsuki, K. (1995) "Metaphors of anger in Japanese". In: Taylor, J. R. & MacLarry, R. (eds.) *Language and the cognitive construal of the world.* Berlin: MG.135-151.

Matsumoto, Y. (松本曜) (1991)「日本語類別詞の意味構造と体系：原型意味論による分析」『言語研究』99.82-106.

――――(1993) "The Japanese numeral classifiers: a study of semantic categories and lexical organization". *Linguistics* 31.667-713.

――――(1998) "Semantic change in the grammaticalization of verbs into postpositions in Japanese". In: Ohori.25-60.

Mazuka, R. (1996) "Can a grammatical parameter be set before the first word? prosodic contributions to early setting of a grammatical parameter". In: Morgan, J. L. & Demuth, K.(eds.) *Signal to syntax.* Mahwah: LEA.313-330.

Michaelis, L. A. & Lambrecht, K. (1996) "Toward a construction-based theory of language functions: the case of nominal extraposition". *Language* 72.215-247.

三上章 (1972)『続・現代語法序説：主語廃止論』．くろしお出版．

Minsky, M. (1975) "A framework for representing knowledge". In: Winston, P. H. (ed.) *The psychology of computer vision.* NY: McGraw-Hill. 211-277.

光延明洋 (1991)「言語と認識」．In：合田濤 (ed.)『現代社会人類学』．弘文堂．129-158.

守一雄 (1995)『認知心理学』．岩波書店．

中村涉 (2004)「他動性と構文：プロトタイプ・拡張・スキーマ」．In：中村芳久 (ed.)『認知文法論 2』．大修館書店．169-204.

中右実 (1994)『認知意味論の原理』．大修館書店．

――――・西村義樹 (1998)『構文と事象構造』．研究社出版．

Narrog, H.(ハイコ・ナロック) (2002a)『モダリティ表現の多様性：共時的バリエーションと通時的変化』．東京大学博士論文．

――――(2002b)「意味論的カテゴリーとしてのモダリティ」．In：大堀．217-251.

Nichols, J. (1984) "Direct and indirect objects in Chechen-Ingush and Russian". In: Plank. 183-210.

日本認知科学会 (ed.) (1990)『認知科学の発展 3：特集メンタルスペース』．講談社．

Nishimura, Y. (西村義樹) (1993) "Agentivity in cognitive grammar". In: Geiger & Rudzka-Ostyn.487-530.

――――(1997) "Agentivity and causation in cognitive linguistics". In: Yamanaka & Ohori.277-292.

――――(ed.) (2002a)『認知言語学 I：事象構造』．東京大学出版会．

――――(2002b)「換喩と文法現象」．In：西村．285-311.

――――& Tsuboi, E. (1991) "Review article of Jackendoff (1990)". *English linguistics* 8.226-243.

仁田義雄 (ed.) (1991)『日本語のヴォイスと他動性』．くろしお出版．

Nomura, M. (野村益寛) (2000) *The internally-headed relative clause construction in Japanese: a cognitive grammar approach.* UC San Diego 博士論文.

──── (2001)「参照点構文としての主要部内在型関係節構文」．In：山梨正明 (ed.)『認知言語学論考1』．ひつじ書房．229-255.

──── (2002)「＜液体＞としての言葉：日本語におけるコミュニケーションのメタファー化をめぐって」．In：大堀．37-57.

Nordlinger, R. (1998) *A grammar of Wambaya, northern territory (Australia).* Canberra: The Australian National U.

Nuyts, J. & Pederson, E. (eds.) (1997) *Language and conceptualization.* Cambridge: Cambridge UP.

Ohara, K. H. (小原京子) (1996) *A constructional approach to Japanese internally headed relativization.* UC Berkeley 博士論文.

──── (2002)「構文文法から見た主要部内在型関係節の意味と機能」．In：大堀．277-295.

Ohori, T. (大堀壽夫) (1994) "Diachrony of clause linkage: *te* and *ba* in Old through Middle Japanese". In: Pagliuca.135-149.

──── (1995) "Remarks on suspended clauses: a contribution to Japanese Phraseology". In: Shibatani & Thompson.201-218.

──── (ed.) (1998) *Studies in Japanese grammaticalization: cognitive and discourse perspectives.* Tokyo: Kurosio.

──── (2000a)「言語的知識としての構文：複文の類型論に向けて」．In：坂原．281-315.

──── (2000b) "Framing effect in Japanese non-final clauses". *BLS* 23.471-480.

──── (2001)「構文理論：その背景と広がり」．『英語青年』12月号．1-6.

──── (ed.) (2002a)『認知言語学 II：カテゴリー化』．東京大学出版会．

──── (2002b)「『交替指示』構文の通時相：統語変化とカテゴリー化」．In：大堀．297-321.

大西仁・鈴木宏昭 (eds.) (2001)『類似から見た心』．共立出版．

Ono, T. (1992) "The grammaticalization of the Japanese verbs *oku* and *shimau*". *Cognitive linguistics* 3.367-390.

Onodera, N. (1993) *Pragmatic change in Japanese: conjunctions and interjections as discourse markers.* Georgetown U. 博士論文.

──── (1995) "Diachronic analysis of Japanese discourse markers". In: Jucker, A. H. (ed.) *Historical pragmatics.* Amsterdam: JB.393-437.

尾上圭介 (1985)「主語・主格・主題」．『日本語学』10月号．30-38.

────・木村英樹・西村義樹 (1998)「二重主語とその周辺：日中英対照」．『言語』11月号．90-108.

Ortony, A. (ed.) (1979, 1993^2) *Metaphor and thought.* Cambridge: Cambridge UP.

Pagliuca, W. (ed.) (1994) *Perspectives on grammaticalization.* Amsterdam: JB.

Palmer, G. B. (1996) *Toward a theory of cultural linguistics.* Austin: U. of Texas Press.

Panther, K.-U. & Radden, G. (eds.) (1999) *Metonymy in language and thought.* Amsterdam: JB.

Pawley, A. (1987) "Encoding events in Kalam and English: different logics for reporting experience". In: Tomlin.329-360.

Pederson, E., Danziger, E., Wilkins, D., Levinson, S. C., Kita, S. & Senft, G. (1998) "Semantic typology and spatial conceptualization". *Language* 74.557-589.

Penn, J. M. (1972) *Linguistic relativity versus innate ideas.* The Hague: Mouton. (『言語の相対性について』大修館書店)

Pinker, S. (1989) *Learnability and cognition: the acquisition of argument structure.* Cambridge, MA: MIT Press.

―――― (1994) *The language instinct: how the mind creates language.* NY: William Morrow. (『言語を生み出す本能』日本放送出版協会)

Plank, F. (ed.) (1979) *Ergativity: towards a theory of grammatical relations.* NY: Academic Press.

Putnam, H. (1975) "The meaning of meaning". In: Gunderson, K. (ed.) *Language, mind and knowledge.* Minneapolis: U. of Minnesota Press.131-193. (又収入 *Mind, language and reality.* Cambridge: Cambridge UP)

Ramat, A. G. & Hopper, P. J. (eds.) (1998) *The limits of grammaticalization.* Amsterdam: JB.

Reddy, M. (1993) "The conduit metaphor: a case of frame conflict in our language about language". In: Ortony (ed.).164-201.

Rissanen, M., Kytö, M.& Heikkonen, K. (eds.) (1997) *Grammaticalization at work: studies of long-term developments in English.* Berlin: MG.

Rosch, E. (1975) "Cognitive representation of semantic categories". *Journal of experimental psychology: general* 104.192-233.

―――― (1978) "Principles of categorization". In: Rosch & Lloyd.27-48.

―――― & Lloyd, B. B. (eds.)(1978) *Cognition and categorization.* Hillsdale: LEA.

―――― & Mervis, C. B. (1975) "Family resemblances: studies in the internal structure of categories". *Cognitive psychology* 7.573-605.

――――, Mervis, C. B., Gray, W., Johnson, D. & Boyes-Braem, P. (1976) "Basic objects in natural categories". *Cognitive psychology* 8.382-439.

Ross, J. R. (1973) "Nouniness". In: Fujimura, O. (ed.) *Three dimensions of linguistic theory.* Tokyo: TEC.137-257.

Rudzka-Ostyn, B. (ed.) (1988) *Topics in cognitive linguistics.* Amsterdam: JB.

坂原茂 (1985)『日常言語の推論』. 東京大学出版会.

―――― (1997)「名詞句解釈の多様性と変化述語」.『英語青年』3月号. 19-21.

―――― (1998)「認知的アプローチ」. In: 郡司隆男・阿部泰明・白井賢一郎・坂

原茂・松本裕治.『言語の科学4：意味』. 岩波書店. 83-124.

────(ed.) (2000)『認知言語学の発展』. ひつじ書房.

────(2002)「トートロジーとカテゴリー化のダイナミズム」In：大堀. 105-134.

Sakamoto, M. (坂本真樹) (2000) *A cognitive network of the middle and related constructions in English and German.* 東京大学博士論文.

────(2002)「ドイツ語中間構文の認知論的ネットワーク」. In：西村. 111-135.

Sapir, E. (1921) *Language: an introduction to speech.* NY: HBJ. (『言語』紀伊國屋書店, 岩波書店)

────(1949) *The selected writings of Edward Sapir in language, culture, and personality.* Berkeley: U. of California Press. (抜粋・『言語・文化・パーソナリティ』北星堂, 池上 1970b)

佐藤信夫 (1978)『レトリック感覚』. 講談社.

────(1986)『意味の弾性』. 岩波書店. (由讲谈社以『レトリックの意味論』再版)

Schank, R. C. & Abelson, R. P. (1977) *Script, plans, goals and understanding: an essay into human knowledge structure.* Hillsdale: LEA.

瀬戸賢一 (1997)『認識のレトリック』. 海鳴社.

芝原宏治 (1995)『錯誤の意味論：類似性の関係変換分析』. 海鳴社.

Shibatani, M. (柴谷方良) (1985a) "Passives and related constructions". *Language* 61.821-848.

────(1985b)「主語プロトタイプ論」.『日本語学』10 月号. 4-16.

────(ed.) (1988) *Passive and voice.* Amsterdam: JB.

──── & Bynon, T. (ed.) (1995) *Approaches to linguistic typology.* Oxford: Oxford UP.

──── & Thompson, S. A. (ed.) (1995) *Essays in semantics and pragmatics.* Amsterdam: JB.

──── & ────(ed.) (1996) *Grammatical constructions: their form and meaning.* Oxford: Oxford UP.

Shimojo, M. (1995) *Focus structure and morphosyntax in Japanese: WA and GA, and word order flexibility.* State U. of NY at Buffalo 博士論文.

────(2002) "Functional theories of island phenomena: the case of Japanese". *Studies in language* 26:67-123.

篠原俊吾 (2002)「『悲しさ』『さびしさ』はどこにあるのか：形容詞文の事態把握とその中核をめぐって」. In：西村. 261-284.

白井恭弘 (2002)「動詞の意味特性と動詞形態素の習得：プロトタイプ形成と生得性」. In：大堀. 163-183.

Silverstein, M. (1976a) "Hierarchy of features and ergativity". In: Dixon, Robert M. W. (ed.) *Grammatical categories in Australian languages.* Canberra: Australian Institute of Aboriginal Studies.112-171.

————(1976b) "Shifters, linguistic categories, and cultural description". In: Selby, H. A. & Basso, K. H. (ed.) *Meaning in anthropology.* Albuquerque: U. of New Mexico Press.11-56.

Slobin, D. I. (1996) "From 'thought and language' to 'thinking for speaking'". In: Gumperz & Levinson.70-96.

Stiles, J. & Tal, D. (1993) "Linguistic and spatial cognitive development following early focal brain injury: patterns of deficit and recovery". In: Johnson, M. H. (ed.) *Brain development and cognition: a reader.* Oxford: Blackwell.643-664.

須賀一好・早津恵美子 (ed.)(1995)『動詞の自他』. ひつじ書房.

杉本孝司 (1998)『意味論 2：認知意味論』. くろしお出版.

Suzuki, R. (1998) "From a lexical noun to an utterance-final particle: *wake*". In: Ohori.67-92.

————(1999) *Grammaticalization in Japanese: a study of pragmatic particleization.* UC Santa Barbara 博士論文.

鈴木孝夫 (1996)『教養としての言語学』. 岩波書店.

Sweetser, E. (1987) "The definition of *lie*: an examination of the folk theories underlying a semantic prototype". In: Holland & Quinn (ed.).43-66.

————(1988) "Grammaticalization and semantic bleaching". *BLS* 14.388-405.

————(1990) *From etymology to pragmatics: metaphorical and cultural aspects of semantic change.* Cambridge: Cambridge UP. (『認知意味論の展開』研究社)

————(1996) "Reasoning, mapping and meta-metaphorical conditionals". In: Shibatani & Thompson.221-233.

竹下秀子 (1999)『心とことばの初期発達：霊長類の比較行動発達学』東京大学出版会.

Talmy, L. (1978) "Figure and ground in complex sentences". In: Greenberg, J. H. (ed.) *Universals of human language 4: syntax.* Stanford: Stanford UP.625-649. (又收入 Talmy 2000a)

————(1983) "How language structures space". In: Pick, H. L., Jr. & Acredolo, L. P. (ed.) *Spatial orientation.* NY: Plenum.225-282. (又收入 Talmy 2000a)

————(1985) "Lexicalization patterns: semantic structure in lexical forms". In: Shopen, T. (ed.) *Language typology and syntactic description 3: grammatical categories and the lexicon.* Cambridge: Cambridge UP.56-149. (又收入 Talmy 2000b)

————(1988a) "The relation of grammar to cognition". In: Rudzka-Ostyn.165-205.(又收入 Talmy 2000a)

————(1988b) "Force dynamics in language and cognition". *Cognitive science*12.49-100. (又收入 Talmy 2000a)

————(1991) "Paths to realization: a typology of event conflation". *BLS* 17.480-519.(又收入 Talmy 2000b)

————(1996) "Fictive motion in language and 'ception'". In: Bloom et.al. 211-276.(又収入 Talmy 2000a)

————(2000a) *Toward a cognitive semantics 1: concept-structuring systems.* Cambridge, MA: MIT Press.

————(2000b) *Toward a cognitive semantics 2: typology and process in concept-structuring.* Cambridge, MA: MIT Press. (第3章収入坂原 2000)

田中茂範 (1990)『認知意味論：英語動詞の多義の構造』．三友社．

————・松本曜 (1998)『空間と移動の表現』．研究社出版．

Taniguchi, K. (1994) "A cognitive approach to the English middle construction". *English linguistics* 11.173-196.

Taylor, J. R. (1989, 1995^2, 2003^3) *Linguistic categorization: prototypes in linguistic theory.* Oxford: Clarendon Press.

Tenny, C. (1994) *Aspectual roles and the syntax-semantics interface.* Dordrecht: Kluwer.

Terasawa, J. (寺澤盾) (1997) "The passive as a perfect in Old English". In: Yamanaka & Ohori.305-324.

————(2002)「英語受動文：通時的視点から」．In：西村．87-108．

Thagard, P. (1996, 2005^2) *Mind: introduction to cognitive science.* Cambridge, MA: MIT Press. (『マインド』共立出版)

Thompson, S. A. (1988) "A discourse approach to the cross-linguistic category 'adjective'". In: Hawkins, J. A. (ed.) *Explaining language universals.* Oxford: Blackwell. 167-185.

Tomasello, M. (1992) *First verbs: a case study of early grammatical development.* Cambridge: Cambridge UP.

————(ed.) (1998a) *The new psychology of language: cognitive and functional approaches to language structure.* Mahwah: LEA.

————(1998b) "The return of constructions: review article of Goldberg (1995)". *Journal of child language* 25.431-442.

————(1999) *The cultural origins of human cognition.* Cambridge: Harvard UP. (『心とことばの起源を探る』勁草書房)

————(2000a) "Do young children have adult syntactic competence?" *Cognition* 74.209-253.

————(2000b) "First step toward a usage-based theory of language acquisition". *Cognitive linguistics* 11.61-82.

Tomlin, R. (ed.) (1987) *Coherence and grounding in discourse.* Amsterdam: JB.

Traugott, E. C. (1982) "From propositional to textual and expressive meanings: some semantic-pragmatic aspects of grammaticalization". In: Lehmann, W. P. & Malkiel, Y. (eds.) *Perspectives on historical linguistics.* Amsterdam: JB.245-271.

————(1985) "Conditional markers". In: Haiman.289-307.

————(1989) "On the rise of epistemic meanings in English: an example of subjectification in semantic change". *Language* 65.31-55.

———— & Heine, B. (eds.) (1991) *Approaches to grammaticalization*. 2 vols. Amsterdam: JB.

———— & König, E.(1991) "The semantics-pragmatics of grammaticalization revisited". In: Traugott & Heine. Vol.1.189-218.

Tsohatzidis, S. L. (ed.) (1990) *Meanings and prototypes: studies in linguistic categorization*. London: Routledge.

Tsuboi, E. (坪井栄治郎) (1999) "Cognitive models in transitive construal in the Japanese adversative passive". In: Foolen, A. & van der Leek, F. (eds.) *Constructions in cognitive linguistics*. Amsterdam: JB.283-300.

————(2002)「受影性と受身」. In：西村．63-86.

辻幸夫 (ed.) (2001)『ことばの認知科学事典』. 大修館書店．

角田太作 (1991)『日本語と世界の言語』. くろしお出版．

Tyler, S. A. (ed.) (1969) *Cognitive anthropology*. NY: Holt.

Uehara, S. (上原聡) (1998) *Syntactic categories in Japanese: a cognitive and typological introduction*. Tokyo: Kurosio.

————(2002)「日本語における語彙のカテゴリー化：形容詞と形容動詞の差について」. In：大堀．81-103.

上野晴樹・石塚満 (1987)『知識の表現と利用』. オーム社．

Ungerer, F. & Schmid, H.-J. (1996, 2006[2]) *An introduction to cognitive linguistics*. London: Longman. (『認知言語学入門』大修館書店)

van Hoek, K. (1997) *Anaphora and conceptual structure*. Chicago: U. of Chicago Press.

van Oosten, J. H. (1984) *The nature of subjects, topics and agents: a cognitive explanation*. UC Berkeley 博士論文．(由 Indiana U. Linguistics Club 再版)

Van Valin, R. D. Jr. (1981) "Grammatical relations in ergative languages". *Studies in language* 5.361-394.

————(1991) "Functionalist linguistic theory and language acquisition". *First language* 11.7-40.

————(1993) "A synopsis of Role and Reference Grammar". In: Van Valin, R. D. Jr. (ed.) *Advances in Role and Reference Grammar*. Amsterdam: JB.1-164.

————(1995) "Toward a functionalist account of so-called extraction constraints". In: Devriendt, B., Goossens, L. & van der Auwera, J. (eds.) *Complex structures: a functionalist perspective*. Berlin: MG.29-60.

————(1998) "The acquisition of WH-questions and the mechanisms of language acquisition". In: Tomasello.221-249.

———— & LaPolla, R. J (1997) *Syntax: structure, meaning and function*. Cambridge: Cambridge UP.

Vendler, Z. (1967) *Linguistics and philosophy*. Ithaca: Cornell UP.

Verspoor, M., Lee K.-D.& Sweetser, E. (eds.) (1997) *Lexical and syntactical constructions and the construction of meaning.* Amsterdam: JB.

Watters, J. K. (1988) *Topics in Tepehua grammar.* UC Berkeley 博士論文.

Whorf, B. L. (1956) *Language, thought, and reality: selected writings of Benjamin Lee Whorf.* Cambridge, MA: MIT Press. (『言語・思考・現実』南雲堂, 抜粋・池上 1970b)

Wierzbicka, A. (1985) "Oats and wheat: the fallacy of arbitrariness". In: Haiman.311-342. (又収入 Wierzbicka 1988 に再録)

――― (1988) *The semantics of grammar.* Amsterdam: JB.

――― (1990) "Prototypes save: on the uses and abuses of the notion of 'prototype' in linguistics and related fields". In: Tsohatzidis.47-67.

――― (1992) "Furniture and birds: a reply to Dwight Bolinger". *Cognitive linguistics* 3.119-123.

Wittgenstein, L. (1953) *Philosophische Untersuchungen.* Oxford: Blackwell. (『ヴィトゲンシュタイン全集 8:哲学探究』. 大修館書店)

Wolfart, C. H. (1973) *Plains Cree: a grammatical study.* Philadelphia: American Philosophical Society.

Yamanaka, K. & Ohori, T. (eds.) (1997) *The locus of meaning: papers in honour of Yoshihiko Ikegami.* Tokyo: Kurosio.

山梨正明 (1988)『比喩と理解』. 東京大学出版会.

――― (1995)『認知文法論』. ひつじ書房.

――― (2000)『認知言語学原理』. くろしお出版.

横山正幸 (1997)「文法の獲得 2:助詞を中心に」. In: 小林・佐々木. 131-151.

吉村公宏 (1995)『認知意味論の方法:経験と動機の言語学』. 人文書院.

引用文本

阿佐田哲也 (1979)『麻雀放浪記 (一) 青春編』. 角川文庫.
井筒俊彦 (1983)『意識と本質:精神的東洋を索めて』. 岩波書店.
Eliot, T. S. (1963) *Collected poems 1909-1962.* London: Faber.
福原龍蔵 (1969)『杜甫』. 講談社現代新書.
丸山薫 (1989)『丸山薫詩集』. 思潮社.

『源氏物語』山岸徳平校注. 全 6 巻 (1965–1967) 岩波文庫.
『御伽草子』市古貞次校注. 上下巻 (1985–1986) 岩波文庫.
『天草版伊曾保物語』井上章編. (1964) 風間書房.

索 引

阿奇语 167
阿兰达语 239
阿伊努语 5, 216
背景 13-17, 28-29, 126-128, 131, 251-253
被动句 179-194, 215-216
 非人称被动 181
 受害被动 182, 216
变形规则 149
变种〔民俗分类〕 58
表现型 258
宾格 122
 宾格型 122, 166-167, 169-170, 175-176
宾语 5, 116, 122, 124, 138, 146, 152-155, 157-158, 164-165, 181-182, 208, 256, 264
 间接宾语 6, 146
 直接宾语 6, 146
并列分句 164, 166-168, 174, 188
并列分散处理 248
补助动词 90, 119, 202, 205-206, 209-210
不定式 149, 171, 174
不及物动词 118, 122, 135, 150-153, 156, 166, 168-170, 172, 176, 181, 187, 190-191, 194, 228-230, 255-257
波普提语 175
参照框架 238-240, 251
 绝对参照框架 238-240
 相对参照框架 238-240
参数 161, 246, 249-251

侧面 16-17
 转移认知侧面 17, 87-88, 93, 159, 261
 转移认知侧面的能力〔隐喻〕 86
〈场所 > 主义 / 政党〉 237
车臣 - 印古什语 121, 124
初步分类〔民俗分类〕 58
楚格维语 131
处所 115, 123-124, 152-155, 158, 181, 205
处所短语 14
传统语法 149-150, 164
创发性 262
词汇场 65
词汇范畴 65-68, 71-75
词汇知识 138-139, 152, 159, 161, 257
词类 →词汇范畴
刺激贫乏论 245
从句 15, 142, 213
从属分句 141-142, 198
代词 197, 199
丹麦语 216
单元体 18-21
单向性 205, 214
德语 26, 149, 181, 190, 216
迪尔巴尔语 166-170, 174-176, 188
定位 248
东西〔空间认知〕 238, 240
动词 21, 24-25, 32, 67, 69, 72-74, 90, 109-112, 118, 120, 123-124, 127-132, 134-135, 138, 146, 149-151, 153, 155-157, 165-168, 171, 174-175, 186-187, 189-

190, 194, 197–202, 205–212, 215–216, 219, 229–230, 253–256
动词岛　256–257
动词框架　128–130, 132, 210, 212
动因　4, 204–205, 209, 212, 214
动作性　113, 133
独词句　254
对象　116–117, 134
多功能动词　90
多功能性　203, 206
多义性　47, 95, 103
夺格　122
俄语　68–69
恩戈尼语　207
发话　9, 60, 245, 260
法语　70, 130, 200, 212, 216
反被动态　167–169, 188
反言据性　145
反身形　190–191, 193, 216
反致使　216
范畴〔化〕　32–39, 43–45, 47–54, 56–67, 69–72, 74–75, 78, 88–89, 91, 96, 98, 101, 122, 139, 148, 156, 159, 161, 177, 179, 200, 202, 204, 206, 214, 217, 222, 233–234, 236–241, 249, 251–256
　　范畴扩展　47, 96, 98, 103, 214
　　范畴层级　→下位层次，基本层次，上位层次
方式准则　→会话原则
分类学　56　→民俗分类
分裂不及物性现象　170
封闭性词类　25–26, 29, 199–200, 202–205, 208, 210
否定　133–134
符号单位　23–25
符号学　241
辐射范畴　47–49, 51, 97
附置词　67, 206–208, 211–212

复合动词　197, 201–202, 205–206, 209–210, 219
复句结构　140, 144, 148, 173–174, 188–189, 203
复元体　18–20
复杂性　262
感知　12–14, 16, 74
格　122
格标记　121–124, 166–167, 172–173, 175–176, 192
个体　233–234, 236
　　个体性　18–19, 69, 91, 133–134, 149, 234
个体发生　244
工具　121–122, 124
工具格　121–123
功能域　177–180, 182, 184–188, 190, 193–194, 196, 199–200, 203, 211, 214–216
共时态　217
共同进化　261
共同注意　260–261
构建能力〔隐喻〕　83–84, 88
构式　139–140, 198, 203, 227–231, 248, 251, 254–257
　　构式理论　161
　　构式义　143, 154–156
古典范畴观　33–35, 45, 57, 64
古典语义学　64–65
固化　23
关系从句　5–6, 149, 161, 169, 194, 250
关系准则　→会话原则
哈鲁艾语　189–190
韩语　216, 252–253
汉语　149, 183–184, 208, 210, 215, 250, 263
　　古汉语〔汉文〕　207
合成性　139
合作原则　27, 60

荷兰语　239
核心图式　127
恒定原则　93–94, 209
后置词　200, 206–207, 209–212, 250
　　后置词短语　6
会话原则　60–61
活动　110
活格型　170–171
〈机器是人〉　87
基本层次　57, 59–66, 71, 74–75, 89, 159
基体　16–17, 42
基因　45, 257–259
基因型　258
及物动词　118, 122, 135, 150–153, 155–156, 160, 166, 168, 170, 176, 179, 186, 190–191, 194, 228–230, 255–257
及物性　123, 133–135, 186
计划　12, 54
记忆　12
家族相似性　34, 63
柬埔寨语　90, 215
建构主义　2–3
焦点　177–178
脚本　54, 226, 255, 262
接续　141, 198, 213
　　接续表达　198, 204
　　接续词　141, 144, 208
节点　24, 107, 109, 114
结构主义语言学　7–8
结果补语　183
结果句　121
界标　28
进化　244, 257–259, 261–263
近指〔有生性〕　186
经验者　115
句（子）　9
句法学　9
句末表达　148, 197, 203–204, 206, 218

聚合关系　199–200, 202
卡拉姆语　120
开放性词类　25–26, 199–200
科学哲学　99
颗粒度　17–18, 29, 40, 108–109, 120
可塑性　248
可数性　19, 233–236, 240
克里奥语　262
克里语　185–187
肯定　133–134
空间认知　237–238, 240, 251, 254, 258
控制力　190–192, 216
框架　39–40, 42–45, 61, 82, 88, 97, 100, 155–156
框架化　125, 127–129, 131–133, 136, 209–211, 253
拉丁语　115, 250
朗古语　239
类比　99–100
类人猿　259–261
类属〔民俗分类〕　58
理想化认知模型〔ICM〕　43–45, 65, 107
理由分句　148
力量–动态　135
立法大会　229–230
历时态　217
连动式　120, 206–212
链接　24
链条模式　→因果链
量词　48, 51, 69, 95, 97–98, 167, 199, 234, 263
量的准则　→会话原则
鲁宾杯　13
路径　126–132, 152–155, 209–212, 253
　　路径保存的制约　210
　　路径排除的制约　212
论元　117, 150–151, 153, 169, 179, 181–182, 190, 192, 228

论元结构 150–157, 168, 170, 187, 190, 254–257
马拉加西语 5
缅甸语 90
民俗分类 57–59, 232
民俗知识 45–47, 53, 56, 101, 224
名词 18–19, 21, 25, 39, 67–70, 72–75, 82, 160, 167, 170, 175, 186, 197–200, 202, 206, 229, 233–234, 236, 249
　名词短语 6, 152, 160, 166, 168–170, 173–176, 178, 182, 185–186, 200, 203, 206, 228, 250
模糊 37
模糊限制语 46
模块论 246, 248, 258–259
模拟能力 260–261
姆班杜语 216
目标域 78, 81, 83–84, 86–87, 93–94, 103, 209
内涵 65
逆行态 187
黏着性 200–201, 203, 213, 216
派生 24–25, 72–74
旁格短语 152–154, 167–169
皮钦语 262
偏好 225–226, 236, 241
漂白 206
普遍主义 5
前置词 200, 206–207, 210–211, 250
　前置词短语 6, 255
欠缺词 3
强制性 200, 202–204, 213
切分 108–109, 114, 118, 120–121, 123–124
情态 206, 213–214
　根情态 213
　认知情态 213
群组化 18–21

〈人的活动是自然变化〉 92
人际功能 203
〈人生是旅行〉 80, 83, 87, 94
〈人生是食物/料理〉 92
〈人生是一年〉 84
〈人生是一天〉 92
〈人是机器〉 87
〈人是植物〉 84–86
认知地图 214, 216
认知科学 6, 8–9, 28, 246, 267–268
认知心理学 100, 103, 241
日语 5, 18, 24, 34, 48, 59, 67, 69–70, 72–73, 75, 78, 81–82, 90–91, 95, 97, 99, 102, 110, 118, 120, 122–125, 128–132, 134, 136, 138, 140–141, 157, 166–167, 172–176, 182–186, 188, 190, 194, 196, 199–203, 205–213, 216, 218–219, 223–226, 234, 236–237, 240, 242, 250–253
　古日语 194, 201, 203
　中世日语 201
萨摩亚语 228, 231
萨丕尔-沃尔夫假说 231–232, 237, 240–242
〈伞＞雨天〉 82–83
扫描 20–22, 211
　次第扫描 20–22, 211
　总括扫描 21–22, 211
上位层次 58–61, 63–64, 66, 89,
上下位关系 56
社会科学 101
〈社会是容器〉 94
〈社会组织是人〉 237
射体 28
生成语法 7–8, 149–150, 161, 244–250, 258, 263, 266
生成语义学 7–8
生命形式〔民俗分类〕 58
省略 164, 166–168, 171–174, 176, 182,

188, 198, 213
施动性　113, 170–172, 179, 184, 228, 231
施事　115–118, 121–122, 127, 133, 135, 146, 158, 164, 166, 168, 171, 177, 179, 181, 184–186, 190, 192, 216, 228–230, 255–256
　　施事的去焦点化　160, 179, 181–182, 192, 215–216
〈时间的流动是空间的移动〉　89
〈时间就是空间〉　205
〈时间中的因果关系是空间中的位移〉　157
识解　2, 12, 17, 87, 101, 106, 115, 155, 160, 180, 192, 205, 216–217, 222, 240, 261
实例化　23, 53
实体化功能〔隐喻〕　81
始源域　78, 81, 83–84, 86–88, 91, 93–94, 101, 209, 224,
事件结构　106, 110, 114, 117–118, 123, 125–127, 133–135, 146, 152, 191, 209–211, 256
〈事件是对象〉　206
适应　259
受事　114–117, 121–122, 133–135, 166, 168, 177, 179, 182–185, 208, 215–216, 228–229, 255–256
　　受事的话题化　179–181, 183, 188, 215–216
受益者　119, 146, 207–208
受影响性　112, 133, 177, 182–185, 216
属格　69, 122, 228–230
属性　72, 74
数　199, 202, 234
数词　68–69
数学　99–100, 102
双词句　254–256
双宾语　156–158
顺行态　186–187
瞬时性　112, 133

素材　93, 233–236, 240, 259
泰米尔语　215
泰语　90, 215, 218
特佩瓦语　125
体　110, 197, 199, 205, 210, 237
条件句　86, 138–140, 147, 213, 218
通格　122, 167, 175, 228–229
同指　168, 172, 188–190, 194
突显（度）　13
图式　22–25, 54, 148, 159–160, 177, 209–211, 248, 256
　　图式化　22–24, 26, 29, 39–40, 148, 159, 161, 199, 201–203, 206–207, 211–212, 216, 219, 248–249, 251, 256–257, 261
　　个体图式　226, 236, 242
　　连续体图式　226, 236, 242
图形　13–17, 28–29, 126–128, 130–131, 211, 251–253
推理　12, 27–28, 38, 84–86, 88, 91, 94, 100, 143–144, 213–214, 217, 233
　　推理能力〔隐喻〕　84, 86, 88
　　推理倾向性　144
脱词汇化　202–204
瓦尔皮里语　250
外延　65
完成　175, 181, 183, 189, 198, 205–206, 208–209
完结　111, 124, 131–132, 134
万巴亚语　175–176
网络　24–25
卫星框架　128–130, 210, 212
位移　125–132, 152–157, 253
谓语　109–117, 123–125, 131–132, 134
文化　222
　　文化词汇　232, 240
　　文化模型　222, 226, 237, 241
　　文化学习　260–261
文化人类学　6, 8, 57, 101, 222, 241

物体 72–74
物种〔民俗分类〕 58
物质名词 19–20, 134, 234
习惯性思考 241
系统发生 244
下位层次 58–61, 63–64, 66, 71, 91
先天性 247–249, 251, 258, 263
线性化 107
相对主义 5
相互作用 200–204, 211
象征化 261
心理空间 28, 94
新经验主义 4
〈信息是流体〉 83–84
〈信息是位移的主体〉 157, 223
行为 72–74
行为链 →因果链
形容词 68–74, 181, 249
形态学 9
修饰 72–74
虚拟移动 →主观移动
叙述 72–74
选择压力 258
亚齐语 170, 172, 175
颜色词汇 53, 70
样态 127–128, 130, 212
一般化〔范畴化〕 96–98, 256
一致 67–68, 166–167, 171, 175–176, 181, 187, 200
伊博语 70
〈衣服〉状态 237
意图 27, 63, 202, 248, 259–261
意象图式 83–84, 93–99, 103, 209, 251–252
   意象图式转换 97, 99, 103
意愿 113, 115, 119, 135
因果链 106–109, 113–114, 116, 118–121, 123–125, 127–128, 133, 135–136, 146, 154–155, 157, 160, 182–183, 184, 190–192, 211–212, 260
音位 9, 24, 93, 248
音系学 9
隐喻 78–95, 98–103, 157, 159, 206, 209–210, 212, 214, 222–224, 226, 237, 242, 268
   本体隐喻 89
   常规隐喻 88–89, 92–93, 103, 157, 205
   方位隐喻 89
   管道隐喻 223–224, 226
   交际隐喻 223–224
   结构隐喻 89
   情感隐喻 241
   容器隐喻 225
   诗性隐喻 92–93
   液体隐喻 224–225, 236
   一般隐喻 89, 91, 98
   意象隐喻 91–92
英语 5, 7, 18, 21, 28, 67, 69–70, 73, 78, 103, 110, 120–121, 124, 128–132, 135–136, 149, 151, 156, 165–166, 168–170, 174–176, 180–181, 186–189, 191, 194, 199–200, 203, 205–206, 210, 213, 223, 225–226, 234, 236–237, 242, 245, 250–252, 256–257
   古英语 181, 203
映射 79–83, 87–89, 91–94, 98, 214, 237
有标 72–73
有界性 13, 126, 128, 133–134
有生性 175, 185–187
有限状态型语法 262
与格 121–124, 168
语法关系 117–118, 122, 164–166, 170, 172, 175, 177, 200, 228, 255–256
语法规则 138–139, 161, 165–166
语法化 196, 198–212, 214–218, 237
语境化提示 227–228

语境自由型语法 262
语篇 222, 227, 230
语素 9, 70, 73, 122, 129, 198, 203, 254
语序 138, 140, 160, 198, 203, 207–209, 219, 228, 250–251
语气 133–134
语言变化 161, 192, 196, 198, 206–207, 217
语言类型学 5–8, 73–74, 120
语言习得 61, 161, 236, 240, 244–246, 248, 257, 261–262
语义角色 114–118, 122–123, 134–136, 146, 151–154, 156, 158, 164–165, 170–172, 175, 181, 229, 255–257
语义特征 64–66, 139–140, 144, 148–149, 152, 160
语义学 9, 139
语用学 9, 139
　　语用强化 212–214
原型 35–39, 44–45, 47, 49–54, 61, 66, 68, 72–74, 95, 97, 134, 156, 159–160, 177–179, 215, 218, 253
　　原型效应 38–39, 43–45, 49, 52, 54, 61–62, 67, 73, 177
远指〔有生性〕 186
越南语 184–185, 208, 215
责任性 183
泽塔尔语 57–59, 65, 222, 239
〈争论是战争〉 87
整合 94
知识 12
　　知识分工 45–46
知识工程学 100
直接指称 66
指定语 249
指示 65–66, 72–74
指示交替 189
质的准则 →会话原则

致使 37, 155, 191–192, 216, 257
　　致使句 191–192
　　致使移动 152–155
　　致使者 119, 125, 152–155, 158, 184, 191–192, 216
致效者 114–116, 118, 177
中断句 140–145, 148, 160, 213
中动态 193
中心语 249–250
　　中心语居后型 249–250
　　中心语居前型 249–250
终结性 112, 131–132, 135
轴心词 174, 176–177, 179, 188, 190
主动句 181–182
主格 26, 121–124, 175–176
主观化 214
主观移动 22
主句 15, 141–143, 171–172, 245
主事 114–117, 122, 124, 152–154, 156–157, 177
〈主要要素＞活动〉 97
主语 5–6, 14, 116, 122, 146, 152–154, 158, 164–166, 170, 172–174, 176–177
　　双重主语 172–173, 194
助动词 140, 167, 174–176, 196–197, 200–201, 210, 215–216, 250, 264
注意力 12 →共同注意
专业分类 58–59
专业知识 45–47, 56, 59, 224
转喻 81–83, 88, 97, 237
状态 110, 124–125, 134, 197, 202, 205, 209, 216–217
　　状态化 179–181, 215–216
尊敬形式 173, 200
作格 121–123, 167, 176, 228–230
　　作格型 121–122, 166–167, 169–170, 175–176, 228

译后记

本书根据大堀寿夫著『認知言語学』（2002 年初版，2010 年第 4 次印刷，东京大学出版会）译出。该著作出版于 2002 年，在日本是享誉学界多年的一部认知语言学入门必读书，经常被引用，堪称该领域经典之作。特别是其中关于事件结构、构式和语法化的内容，凝聚了认知语言学的精华，作为较早涉及相关方面的认知语言学著作，学界早有定评。

众所周知，认知语言学在国内语言学界早已成为主要的研究范式之一。从本世纪初，日语界出现了介绍日本学界认知语言学研究动态的成果，之后很快成为广大师生研究日语的重要工具之一，并且在与习得研究结合方面也有了很大的突破。2019 年《新编认知语言学百科》（华东理工大学出版社）的出版，更是标志着日语界的认知语言学的学习与研究进入了新的时期。

作为本书译者之一，笔者 2008 年与池上嘉彦先生一起主编了《认知语言学入门》一书，2008 年参与策划了《日语学习与研究》杂志"认知语言学专刊"（2010 年第 5 期），2015 年翻译出版了荒川洋平、森山新著《写给日语教师的认知语言学导论》。自 2007 年开始，笔者应邀赴全国各大学做了 80 余次讲座，内容多以认知语言学为例，反应良好。通过这些实践，笔者切身感到国内日语师生对了解这一新知识新理论的需求与渴望，也特别愿意做一些有关认知语言学的普及工作。西村义树、野矢茂树著《语言学课堂》是由本书译者之一郑若曦等人翻译的。全书采用对谈形式，活泼生动，深入浅出，读来饶有兴味，也是一部难得优秀的入门书。我作为审译，特别想借此机会推荐给大家。本书在联系作者及出版社进行著作权转让申请时得到了西村义树和郑若曦的大力帮助，在此表示感谢。

我们翻译本书的目的是希望国内可以多一本日本学者编著的认知

语言学入门著作，进一步唤起国内日语学界对认知语言学研究的重视，最终目的还是推动认知语言学研究的发展与升级。一直以来，学术著作的翻译在日语界虽重视不够，但十分重要。首先，术语的统一、规范使用等方面应该起到引领模范的作用；其次，日本学者的研究有着自身的背景和需求，翻译过来后，不仅可以使我们了解日本学者的研究成果和学术渊源，还可以让我们借此把握其特有的学术倾向和流派。此外，国内汉语学界对我们的翻译也有期待。中国人民大学文学院的丁健先生曾留意过拙译著《写给日语教师的认知语言学导论》（2015，浙江工商大学出版社），特别关心例句是否附上汉语翻译。翻译本书在很大程度上也是来自丁老师的建议。他热切希望，将来有更多的日本学者的语言学专著翻译过来，以飨读者。不仅因为日本的语言学研究在世界上也很有名，还有一个特点是日本学者在普及语言学理论知识方面的笔法、视角等有其独特之处，可与我国学者的著述形成互补。

  本书虽为入门书，难易程度堪为同类著作的中上级。作者视野开阔，涉及面广，讨论深入，并多处以名不见经传的小语种语言现象为例，分析起来专业性较强，需要有相当程度的语言学基础才能读懂。我们深感翻译起来有难度，是不小的挑战，但同时更是宝贵的学习机会，也正因此才更突显翻译劳动的价值。

  国内著名语言学家沈家煊先生和原书作者大堀寿夫先生为本书做了序言，在此特别致以深深的谢意。

  翻译的具体分工如下：序言、第1、10、11、12章和索引由潘钧负责，第2章由谭琦负责，第3、4、9章由陈昌柏负责，第5章由韩涛负责，第6、7、8章由郑若曦负责。参考文献由谭琦录入。最后由潘钧统稿。翻译的原则是，尽量统一术语，保证相关重要论述的前后一致，但也允许保留各位译者的基本风格。

  由于水平有限、时间仓促，虽已尽力但难免出现差错，敬请指正。本书的责任编辑张静女士自始至终鼓励支持，关心翻译进展情况，在此表示感谢。

  原著出版是在20年前的2002年。那一年我翻译出版了金田一春彦先生著《日语概论》(北京大学出版社,原书名为『日本語上下』)。时隔 20 年我再次有机会与同事挑战这部认知语言学名著的翻译,甚感荣幸,同时也深刻体会到"学无止境"这四个字的真正意味与内涵。

潘　钧
2022 年底

图书在版编目（CIP）数据

认知语言学 /（日）大堀寿夫著；潘钧等译. — 北京：商务印书馆，2023
ISBN 978-7-100-21611-1

Ⅰ.①认… Ⅱ.①大… ②潘… Ⅲ.①认知语言学—研究 Ⅳ.① H0-06

中国版本图书馆 CIP 数据核字（2022）第 153930 号

权利保留，侵权必究。

认知语言学

〔日〕大堀寿夫 著
潘钧 谭琦 陈昌柏 韩涛 郑若曦 译

商 务 印 书 馆 出 版
（北京王府井大街36号 邮政编码100710）
商 务 印 书 馆 发 行
北 京 新 华 印 刷 有 限 公 司 印 刷
ISBN 978-7-100-21611-1

2023年3月第1版　开本 850×1168　1/32
2023年3月北京第1次印刷　印张 10¼

定价：69.00元